SIN MIRAR ATRÁS

Un Testimonio de la Misericordia

Padre Donald Calloway, MIC

www.fathercalloway.com

Traducido por John Nahrgang

Disponible en:
Centro de Auxiliares Marianos
Stockbridge, MA 01263

Línea de oración: 1-800-804-3823
Para ordenar: 1-800-462-7426 ext. 3
Páginas web:
www.fathercalloway.com (inglés)
www.marianos.net (español)

Imprimi Potest:
Reverendo Padre Daniel Cambra, MIC
Superior Provincial
26 de mayo, 2009

Número de Catalogación de la Biblioteca del Congreso: 2010931774
ISBN: 978-1-59614-228-2

Foto de cubierta: Ileana E. Salazar (Imperial Beach, California)
Diseño: Kathy Szpak

Asesoramiento editorial: David Came y Andrew Leeco
Traducción: John Nahrgang
Corrección de texto: Padre Dante Agüero, MIC, Marcela Murphy
y Magaly Chairez

Lista de menciones:
Padres Marianos de la Inmaculada Concepción de la S.V.M., Terry Barber,
Jason Zasky, Gina Shultis, Ileana E. Salazar, Teresa de Jesús Macías
(Mamita), Anne Velasco-Castro

Impreso en los Estados Unidos de América

MARIAN PRESS
STOCKBRIDGE MA 01263

2011

*Dedicado a Mamá,
Papá y Matt*

CONTENIDO

INTRODUCCIÓN

CUANDO YO ERA UN ADOLESCENTE, si alguien me hubiera dicho que un día sería un sacerdote católico escribiendo un libro sobre mi vida y contándole la historia extraordinaria de mi conversión a la gente por todo el mundo, yo le habría respondido: "¡Estás loco...! Me voy a fumar marihuana. ¡Sal de mi vista!" Aún hoy en día, me sorprende que yo sea sacerdote.

Lo que estás a punto de leer es la historia de mi conversión – lo que Jesús y María han hecho con mi vida, sacándome de la oscuridad y del ateísmo a la plenitud de la verdad en la Iglesia que es Una, Santa, Católica y Apostólica. Y esta historia de conversión continúa actualmente. Aún hoy en día, me encuentro en medio de este misterio al que Dios me ha llamado. En muchos aspectos, no soy digno. Pero por la gracia de Dios – por Su misericordia – sigo viviendo una conversión todos los días.

Algunos pueden encontrar la siguiente historia – la historia de mi vida – casi increíble. Después de dar mi testimonio de conversión en las conferencias, no es raro que alguien se me acerque y diga: "No lo puedo creer. Esto es increíble." Por eso siempre que yo doy una plática, llevo conmigo una foto de mí mismo – una foto de cómo me veía cuando era adolescente. Ten por seguro que no llevo por todas partes una foto vieja porque soy ególatra. Lo hago para que la gente pueda visualizar *el animal* que yo era antes de mi conversión.

No necesariamente culpo a los demás por ser escépticos. Si yo estuviera en su lugar, probablemente tendría dudas. ¿Cómo es posible esto? ¿Es real esta historia? Porque estos tipos de eventos sólo suceden en la Biblia.

Pero cuando estos mismos escépticos ven mi foto, usualmente la encuentran bastante poderosa. Mis ojos están vacíos y huecos, mi piel es pálida, mi cuerpo desnutrido es delgado y frágil – todas manifestaciones físicas del abuso severo de drogas y de alcohol. Es el retrato de un estudiante rechazado, demacrado y fuera de forma, con el pelo hasta la cintura, un arete y un tatuaje de la banda Grateful Dead, por no hablar de la postura del personaje Shaggy de la serie de televisión animada *Scooby-Doo*. En la foto, me veo como la personificación de la muerte. Tengo suerte de estar vivo.

Cuando yo era adolescente, llegar a ser sacerdote fue la última cosa que alguien hubiera esperado – sobre todo mis padres y amigos cercanos. Aparte del problema obvio que yo era un inadaptado con gran enojo, no tenía ningún conocimiento de Dios. Yo no tenía respeto por nadie ni nada asociado con la religión. Era tan ignorante del cristianismo que nunca había oído hablar de la Virgen María. Lo peor es que yo despreciaba el catolicismo y me reía de los que lo practicaban – al igual que una persona que se ríe de las prácticas y rituales de un culto extraño.

Recuerdo una Navidad en la que utilicé el pesebre del jardín de los vecinos para prácticas de tiro, disparándole con mi pistola de balines. También sucedió que un hombre llamó a la casa de mis padres y se refirió a sí mismo como "Padre." Yo no sabía qué significaba esto, así que cuando contesté el teléfono le dije, "¿Padre?" Él dijo. "Soy sacerdote católico. ¿Puedo hablar con tu madre, por favor?"

Lo maldije, soltando un torrente de palabrotas – palabras que ahora no puedo mencionar – antes de colgar el teléfono. Mis padres recientemente se habían convertido, y asumí que él fue el responsable de que ellos se hubieran metido con esta mentira de Dios llamada el catolicismo. Mi madre vino corriendo por el pasillo llorando y gritándome que dejara de maldecirlo, pero a mí no me importaba nada. Como verás, mi vida era la cosa más lejana de todo lo que era bueno, verdadero y bello.

Para aquellos que se pueden identificar con este tipo de comportamiento, mi experiencia demuestra que siempre hay esperanza, incluso para los peores de los peores. Ves, ésta no es sólo mi historia – es importante enfatizar esto – es también una historia ligada con el pueblo fiel de Dios. Cuando viajo por el mundo dando el testimonio de mi conversión, siempre le digo a la audiencia que ellos, también, son parte de mi historia. A menudo me responden por decir, "¿Cómo así? Nunca le habíamos conocido a usted. Y por cierto no lo conocíamos cuando estaba pasando por sus años de rebeldía ni por su conversión."

Les digo que como miembros del Cuerpo de Cristo, las oraciones que ofrecen por la conversión de los pecadores – bueno, esas oraciones realmente funcionan. Yo soy "Exhibición A" – la evidencia que cuando la gente ora, aun por los que no conoce – los milagros pueden suceder. ¡La Divina Misericordia es de verdad!

Por eso no es sólo mi historia sino también la historia de un Dios que está muy enamorado de Su pueblo. Él les escucha y responde a sus oraciones. En estos tiempos tan difíciles, Dios está dispuesto a literalmente levantar a un vagabundo como yo – alguien que no quería ser nada más que un hippie surfista – y a cambiar su vida a través de la intercesión de la Virgen María.

Al escribir este libro sobre mi vida, estoy pidiéndoles a las personas que lo leen que sigan rezando por mí. Habiendo recibido tanta misericordia y tantas gracias, ahora tengo una gran responsabilidad de ser fiel y de proclamar el mensaje que es el Evangelio. Como sacerdote, mi papel es proclamar la verdad; es ser víctima, y es morir a mí mismo. Por eso soy sacerdote. Espero que a fin de cuentas yo, como San Pablo, sea considerado fiel – que corra la carrera hasta el fin y que gane el premio.

Es importante saber que este mensaje no es mío. El Señor me ha llamado al sacerdocio para proclamar Su mensaje y Su verdad salvífica – no para añadir nada a ello, ni tampoco para quitar nada de ello. Hoy en día eso es un gran desafío porque hay muchos casos en los que la gente quiere cambiar el Evangelio. Lo encuentran simplemente difícil de vivir porque han estado viviendo sujetos a cierto patrón de pecado.

Aviso: Este libro expondrá totalmente el lado pecador de mi vida previa de la cual tengo vergüenza. Por favor, entiendan que no les cuento mi pasado para jactarme de todas las cosas pecaminosas que hice ni tampoco para parecer ser un gran pecador. Lo hago porque necesito ilustrar la totalidad y la profundidad de la oscuridad en la que estaba metido, de modo que toda la gloria y todo el poder de la gracia y de la misericordia de Dios – especialmente a través de la intercesión de la Virgen María – pueda manifestarse.

En aras de la privacidad, he cambiado muchos de los nombres y los lugares de mi pasado. No tiene sentido nombrar a viejos amigos ni a conocidos en caso de que se sientan ofendidos o prefieran olvidar el pasado. En cuanto a mi conducta, les ruego su perdón y también el perdón colectivo del lector. Sólo es haciendo una "confesión completa" en este libro que se puede entender bien lo que ha pasado en mi vida, demostrando lo que Dios está dispuesto a hacer en la vida de un pecador.

Padre Donald H. Calloway, MIC, STL
Steubenville, Ohio

1

ANIMAL

E L DÍA QUE ME CAPTURARON EN EL JAPÓN se parece a una escena de una gran película de acción. Uno puede fácilmente imaginar la escena; fue tal como el clímax de una película de Hollywood. Imagina a los agentes encubiertos, la policía japonesa, y la policía militar estadounidense – todos en secreto – acechando a un par de criminales jóvenes endurecidos, esperando darles captura en el momento de entregar dinero y drogas ilegales. Lo que los delincuentes no saben es que los agentes han pinchado sus propias líneas de comunicación y también les han puesto en su contra uno de sus colaboradores, quien a regañadientes había estado de acuerdo en atraerlos a una trampa.

La tensión aumenta cuando los agentes se acercan, aun mientras debaten los pros y los contras de enfrentarse a los criminales en un lugar público ocupado. Los bandidos han insistido en reunirse con su colaborador – el traidor – en una estación de tren, de modo que cualquier intento de captura ponga en peligro a los transeúntes inocentes.

Sin embargo, los policías saben que es tal vez la única oportunidad de detener a los sospechosos, así que en un momento oportuno, entran en acción. De inmediato, los criminales se dan cuenta del engaño y hacen todo lo posible para resistir. Una pelea violenta se desata y se dan puñetazos por todos lados mientras los transeúntes desconcertados huyen.

Naturalmente, los agentes no triunfan de inmediato. En breve, uno de los sospechosos logran escapar de sus garras. Luego lo persiguen a pie por las calles de una ciudad grande. Las llantas chillan cuando los conductores frenan para evitar el criminal imprudente, quien a propósito se lanza en el tráfico para evadir a sus perseguidores. Los peatones horrorizados se dispersan al ver a los hombres gritando y corriendo hacia ellos. Durante la persecución, hacen caer a los peatones desatentos o que no son lo suficientemente rápidos para quitarse de en medio. Por supuesto, al final, agarran y arrestan a los malos tipos, y los justicieros se regodean por su victoria, burlándose de ellos y descargando su ira con una lluvia de palizas.

Si bien esto se puede parecer una una típica película de acción, era la verdad. Yo era uno de los chicos malos en este escenario, perseguido por las calles por un grupo multinacional de la policía. Era el llamado "pez grande" que todos trataban de capturar, y al estar con las manos esposadas, los gobiernos de los Estados Unidos y del Japón ya habían negociado los términos por los cuales yo sería transferido a la custodia de los militares estadounidenses. Pocos días después me deportaron del Japón, en camino a los Estados Unidos donde me confinaron a un centro de rehabilitación. Sólo tenía 15 años de edad.

Hicimos los planes para ese día fatídico la noche anterior. Tal como lo recuerdo, llamé a mi amigo Nathan, quien aceptó reunirse conmigo y con mi otro amigo Tommy – mi cómplice principal – en una de las estaciones de tren en Yokohama, una ciudad grande más o menos 30 kilómetros al suroeste de Tokio.

El plan era dar a Nathan mi dinero de sobra – un poco más de dos millones de yen – la mayor parte de lo que yo acababa de robar de dos grandes almacenes locales. Luego, Tommy y yo planeábamos invitarle a Nathan para reventar la noche en la ciudad y gastar el resto del dinero en alcohol, drogas y nenas – tal como siempre lo habíamos hecho.

En la mañana de nuestra captura Tommy y yo estábamos vestidos con nuestra ropa típica de fanáticos del heavy metal de los años ochenta. Yo llevaba mis pantalones favoritos con efecto teñido anudado y una camisa de la banda *Van Halen*, que tenía la imagen infame de un niñito rubio con ojos azules, alas de angelito y un cigarrillo encendido en la mano. Tommy llevaba unos pantalones negros rasgados y una vieja camisa de la banda *Iron Maiden* (*Dama de Hierro*) con unas ilustraciones de su canción *Number of the Beast* (*Número de la Bestia*) en el frente y las fechas de gira en la parte posterior. Ambos teníamos el pelo largo y despeinado – el mío liso y oscuro, el de Tommy rizado y claro, casi como un afro rubio.

Estaba a punto de darle a Nathan el equivalente de diez mil dólares, pero aun esa gran suma de dinero no valía mucho para mí. Como solía ocurrir, yo llevaba tanto dinero encima que apenas podía llevarlo conmigo. Los bolsillos de mis pantalones – y tenía un número absurdo de bolsillos – estaban colmados de dinero.

Había llegado a tener la costumbre de llamarle a un amigo y darle dinero cuando acumulaba más del que podía llevar. No fue cuestión de ser generoso ni tampoco por ser buen amigo. Al contrario, es que llevar por todos lados una mochila llena de dinero llegó a ser una molestia después de un rato. Siendo un menor de edad, no tuve cuenta bancaria ni domicilio permanente en dónde podía esconder mis cosas. Pues, dar el dinero a los demás me parecía la mejor alternativa. Además, si yo necesitaba más dinero, simplemente robaría más. La mayor parte del tiempo robar en el Japón era tan fácil como quitarle el dulce a un niño.

Cuando Tommy y yo llegamos a la estación de tren, se había terminado la hora pico, pero la estación todavía estaba llena de hombres de negocios en camino al trabajo. Yo había insistido en reunirnos a las diez de la mañana, esperando que la mayoría de la gente que tiene que trabajar para vivir ya estuviera en sus oficinas, trabajando como esclavos en sus deberes. Así, en caso de que Tommy y yo tuviéramos que escaparnos, habría menos gente obstruyendo nuestra ruta de escape.

La experiencia me había enseñado que formular un plan alternativo fue una consideración muy importante en una situación así, aun si los problemas parecían improbables. La congestión es un gran problema en las estaciones de tren japonesas, tal como en casi cada área urbana en el Japón. Imagina la hora pico en la Terminal Grand Central en Nueva York. Luego imagina tres veces más personas en el mismo espacio. Eso te da una idea de lo estrechas y abarrotadas que pueden ser las estaciones de tren de Yokohama.

Otra diferencia entre la estación de Yokohama y una estación estadounidense como la Grand Central es que en Yokohama las vías corren por el vestíbulo por ambos lados, al lado de dónde se venden los boletos, los periódicos y los libros de historietas. Naturalmente, con tanta gente estando de pie tan cerca de las vías, los accidentes son comunes. No es raro que alguien se caiga cuando las personas se empujan entre sí (casi siempre al ver el tren entrar por la estación).

Una vez a bordo del tren, el problema de congestión es peor. Para maximizar cada centímetro de espacio, hay empleados

del ferrocarril en el andén que literalmente meten a los pasajeros
en el tren – empujándolos aun mientras se están cerrando las
puertas. Es parecido a los rancheros y su manejo de las ovejas o
del ganado. De modo que las personas propensas a la claustro-
fobia encuentran otro modo de transporte para llegar al trabajo.

Cuando las puertas se cierran la situación se puede poner
muy interesante. A menudo el tren está tan lleno de gente que
apenas se puede mover. Los toques inapropiados son un suceso
cotidiano. En todo, tomar el transporte público en el Japón es
una experiencia atestada y apestosa, especialmente durante los
meses de tiempo caluroso.

Por supuesto, no quiero sugerir que tomar el tren en el
Japón es una experiencia sumamente negativa. Primero que todo,
las estaciones usualmente están limpísimas, a pesar de la cantidad
de gente. Esos mismos trabajadores que meten a los pasajeros en
el tren también sirven como conserjes, limpiando los bancos y
recogiendo la basura cuando tienen un momento libre.

Los pasajeros en general son fanáticos respecto a la
limpieza. Muchos llevan las máscaras de filtro y los guantes
blancos – el tipo de guantes que un portero llevaría en un hotel
lujoso americano. A primera vista, los extranjeros encuentran
esas precauciones desconcertantes y se preguntan, "¿Estoy
respirando o tocando algo que no debo?" Pero de pronto uno
aprende que los japoneses simplemente están haciendo todo lo
posible para protegerse contra los gérmenes, a pesar de los
encuentros próximos y constantes con los desconocidos.

Pero la mejor cosa sobre los trenes en el Japón es que casi
siempre llegan a tiempo. Los japoneses son tan ordenados y
estructurados en la rutina que ni siquiera un accidente mortal
pueda cambiar el horario. Si un tren está programado partir en
cierto momento, casi puedes poner la hora de tu reloj según
ello. Ah, y los trenes "bala" van muy pero muy rápido.

Yo esperaba que hubiera menos gente dentro de la estación
cuando Tommy y yo llegamos, y todo parecía normal mientras
pasamos al vestíbulo principal. El pasillo largo y estrecho tenía las

máquinas de boleto y las vías por cada lado. Nos pasaba un número incontable de personas vestidas con sus trajes de un gris conservador. Algunas estaban en fila esperando comprar boletos de las máquinas. Otras estaban sentadas en los bancos leyendo el periódico o los libros de historietas llamados *shojo*, que tienen el tamaño de una guía de teléfonos y se publican diariamente. Eran muy populares entre los adultos japoneses.

Recorrí con la vista el vestíbulo, buscando los rasgos americanos particulares de Nathan – el pelo largo y crespo, la ropa casual, que sobresalía entre la ropa formal de los hombres de negocios japoneses. No pasó mucho tiempo antes de que Tommy y yo estableciéramos el contacto visual con Nathan. Estaba por saludarle con el brazo cuando un grupo cercano de hombres sentados – con los periódicos escondiendo sus caras – de repente saltaron del banco, dejaron caer los periódicos sobre el suelo, y se lanzaron hacia mí. No lo sabía en ese momento, pero eran agentes encubiertos de la policía japonesa, fingiendo ser hombres de negocios.

Antes de que yo pudiera reaccionar, un grupo de seis agentes se me cayeron caóticamente encima. A poca distancia, otro grupo de hombres inmovilizó a Tommy. Mientras acontecía esto, pude ver brevemente a Nathan corriendo hacia nosotros y gritando, "¡Perdóname, cuate! ¡Perdóname! ¡Ay, hombre, perdóname!"

No podía creer que Nathan hubiera dejado que la policía lo usara como cebo para pescarme. Me preguntaba por qué estaba ayudándole a la policía japonesa. Nathan ni siquiera hablaba el japonés. ¿Cómo se puso en contacto con ellos?

Me sentía como un idiota por haber sido engañado. No estaba acostumbrado a sentirme así. Estaba vagamente consciente de que los militares estadounidenses y el gobierno japonés tal vez tenían un interés en capturarme. Incluso consideraba la posibilidad de que la Marina estadounidense escuchaba las llamadas telefónicas que les hice a mis amigos, quienes eran familiares militares viviendo en las propiedades de la Marina. Pero al mismo tiempo tenía bastante confianza que ninguno de mis cuates cooperaría con las autoridades. Yo quería tanto partirle la cara a Nathan por haberme traicionado.

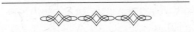

Dos meses antes, Tommy y yo habíamos estado viviendo con nuestros padres en la Estación Naval de Atsugi – un aeródromo y depósito de suministros para las operaciones militares estadounidenses en Atsugi, Japón, más o menos 30 kilómetros del centro de Tokio – dónde ambos de nuestros padres estaban empleados. Como el hijo de un oficial naval, yo lo había pasado bien en la base, mas la autoridad paterna y la cultura militar estaban indudablemente en contra de mi naturaleza. En cuanto a Tommy, su padre era un *SEABEE*, un tipo de obrero muy capacitado que trabajaba para la Fuerza de Construcción Naval. Tommy no era tan rebelde como yo, pero tenía una relación terrible con sus padres.

Una noche Tommy y yo nos emborrachamos totalmente con *Shochu* (un vodka japonés), y comenzamos a quejarnos de nuestros padres. Eran las quejas típicas de los adolescentes: estábamos hartos de ir a la escuela, de obedecer las reglas de los demás, de recibir las críticas. Todo lo que queríamos era emborracharnos, drogarnos, escuchar la música, hacer surf y pasarlo bien con nuestras chicas. ¿Qué más había en la vida, no?

Siendo muy impetuoso, Tommy sugirió que nos fugáramos de la casa, y no por unos días. Pensó que debíamos separarnos de manera permanente, y él no tuvo que esforzarse mucho para persuadirme. Un conquistador con las mujeres, Tommy dijo que conocía a una muchacha japonesa que podía darnos alojamiento por unos días. Una vez allí, podíamos planear el próximo paso. Eso resultó ser el alcance de nuestra planificación previa. Ni siquiera considerábamos cómo iríamos a la casa de esta muchacha, mucho menos lo que íbamos a hacer para ganar dinero y mantenernos. Nos marchamos de la base militar esperando viajar a la isla de Honshu, la más grande de las más de 3.000 islas que integran el país de Japón.

Ninguno de nosotros se despidió de sus padres. Ninguno de nosotros dejó una nota ni indicación alguna de cuándo íbamos a volver. Ni siquiera llevamos dinero ni tampoco las cosas personales – sólo la ropa puesta. Fue una cosa bastante audaz y cruel para un par de muchachos de 15 años. En retrospección, era también completamente loco. ¿Qué demonios estábamos pensando?

A pesar de que había resuelto no hablar más con mis padres, estaba determinado de mantener el contacto con mis amigos en Atsugi. Pues, tan pronto como nos reunimos con las muchachas y con las drogas, empecé a llamar a los amigos para contarles con mucho gusto las historias de nuestras locas aventuras. Come era el caso con Nathan, a veces les invitaba a reunirse en algún lugar conmigo y con Tommy, sólo para hacer alarde de y darles un sabor del loco estilo de vida en el que estábamos metidos. Y para darles un montón de dinero, por supuesto.

Pero la Marina – además de los padres de mi amigo – comenzó a sospechar cuando tipos como Nathan salían de la base con las manos vacías e inexplicablemente volvían con fajos de billetes o con los brazos llenos de mercancía robada, especialmente las guitarras y las tablas de surf. Al principio, la Marina no se tomó la molestia de tomar acción, pero cuando el gobierno japonés empezó a presionarlos a controlarnos, se dio cuenta de que era necesario expulsarnos de la comunidad japonesa. Pero del dicho al hecho hay mucho trecho porque Tommy y yo recorríamos por todo Honshu, cambiando de lugar casi diariamente. La Marina de pronto se dio cuenta de que iba a tener que hacer un esfuerzo para determinar el paradero nuestro, así que tenía que trabajar en conjunto con las autoridades japonesas y utilizar la vigilancia electrónica.

En retrospección, aún me sorprende que Tommy y yo lográramos eludir la policía por tanto tiempo. Estando en un país extranjero sin empleo legítimo y con poco conocimiento del idioma – las únicas palabras japonesas que yo sabía eran palabrotas – la delincuencia era la única manera de mantenernos. Comenzamos con los delitos menores tal como robar el dinero de los bolsos y las cajas registradoras, pero no tardamos mucho, tal vez un par de semanas, en meternos con una pandilla.

No era muy sorprendente que de pronto le caíamos bien a la pandilla japonesa. Éramos americanos, nos burlábamos de las autoridades y no queríamos nada más que vivir el mismo estilo de vida acelerado y loco que ellos tenían.

Aun más emocionante era que les gustábamos a las mujeres que pasaban el tiempo con la pandilla. Nos vieron como una novedad y se divirtieron al pedirnos hablar japonés – riéndose porque les parecía tan absurda nuestra pronunciación. Una y otra vez, nos rogaron decir frases sencillas, tales como, "¿Qué hora es?" o "Buenos días." u "Hola, me llamo...." Por supuesto, como los adolescentes típicos, nos gustaba la atención. Nos alegramos de darles el gusto a pesar de hacernos el ridículo también.

Mientras tanto, cometer delitos con los miembros de la pandilla – por la mayor parte robar de los almacenes y manejar el dinero de las salas de juego – parecía ser un modo viable de mantenernos en el Japón. A pesar de parecer un poco peligroso a veces, era difícil resistir los beneficios. La música y las drogas estaban por todos lados, y las mujeres estaban muy pero muy hermosas. Ser adulados por unas nenas entre 18 y 25 años nos hizo sentir bien viriles.

Bajo la tutela de los miembros de la pandilla, Tommy y yo de pronto cometíamos algunos crímenes que serían considerados delitos graves en los Estados Unidos. De día, recorrimos los almacenes, buscando los blancos más fáciles. Tener acceso a los almacenes en el Japón es mucho más fácil que robar de los negocios bien protegidos en los Estados Unidos. Tal vez la situación ha cambiado en los años recientes, pero en ese entonces era común que los comerciantes japoneses dejaran abiertos sus establecimientos durante la noche. En vez de depositar sus ingresos diarios en efectivo, algunos comerciantes guardaban el dinero en una caja debajo de la caja registradora a cuenta del comienzo del próximo día.

De noche, volvíamos a nuestros blancos escogidos, entrando a hurtadillas o forzando la entrada para sacar lo que queríamos. Robábamos de todo, desde amplificadores y guitarras eléctricas hasta patinetas, tablas de surf y ciclomotores. A veces éramos tan descarados que decidimos robar una tienda durante las horas normales, metiendo todo lo que podíamos llevar dentro de nuestros impermeables antes de salir por la puerta.

El único problema era que cuando se ven dos muchachos blancos corriendo de una escena de crimen en el Japón, y centenares de miles o aun millones de yen se han desaparecido, los responsables son bastante obvios. Cuando acontece diariamente, llega a ser un incidente internacional.

Eso explica porqué los japoneses nos querían fuera de su país – vivos o muertos – y nos querían fuera ya. Varios años de mal comportamiento de parte de soldados estadounidenses habían hecho al gobierno particularmente sensible a cualquier actividad criminal que se podía asociar con las fuerzas armadas.

No era raro encontrar a una muchedumbre de ciudadanos japoneses afuera de la entrada de la base militar manifestándose contra el comportamiento de los militares estadounidenses. Pero esto era peor porque ni siquiera éramos militares; éramos los hijos de militares. Los japoneses pensaron que era absurdo que los militares americanos no pudieran controlarnos. Naturalmente, dentro de poco tiempo la Marina nos consideraba una molestia diplomática embarazosa. Tiene sentido que mi canción favorita durante esta época venía de la banda *Bon Jovi* y se llamaba *Wanted: Dead or Alive* (*Se Busca: Vivo o Muerto*).

Cuando los oficiales japoneses se me cayeron encima, me sentí como si la estación de tren entera se me hubiera venido encima, como si yo me hubiera convertido en el centro de un agujero negro. En segundos, una masa de humanidad estaba sobre mí, casi dejándome sin habla. Algunos muchachos en tal situación tal vez habrían dejado llevarse por el pánico, pero yo mantuve la calma y me enfoqué en lo que necesitaba hacer para escapar. Por suerte, los agentes subestimaron mi habilidad de vencer estar en apuros y no coordinaron sus esfuerzos. En vez de mandar a dos hombres para inmovilizarme – dejando los demás a formar un perímetro – los seis se me cayeron a la vez, quizás asumiendo que el peso combinado de sus cuerpos sería suficiente para inmovilizarme. Pero yo era tan resbaloso como la mantequilla y comencé a maniobrar fuera del montón.

Tommy no era tan resbaloso. Al agarrarlo los agentes rápidamente lograron sujetar ambos de sus brazos y ambas piernas contra el suelo. Al soltarme de la masa de hombres, lo escuché gritando, "¡Corre, hombre!" Al levantarme me fijé en algo que no había visto – mi papá. No avanzaba en mi dirección. Miraba silenciosamente la escena a la distancia.

Escuché a voces japonesas gritando detrás de mí mientras salía disparado de la estación y procedía a la calle. No sabía lo que estaban gritando, pero parecían bien enojados, probablemente por haber dejado escapar de sus garras un muchacho flacucho norteamericano. O tal vez era porque los dejé tumbados en un montón como si fueran unos bobalicones en un sketch de comedia.

Tan pronto como pasé zumbando por las puertas de la estación, me metí en el tráfico, pensando que los oficiales no estarían dispuestos a arriesgar sus vidas persiguiendo a un adolescente parecidamente suicida en el medio de una calle abarrotada, dónde tendrían que esquivar una mezcla de carros, bicicletas y ciclomotores. Aunque las calles del Japón no son tan anchas como las de los Estados Unidos, esta calle particular era una vía mayor – equivalente a una calle americana con dos carriles en cada dirección. Yo me puse a jugar una versión de la vida real del videojuego *Frogger*, tratando de atravesar la calle sin ser aplastado. Intenté moverme adelante pero de inmediato tuve que echarme atrás para evitar a un ciclomotor veloz, y luego echarme de nuevo hacia adelante.

Irónicamente, estaba más preocupado de ser atropellado por un ciclomotor o por una bicicleta que por un carro. En Yokohama, las calles están tan congestionadas – aun a media mañana – que los ciclomotores o las bicicletas a menudo viajan con más rapidez que los carros, pues pueden zigzaguear en el tráfico. Y puesto que en el Japón apenas se respetan las leyes de tráfico, nadie parecía sentirse obligado a ceder el paso. Era mi responsabilidad permanecer fuera de peligro.

Tan pronto como llegué al otro lado de la calle, empecé a correr por la acera, las tiendas pasándome como una bala mientras eludía a los peatones. Para mi sorpresa, la policía se mantenía justo detrás de mí. Por ser joven, rápido y ágil – por no mencionar que tenía mucha experiencia de evadir la policía – pensé que tenía una buena probabilidad de escaparme. Pero estos hombres no se rindieron fácilmente. En breve, mi capacidad pulmonar disminuida – que podía atribuirse a todos los cigarrillos y toda la marihuana que fumaba – comenzó a pasar la factura. Los oficiales siguieron gritando en japonés – probablemente algo comparable a, "¡Detenga a ese muchacho!" Pero nadie trató de hacerme tropezar ni se metió en mi camino, aunque yo hice caer a algunos ancianos. Además, en el momento de escuchar las órdenes de la policía, casi ya había pasado a los transeúntes.

Cuando me di cuenta de que tal vez no podía escaparme, bajé la cremallera de mis bolsillos del pantalón y comencé a discretamente dejar caer los fajos de dinero sobre el suelo. Pensé que si me capturaban, sería mejor si no tuviera que explicar cómo logré poner las manos en varios millones de yen. También esperé que los transeúntes se tiraran por los pelos para recoger el dinero, creando un obstáculo más para mis perseguidores. Puñado tras puñado de dinero los eché al suelo. No tengo idea de lo que sucedió con el dinero, pero seguro que algunas personas se sentían como si hubieran acabado de ganar la lotería.

Entretanto, fui hacia un pequeño mercado lleno de tiendas de ropa y de zapaterías. Mi razonamiento era que podía ser más fácil evadir a mis perseguidores corriendo por las tiendas llenas de compradores en lugar de simplemente correr por las calles. Tal vez podía esconderme entre los trajes o las faldas en vez de tener que dejar atrás a la policía después de correr por tanta distancia. Pero al entrar en una tienda de jeans, empecé a tener miedo. Estos tipos estaban determinados a agarrarme y obviamente estaban en buen estado. En aquel momento, respiraba profundamente y con dificultades, como un asmático sufriendo un ataque.

Mi ritmo se volvió más y más lento, y de repente alguien me agarró por el pelo con suficiente fuerza para tirarme al suelo. Escuché al hombre decir, "¡Te pillé, maldito mocoso!" Por primera vez, me di cuenta de que la policía militar (PM) estadounidense también me había estado persiguiendo.

Inmediatamente, traté de levantarme del suelo y darle un puñetazo de poca fuerza al PM que me agarró. Pero él era tan grande – casi dos metros de altura, sin cuello, con los brazos más gruesos que mis muslos – que fácilmente podía mantenerse fuera de mi alcance. Los otros PM americanos comenzaron a insultarme y describir cómo iba a ser encarcelado. Uno de ellos me gritó, "¿Te das cuenta de lo que has hecho? ¿Te das cuenta?" Le eché maldiciones y saliva en buena medida.

Como podrías esperar, los PM rápidamente se cansaron de aguantar el abuso verbal mío. Uno de ellos hizo torcer mi brazo utilizando alguna técnica que se le enseña a la policía para detener al sospechoso. Ellos sabían que me estaban haciendo daño porque solté un grito espeluznante, pero no se detuvieron. Luego al obligarme a bajar al suelo, un PM me puso la rodilla sobre el cuello y me pegó la cara contra el cemento. Aun cuando me pusieron las esposas continué maldiciéndolos a todo volumen. Sabía que no podía enfrentarme con ninguno de ellos en una pelea pero no quería dejarlos pensar que podían intimidarme.

Era un viaje de regreso bien largo a Atsugi, por lo menos una hora. Transportaron a Tommy conmigo, pero estaba en otro vehículo. No podía pensar en nada más que escaparme. El hecho de que mi papá ahora estaba en el carro conmigo ciertamente no me hizo sentir mejor. No dijo nada, pero si hubiera dicho algo, lo habría insultado tal como la policía. Odié a todos en ese momento. Sólo pensé, "Esto apesta de verdad." En mi mente, esto era otro caso más de la autoridad metiéndose conmigo y quitándome la libertad.

Al llegar finalmente a la base, me echaron en una celda de tres por dos metros, amueblada con sólo un catre pequeño. No había ningún lavabo ni retrete ni nada para leer – no tenía nada que hacer menos descargar la ira. Uno de los PM asignado para vigilarme – un filipino americano – era especialmente ofensivo, pareciendo disfrutar mucho de insultarme. Por supuesto, yo no estaba de buen humor como para aguantar tal cosa de nadie. Pues le eché a él también maldiciones y saliva en buena medida. Luego le dije, "¡Si yo salgo de aquí, te voy a matar!" Los otros guardias lo obligaron a irse por el pasillo para prevenir que el enfrentamiento se pusiera peor. Me pareció bien. Ya no podía soportar más tenerlo a mi vista.

Después de un rato, otro PM llegó a mi celda y me dijo que yo iba a ser deportado del Japón lo más pronto posible. Dijo que los militares americanos ya lo habían arreglado con el gobierno japonés. Debido a que yo era todavía menor de edad y como no había cometido ninguna pena capital, el gobierno japonés había acordado no denunciarme por mis crímenes a condición de que yo volviera de inmediato a los Estados Unidos y que entrara en una institución para recibir tratamiento. Ah sí, y mis padres tenían que compensar a innumerables individuos por la mercancía que yo había robado – todos los robos que se podrían vincular conmigo.

Cuando escuché que estaba por ser expulsado del Japón, la motivación de escaparme se redobló. Había odiado la nueva casa de mis padres en el Japón en los primeros meses de vivir allí. Pero después de un rato, llegó a caerme bien. El Japón tenía muchachas y drogas, playas y alcohol, tal como los Estados Unidos, y era mucho más fácil robar el dinero allí. Es más, ahora yo tenía a una "novia" – tal vez no una novia en el sentido tradicional – sino un arreglo de "amiga especial con beneficios."

Pero ahora la vida que había creado para mí mismo estaba en peligro. Como oportunista, siempre había podido rápidamente evaluar una situación para conseguir lo que quería. Ahora de verdad necesitaba poner en marcha esas habilidades. Consideré todas las opciones posibles y llegué a la conclusión de que una solución de puñetazos y patadas obviamente no iba a funcionar con estos gorilas grandotes vigilándome. Tenía que entrar en una situación en que podría tener la oportunidad de dejar atrás a los PM, una situación en que su tamaño y su equipo pesado actuaran en su contra.

Debido a que no había retrete en la celda, les pedí permiso para usar el baño más cercano. Para mi sorpresa, me quitaron las esposas y me dejaron salir de la celda. Anduve por el pasillo hacia el baño, pero al llegar a la puerta la pasé corriendo por el resto del pasillo, por la salida y afuera al aire libre.

Por supuesto, tan pronto como huí, los guardias sonaron la alarma y encerraron la base entera. Cerraron las puertas y efectivamente previnieron la salida para todos en la base. Corrí por las viviendas de los oficiales militares y a través del campo de golf, en camino a un área boscosa que ofrecía múltiples escondites potenciales. Pero cuando escuché el sonido de perros ladrando detrás de mí – unos dóbermans bien agresivos, con la rapidez y la energía para cubrir mucha distancia con prisa – mis opciones de escape se limitaban.

Cuando me di cuenta de que los perros estaban sobre mi pista, sabía que tenía que tomar medidas desesperadas, así que dejé de correr y me metí a la fuerza en un sumidero. Por un lado, entrar en el sumidero evitó que me capturaran y que los perros me alcanzaran. Efectivamente, poco después de la zambullida, vi pasar a las patrullas y sus sirenas a todo volumen. Luego llegaron los perros y el sonido zumbido de los walkie-talkies de sus adiestradores.

Por el otro, voluntariamente había entrado en una charca de aguas residuales. Traté de no mirar alrededor demasiado como para no tener una buena idea en lo que estaba caminando. Pero era difícil ignorar el hedor que era tan fuerte que apenas podía evitar vomitar.

Durante ese tiempo en el sumidero, las aguas residuales fluían y refluían – en un momento subiendo hasta el cuello. Tenía suerte que no subiera más que eso porque no estoy seguro de que podría haber logrado salirme. Había bajado tanto – y las paredes del sumidero eran tan resbalosas – que probablemente no me podría haber salido, aun si era asunto de vida y muerte. Me habría ahogado en una charca de excremento.

Aun así, salvo un momento breve cuando pensé que iba a ser completamente sumergido, no se me pasaba la idea de salirme. Me habría quedado en el sumidero por el tiempo necesario para evitar ser capturado y deportado.

Desafortunadamente, después de algún tiempo, escuché de nuevo el sonido de perros ladrando. Mirando hacia arriba y la luz, vi a un PM, conteniendo a un par de dóbermans enloquecidos. Él dijo, "Bueno muchacho, sal de allí." Traté de levantarme, pero como temía, no podía. Otro PM tuvo que entrar y literalmente sacarme a rastras. Al bajar me echó la mirada más indignada que jamás había visto en la vida, como para decir, "No puedo creer que por culpa tuya estoy metido en una charca grande de heces. No me alisté en la Marina para esto."

Después de que los guardias me pusieron las esposas, me acompañaron todo el camino de vuelta a la celda – una caminata de 25 o 30 minutos. Yo estaba tan nauseabundo y repugnante que ellos no querían ensuciar los asientos de su patrulla. Cuando volvimos a la cárcel, ni siquiera me permitieron tomar una ducha. Un PM me llevó al baño y con poco entusiasmo me lavó usando una esponja y un balde. Claro que iba a ser una noche larga. Obviamente, habiendo aprendido una dura lección, no me dejaron ir al baño solo. Cuando usé el baño, un PM tuvo que estar presente, para mi disgusto y el suyo también, sin duda.

Mientras tanto, sin saberlo yo, mis acciones egoístas estaban afectando a mi familia entera. Dos semanas antes, los militares americanos se habían dirigido a mi madre para pedirle que se fuera del país con mi hermano menor, Matthew, aparentemente para establecer de nuevo la familia en los Estados Unidos. La razón era que mi padre y yo entonces tendríamos un lugar adónde ir cuando me encontraran. O en el peor de los casos, las autoridades al menos sabrían adónde mandar mi cuerpo. Los japoneses pensaban que era más probable que yo fuera a ser enviado a casa en una bolsa para cadáveres. La Marina ya había decidido por Reading, Pennsylvania, como la próxima estación dónde mi padre iba a servir como un oficial de suministros.

Mi padre se quedó atrás en el Japón para ayudar a buscarme, prometiéndole a mi madre que no iba a volver sin mí. En este sentido, yo estaba en mejores circunstancias que Tommy, que fue deportado el día anterior (no intentó escaparse de la cárcel), pero su madre y padre ya lo habían abandonado, habiendo partido para los Estados Unidos antes de que fuéramos detenidos. Me dijeron que lo había mandado a Texas, adonde su padre se mudó, pero no he tenido contacto alguno con él desde el incidente en la estación de tren. No me molestaba mucho que perdiéramos el contacto. Tommy era desechable. Una vez fuera de mi vista, ni pensé en él dos veces.

El día después de ser capturado de nuevo, mis guardias me transportaron a Yokosuka, otra estación militar estadounidense, donde nos pusieron a mi papá y a mí en un vuelo militar a Honolulu. Según lo entiendo yo, ni se les ocurrió ponerme en un vuelo comercial. Yo estaba tan furioso y desafiante que decidieron esposarme al avión. Nos transportaron en uno de esos aviones militares de carga C-130 en que hay cargamento en el medio y asientos de redes al lado. Los PM me sujetaron con una correa a un asiento y luego ellos se colocaron a mi derecha e izquierda. Luego me encadenaron una pierna a otro PM y un brazo al fuselaje.

Era ciertamente lo más prudente de hacer. Los guardias sabían que yo no tenía ninguna estima por la vida, tanto la suya como la mía. Estaban convencidos de que yo iba a hacer algo estúpido que pondría a todos en peligro. De cierto modo, tenían razón porque yo simplemente me había vuelto loco. Era irónico. Cuando mi familia se había mudado al Japón dos años y medio antes, yo había resistido. Ahora no quería volver a los Estados Unidos.

Una vez que aterrizamos en Honolulu, tuvimos que andar por toda la terminal para llegar a nuestro vuelo de conexión al Aeropuerto Internacional de Los Ángeles, mejor conocido como LAX. Con los pies encadenados, me arrastré por la terminal, los PMs intimidantes todavía a mi lado. A pesar de estar en esposas los PMs no me amordazaron, así que grité las palabrotas más viles a los transeúntes que me miraron. Me quedé humillado por todas las personas que me miraban y susurraban entre sí. A juzgar por toda la atención que recibía, uno podría haber pensado que yo era un asesino condenado.

Naturalmente, los guardias me mandaron callar la boca, pero era inútil. Como un animal, traté de morderlos. Recordándolo ahora, sólo puedo imaginar lo que mi padre debía haber pensado mientras esta escena surrealista sucedía. Pero en ese tiempo me importaba un pepino.

Al abordar el vuelo de Honolulu a LAX, recibí más miradas y escuché más susurros que en la terminal. A pesar de que me irritaba, dejé de luchar y de descargar la ira. Finalmente empecé a darme cuenta de que yo era un mal tipo y que como resultado de mi comportamiento los otros pasajeros iban a estar fuera de sí. Estaba seguro de que pensaban, "¿Quién es este muchacho que necesita estar en esposas, encadenado a dos guardias? ¿Es seguro estar en un avión con él?" Estaba tan cansado y molesto en ese momento que ya no quería luchar más. "¿Le gustaría pollo o carne, Señor?" preguntó la azafata en un momento. Lo que sea, mujer. Hacía casi tres días que no había dormido ni tomado una ducha – y eso antes de la experiencia en el sumidero – y yo estaba sintiendo los efectos. Decir que estaba asqueroso sería quedarse corto.

Cuando salimos del avión en LAX, los PM me acompañaron hasta el terminal principal. Luego uno de ellos se volvió hacia mí y me dijo: "Éste es el trato. Tu madre y tu hermano están en Pennsylvania. Ya sabes que tu padre está aquí contigo y vamos a pasarte a él. ¿Aceptas ir con él a ver a tu madre y a entrar en una institución? Si dices sí, vamos a quitarte las esposas."

Mi primer pensamiento fue, "Idiotas. Si me quitan las esposas, me voy a volar." Tenía a amigos en el sur de California de algunos años atrás y pensaba que tal vez podía encontrarlos. Y hacer surf de nuevo allí sería "la bomba."

Pero, ¿qué exactamente iba a hacer? Todas las personas que conocía en el sur de California también eran dependientes militares. Debido a que no había permanecido en contacto con nadie desde que me mudé al Japón, no tenía manera de saber si mis amigos estaban viviendo en el mismo lugar. Sin dinero, sin transporte y sin algún lugar particular adónde ir, mi bravuconería típica se disminuyó temporariamente. La idea de ir solo a Los Ángeles era suficientemente espantosa como para decidir quedarme. De mala gana acepté las exigencias de los PM, y ellos se fueron. Abordé otro avión con mi padre, rumbo a nuestro destino final – Filadelfia, Pennsylvania.

Era en este vuelo largo que hablé con mi padre por primera vez desde haberme ido de la casa. Como a todos, lo había insultado algunas veces desde haber sido capturado, pero ésta era la primera vez que tuvimos un intercambio de palabras medio civil. No recuerdo de lo que hablamos – y ten por cierto que aún me comportaba como un estúpido arrogante – pero por primera vez, tuvimos algo de una conversación. Supongo que mucho silencio incómodo era mejor que silencio total.

Al aterrizar en Filadelfia, mi madre nos esperaba en la puerta de embarque. En esos días previos al 11 de septiembre de 2001, los amigos y los parientes podían reunirse con los pasajeros tan pronto como salieran del vuelo. Yo sabía que ella iba a estar allí, pero la verdad es que no me importaba. Estaba tan cansado y molesto que lo único que me importaba era tener un lugar en dónde dormir.

Pero cuando bajamos del avión, mi madre se apuró hacia mí, me abrazó y me cubrió de besos. Me dijo lo feliz que estaba por verme. Había pasado casi dos meses y medio desde nuestro último encuentro, justo antes de irme de la casa en el Japón. Era tan maternal, diciéndome cuánto me amaba. No le parecía molestar que me viera horrible – despeinado, agachado, con los ojos ausentes y fríos. Aun me llamaba "Donnie," un nombre que sólo ella usaba conmigo.

Pero algo en la manera de su acercamiento me inquietó mucho. Cuando intentó abrazarme, de inmediato la empujé hacia atrás, le señalé con el dedo en su cara, y le dije con la voz más viperina: "¡Te odio a morir!"

Y lo dije porque lo sentía. Había años de furia y frustración combinados en una sola declaración y en un solo gesto. Por supuesto, ninguna madre podía soportar ese tipo de respuesta de su hijo primogénito. Allí mismo en el terminal, mi madre sufrió un colapso. Su corazón se rompió como una ramita y se puso a llorar sin control. No me importaba un rayo. Yo era tan insensible como una piedra.

Mi padre se puso furioso conmigo por haberle hablado a mi madre de esa manera. Dijo algo como, "¡Cómo te atreves!" Pero de algún modo, todos salimos juntos al estacionamiento. Al entrar en el carro, exigí saber adónde íbamos. Mi madre dijo en voz bajita, "Vas a un centro de rehabilitación en el centro de Pennsylvania. Será una oportunidad para comenzar de nuevo."

¿Un nuevo comienzo? "Ah, sí, claro," yo pensaba. Todo lo que dije era, "¡Pues bueno, eso me aleja de ti!"

2

MI SANTA
MÓNICA

DOS HORAS DESPUÉS, MIS PADRES ME DEJARON en lo que resultaba ser un centro de rehabilitación bien conocido en el Pennsylvania rural. Como uno puede imaginar, la partida fue muy amarga. Yo ni quería despedirme de mis padres. Lo único que quería era verlos alejarse conduciendo. A pesar de tener sólo 15 años, había montado una escena internacional, había sido deportado de un país, y en el proceso había desarraigado a mi familia entera. Pero no me importaba.

Recuerdo que al irnos del Japón, cuando pasamos por la aduana, mi padre observó al oficial de aduana sellando el equivalente japonés de la palabra "rechazado" en mi pasaporte. En los años posteriores, cuando yo conocía a una persona japonesa en el aeropuerto, le mostraba mi pasaporte y le preguntaba, "¿Qué quiere decir este sello?" Ordinariamente, se ponían perplejos, probablemente porque no sabían que tal distinción existiera.

Por supuesto, en todos los sentidos, mis padres habían sido rechazados, también – forzados a volver a los Estados Unidos ocho meses por adelantado. Pero eso también me importaba un pepino.

Como siempre, yo sólo tenía interés en las cosas que me afectaban. Cuando mi madre me dijo que iba a entrar en una institución, yo no entendí lo que quería decir. Pero cuando me dijo que iba a entrar en un centro de rehabilitación, casi pierdo los estribos. En mi mente, "rehabilitación" era una palabra sucia. Si una persona necesitaba entrar en un lugar de rehabilitación, de veras necesitaba ayuda. ¿Pero obviamente yo no era una persona de ese tipo?

Yo estaba haciendo lo que quería hacer. No quería parar. No quería cambiar. Ni me importaba que llegara a tener 30 años, con tal de que pudiera vivir el estilo de vida más loco mientras estuviera vivo. Nunca pensaba en los planes de largo plazo así como tener a una familia. Y ciertamente no esperaba vivir hasta la vejez. Eso simplemente no iba a pasar, y punto. Lo único que me importaba era divertirme y pasarlo bien con las nenas.

Naturalmente, me molestaba que los militares y mis padres me forzaran a entrar en un centro de rehabilitación. En mi mente, estaban oprimiéndome, asfixiándome, quitándome la libertad y todo lo que amaba – por cierto no estaban cuidando de mis propios intereses. De esa manera yo interpretaba a cualquier persona que quisiera mi cambio.

Me sentía como la única persona que tenía el coraje de vivir la vida al máximo. Era el único que tenía una filosofía apropiada respecto a la vida en general. Era el único que sabía lo que era "verdad."

Mientras conducíamos en lo profundo de los bosques de Pennsylvania hacia el centro de rehabilitación, vagamente recordé algunos cuentos de mis amigos sobre los programas escolares de sobrevivencia que se ofrecían, en los cuales llevarían a los chicos "con problemas" al bosque y los convertirían en hombres. ¿Íbamos a este tipo de lugar? Mis padres no me habían dado ni una idea del tipo de lugar adónde viajábamos.

¿Me iban a mostrar cómo prender un fuego con dos astillas? ¿O enseñarme cuáles frutillas silvestres y hongos eran seguros para el consumo? ¿Tal vez me iban a demostrar cómo hacer un cuchillo de las piedras de un río? En mi mente, traté de convencerme a mí mismo de que tal vez esta rehabilitación no iba a ser tan terrible. Mis parientes en West Virginia me habían enseñado mucho de cazar, de pescar y de vivir de la tierra. ¿Pasar un verano solito en tierra salvaje con una manta de lana, un poncho, una brújula y una botella de agua? "¡Venga!" yo pensé. Además, cualquier tipo de rehabilitación sería mejor que vivir con mis padres.

De todos modos, no era como si yo pudiera escoger adónde iba. A menos que iba a huir de nuevo y hacer dedo en la autopista de peaje de Pennsylvania, no tenía otra alternativa.

La otra cosa en que pensé durante el viaje a través de Pennsylvania fue la relación con mi familia. Para un muchacho de 15 años, yo ciertamente pensaba que sabía mucho, pero la única cosa que no podía entender era de dónde venía este amor y esta preocupación de parte de mi familia.

Mis padres estuvieron enfermos de preocupación durante el período que fui fugitivo en el Japón. Pero ¿podrías echarles la culpa de decidir repudiarme? No era como si yo estuviera llamando a la casa cada noche diciendo, "Hola, mamá. Nada más estoy llamando para ponerte al corriente. Hoy llevé a cabo otro atraco y me escapé con un millón de yen. ¿Y cómo estuvo

tu día? ¿Fue un éxito la venta de pasteles de la asociación militar?"
No, después de huir de Atsugi, en mi mente mis padres eran
como si ya estuvieran muertos. En cuanto a mí, ya no les tenía
cariño y no quería más verlos ni hablar con ellos. Y debido a que
me sentía así, no se me pasó por la mente que me amaran a pesar
de mi comportamiento.

Si yo hubiera sabido del caos que había provocado en esos
últimos meses en el Japón, tal vez me habría sorprendido aun
más su fidelidad hacia mí. Puesto que no tuve ningún contacto
con mis padres durante el tiempo que estuve en fuga, no tuve
idea de la tensión que había creado dentro de mi familia. Por
casi dos meses, estuve totalmente alejado de mi padre, de mi
madre y de mi hermano Matthew. No fue sólo por estar
ausente que mi familia se preocupó por mi bienestar. Como
mencioné antes, el gobierno japonés se puso furioso porque la
Marina estadounidense no podía controlarme, así que la
presionó a encontrarme y a deportarme lo más pronto posible.

No quiero dar la impresión de que la situación era más
problemática de lo que era en verdad. Con el paso del tiempo,
ha habido varios incidentes bien públicos en los que algunos
marineros estadounidenses han cometido crímenes más atroces
que lo que yo hice, pero digamos que obviamente yo no era un
buen ejemplar de nuestra presencia militar allá. Era obvio que
mi comportamiento no favorecía la carrera militar de mi
padre. La Marina tenía una opinión bien negativa de mi
comportamiento en el Japón.

Sin embargo, en cierta forma, pienso que para mi padre era
más fácil lidiar con mi conducta. Él tenía a sus responsabilidades
de ser un teniente-comandante en la Marina. Su trabajo podría
haber sido una distracción insuficiente, pero era distracción. Es
más, él no era mi padre biológico. Tomé su apellido cuando me
adoptó, poco después de casarse con mi madre. Entonces no
había ese lazo natural y sincero entre nosotros, o eso creía yo.

Entretanto, mi madre LaChita sostuvo una gran crisis
maternal. A pesar de que trabajaba – enseñando el inglés en la
comunidad japonesa – eso no era suficiente como para calmarla
ni ocupar la mente. Es decir, ella se sentía destrozada por mi
conducta. Gracias a mí, era una mujer deshecha en lágrimas.

Pero los caminos del Señor son misteriosos, y resulta que Él tenía un plan. Durante este tiempo, mi mamá consultó con muchos amigos y conocidos, buscando a quienquiera que pudiera ayudarla a pasar por esta situación increíblemente estresante que yo había creado. Por alguna razón, había un número excesivo de muchachos rebeldes viviendo en Atsugi, así que muchas de las otras esposas militares se podían identificar – al menos hasta cierto punto – con su lío.

Fue una mujer filipina llamada Anne que puso en movimiento el plan de Dios al darle el siguiente consejo providencial: "Yo sé lo que tienes que hacer para resolver tus problemas," ella dijo. "¿Qué? Lo he probado todo," mi madre suplicó. Anne respondió, "Tienes que hablar con un sacerdote católico. Él va a tener las respuestas."

Con su sangre italiana, mi madre debía haber sido una católica devota que rezaba el rosario, pero no conocía la iglesia católica desde niña. Por alguna razón, cuando mis bisabuelos vinieron a Nueva York del sur de Italia, no les enseñaron el italiano a sus hijos ni les pasaron su fe católica. Pero mi mamá sabía que sus raíces eran católicas y podía acordarse de un pasado en que su abuela le había intentado impartir lo esencial de la fe.

En todo caso, ella sintió que no quedaba nada que perder por hablar con un sacerdote. Un día anduvo a la oficina del capellán militar en la estación naval. El sacerdote escuchó su historia con paciencia y luego comenzó a hablarle de la Iglesia Católica.

Este sacerdote comenzó por contarle la historia de Santa Mónica y San Agustín – una historia que debía haber resonado fácilmente con mi madre. Le explicó cómo Agustín, el hijo de Mónica, vivió una vida pecaminosa y rebelde y llegó a abandonar a su madre, huyendo de ella.

Agustín es conocido por su dicho famoso, "Señor, dame la castidad…pero todavía no." Fue un hombre sensual y radical. También fue bien atrevido; tuvo una relación fuera del matrimonio con una mujer, resultando en un hijo a quien le dio el nombre "Adeodatus," que se traduce a "un regalo de Dios."

A pesar de (o tal vez a causa de) la conducta de Agustín, Mónica lloró día y noche partiéndose el corazón con sus oraciones por la conversión total de su hijo. Aunque mi madre no esperaba que yo me volviera aun un poco religioso, le dio mucho consuelo que Agustín llegó a convertirse al catolicismo, a ser nombrado un Doctor de la Iglesia, y a ser reconocido hoy en día como uno de los más grandes santos de toda la historia.

El sacerdote también le habló de María – la madre de Jesús – de sus dolores y de la espada que le atravesó el corazón. Le habló del sacramento de la confesión, de la Eucaristía, del rosario y del Santo Padre – todas las maravillas y glorias del catolicismo. Mi madre, al describirme esto años después, dijo que todo esto le parecía verdadero y cierto. Ella se sentía en casa en la Iglesia y sabía que esto era la respuesta a sus problemas. Por primera vez, mi madre tuvo la esperanza. Tuvo algo fuera de sabiduría humana a lo que estar aferrada.

Mientras tanto, mi madre no era la única persona que estaba conociendo el catolicismo. Ella convenció a mi padre de hacerle una visita al capellán. Mi padre se crió en una casa de familia episcopalista en Asheville, North Carolina. A pesar de no ser un episcopalista a todo corazón, asistía a la iglesia regularmente. No fue un gran salto para él considerar el catolicismo. La iglesia de su niñez era anglicana y desde afuera se parecía a una iglesia católica. Los episcopalistas aun recitan el mismo credo que los católicos: "Creo en un solo Dios Padre… Creo en la Iglesia, que es una, santa, católica y apostólica."

Poco tiempo después de asistir a la Misa con mi mamá, mi papá también se dio cuenta de que ambos estaban destinados a convertirse. Y cuanto más leía sobre Jesús y María, también él comenzó a enamorarse del catolicismo.

En cuanto a mí, el amor por Dios y por el prójimo eran las cosas más lejanas de mis pensamientos cuando finalmente llegamos a la entrada del centro de rehabilitación. Al contrario, lo que se me ocurría era el odio. Unos representantes del centro salieron para saludarnos. Me dieron la bienvenida de rutina: "Estamos tan alegres de que hayan venido." Todos me sonrieron con unas miradas simpáticas y optimistas. Yo pensé,

"Ustedes apestan. Todos de ustedes apestan. Nada más están jugando conmigo."

Después de charlar un poco con los administradores, llegó el momento para mis padres de irse. Naturalmente, mi mamá trató de abrazarme, pero no respondí. Mis brazos se quedaron colgados y flojos a mi lado. Mi mamá y mi papá se dieron la vuelta y se marcharon bañados en lágrimas. Ni les despedí con la mano. Lo único que me importó en ese momento fue ir a mi cuarto y tomar una ducha. Aún no lo había hecho desde que salí del sumidero, que parecía haber sucedido hace siglos.

Me mostraron mi habitación, en donde conocí a mi compañero de cuarto, un muchacho de 17 años de Filadelfia que había abandonado el colegio y se había metido en las drogas. Comparado a él, yo me parecía un consumidor recreativo. Pero la cosa más sobresaliente sobre mi compañero de cuarto era que estaba totalmente obsesionado con la banda de rock *Led Zeppelin*. Sabía todo lo posible respecto a la banda y veneraba a su cantante Robert Plant y a su baterista John Bonham. No sólo sabía las palabras de cada canción que grabaron, sino que también sabía muchas cosas oscuras en cuanto al interés del guitarrista Jimmy Page por las ciencias ocultas y su contacto con el satanista inglés Aleister Crowley.

Después de ponerle al corriente sobre mi situación, se puso incrédulo, como los demás en el centro. Dijo, "¿Hombre, acabas de bajar de un avión del Japón y has venido aquí?" La mayoría de los más o menos 70 muchachos y 40 muchachas allí eran de Pennsylvania o de los estados vecinos, así que mi historia me hizo destacar. Le hablé del Japón y él me enseñó de *Led Zeppelin* y de la música de rock clásico.

Pero por la mayor parte tuvimos conversaciones de "pobrecito de mí." Yo me quejé de extrañar tanto al Japón y a todos mis amigos. Luego él descargó toda su frustración y todo su enojo. Hablábamos hasta las altas horas de la madrugada, nuestras conversaciones normalmente marcadas por declaraciones tales como, "Qué mala suerte" o "Eso apesta de verdad, hombre." Fue patético pero también consolador tener a alguien para afirmar las cosas que yo sentía. Para mi sorpresa, descubrí que él se había ingresado en el centro voluntariamente, un hecho que fue algo difícil de creer.

Sí, mi compañero de cuarto y yo parecíamos andar con los cerebros medio revueltos a causa de las drogas, pero nosotros no éramos los pacientes típicos. Muchos de los otros muchachos en mi residencia estaban muy deprimidos, hasta el punto de no poder levantarse de la cama por la mañana. Otros se cortaron con cuchillas como modo de escapar cualquier dolor que les afligía.

En el centro, pasé la mayoría del programa de verano tratando de evitar las sesiones de consejería ridículas – también llamadas "grupos pequeños" – los cuales yo absolutamente aborrecí. Hasta ahora, cuando escucho las palabras "grupo pequeño," me dejo llevar por el pánico y mi corazón late aceleradamente. En este ambiente sensiblero, se suponía que habláramos de nuestros problemas. ¿Puedes imaginarme confesándoles problemas, que yo ni pensé que tenía, a algunos desconocidos? Por ejemplo, los consejeros dijeron, "¿Qué es lo que quieres mejorar mientras estás aquí?" Como yo fui un mocoso, respondí con algo de, "La verdad es que quiero dejar de morderme las uñas." En un tono de desaprobación, me respondieron, "No estás aquí por eso." Y yo devolví el fuego con, "Pues, ¿para qué me quieres aquí? Me importa un bledo tu estúpido programa."

Irónicamente, cuando hablaba con un consejero uno a uno, a veces estaba dispuesto a comunicarme – especialmente si se trataba de una consejera guapa. Pero en un grupo, siempre pensé que tenía que impresionarles a los otros muchachos o actuar como macho para obtener beneficios de imagen. Por supuesto, si me forzaron a asistir a una sesión uno a uno con alguien que no me caía bien, yo me callaba por completo. Entonces no podían sacarme nada.

De noche, había más de lo mismo, a menos que el ambiente se volviera aun más sensiblero. Los consejeros nos llevaban afuera. Nos sentaban alrededor de una fogata para tostar los malvaviscos y cantar canciones tranquilas como *Kumbaya* y *This Little Light of Mine* (*Esta Lucecita Mía*). También cantábamos la canción *You've Got a Friend* (*Tienes*

Un Amigo) de Carole King. Yo pensé, "Sí, yo tengo un amigo. Su nombre es Marihuana."

Pero la cosa más ridícula de todas fue cuando los consejeros nos pidieron hacer ejercicios del tipo Nueva Era en los cuales tuvimos que designar algún objeto como nuestro "poder superior." Para algunos muchachos, su poder superior fue un árbol o su guitarra u otro objeto inanimado. Pero yo tenía al menos un medio cerebro como para saber que un "poder superior" inanimado no me iba a ayudar a mí ni a cualquier otra persona en el programa. Mi respuesta fue, "Todos ustedes son perdedores. Voy por mi cuenta."

Las únicas actividades que tuve ganas de hacer fueron deportes al aire libre como nadar, jugar el voleibol o ir a escalar. Por lo menos esas cosas tuvieron sentido. Es que si eres un padre o una madre de un niño inmaduro – y los consejeros fueron esencialmente padres sustitutos para muchachos que tuvieron la madurez de niños de dos años – ¿qué quieres que haga? Quieres ocuparlo y dejar que corra por todos lados hasta que se agote.

Pero lo que más odié en el centro de rehabilitación fue participar en los "ejercicios de formación del equipo," ese tipo de tonterías en que estás de espaldas a tus compañeros sobre una saliente y te caes hacia atrás y confías en que ellos te agarren. ¿Confiar en otra persona? ¿Por qué? La única persona en que yo confiaba era en mí mismo. Es más, en el contexto en que yo estuve los ejercicios fueron, en mi opinión, totalmente absurdos. Los pacientes de este centro ni pudieron cuidar de sí mismos, mucho menos ser parte de un equipo.

La verdad es que yo nunca tuve la intención de aprender cómo estar sobrio ni casto ni cómo mejorar mi actitud. Los métodos de los consejeros fueron heroicos en sentido que emplearon todo tipo de técnicas para ayudarme. Pero yo no quería tener nada que ver con ellos. En efecto ellos creían que iban a ayudarme al sacar el azúcar de mi dieta y sustituirla con frutas y verduras. Pero mi problema no fue algo que se podía resolver obligándome a seguir un programa de doce pasos. No lo sabía todavía, pero mi problema se trataba de una herida profunda en el alma. No me ofrecieron nada más que una curita.

En ese tiempo, ciertamente no habría reconocido que tuviera herida alguna. Pero al considerarlo ahora, puedo ver que toda la terapia que los del centro intentaron consistió en aplicar una solución secular a un problema que fue profundamente espiritual. Yo había decidido que pase lo que pase, no quería estar allí, y no quería cambiar.

Curiosamente, al mismo tiempo que mis padres se sentían atraídos hacia el catolicismo, unos consejeros del centro trataban de atraerme al cristianismo evangélico. En teoría, a los consejeros les era prohibido evangelizar pero era obvio que trataran de ejercer una influencia sobre mí – y sobre los demás – con sus técnicas.

El único problema fue que muchos de estos consejeros varones no fueron exactamente modelos a seguir en el sentido cristiano. Me dio asco su proselitismo porque parecieron vivir una doble vida. Por un lado, me predicaron sobre Dios y me pidieron cantar algunas canciones cristianas torpes. Pero cuando los escuché a escondidas, hablaban de caderas, traseros y senos de las consejeras. También idolatraban a las mismas bandas de heavy metal que yo.

Yo les dije, "¿Se llaman cristianos?" Fueron hipócritas, y siendo el extremista que yo era, no quería tener nada que ver con eso. Es más, el cristianismo me pareció una gran pérdida de tiempo, algo que sólo podía impedir el uso de drogas y la diversión. Irónicamente, los consejeros hicieron que me alejara aun más del cristianismo.

Mientras tanto, mis problemas en el centro eran más grandes que encontrar a mi poder superior o seguir los consejos de gente "cristiana." Uno de los obstáculos más grandes era conseguir las drogas. Las medidas de seguridad hacían casi imposible pasar de contrabando la marihuana, pero conseguir el LSD era una opción realística. Debido a que podíamos recibir el correo, los amigos de afuera podían enviarnos cartas y pasarnos el LSD aplicándolo en el dorso de la estampilla. Luego la ponían en la carta y la mandaban. Cuando recibíamos la carta, con cuidado quitábamos la estampilla y la lamíamos para drogarnos. Lamíamos esas estampillas hasta ponérsenos morada la cara.

Era chistoso porque los consejeros siempre se jactaban de lo imposible que era pasar contrabando por el centro de rehabilitación. Ellos abrían y leían todo el correo que los pacientes recibían, y aseguraban que sabían todos los trucos de los pacientes para conseguir las drogas, pero esas estampillas mágicas de 33 centavos seguían llegando a nuestras manos. Utilizábamos los mismos trucos que los cabecillas para manejar a sus pandilleros desde adentro de la cárcel. Algunos pacientes aun desarrollaban un lenguaje codificado para comunicarse con sus amigos drogadictos afuera, pero eso era demasiado trabajo para mí.

Sin embargo, no siempre tuve acceso a las drogas. Una vez cuando no tuve el LSD que tanto quería, estuve tan desesperado por drogarme que traté de fumar una piel de plátano. Había escuchado que se podía cubrir la piel con pasta de dientes, dejarla resecar, y luego fumarla y drogarse. Guardé un par de pieles de plátano, las cubrí con pasta de dientes, y las puse en el alféizar de mi ventana para resecar en el sol. No surtió mucho efecto, pero fue bastante gracioso tratar de fumar una piel de plátano.

Un día utilicé los plátanos para un fin aun más siniestro. La noche anterior, había mirado la película *Beverly Hills Cop*, que tiene una escena chistosa en la que Eddie Murphy (como el personaje Axel Foley) rellena con plátanos el tubo de escape de una patrulla. En la escena, dos agentes de policía clandestinos están vigilando el hotel de cinco estrellas en dónde Foley se está quedando. Dándose cuenta de su presencia, Foley le pide al servicio de habitaciones llevarles comida a los oficiales en su carro. Mientras ellos están probando el salmón escalfado con salsa de eneldo, Foley toma tres plátanos del buffet del hotel, sale y clandestinamente rellena el tubo de escape con ellos. Luego Foley se va del hotel en un Mercedes convertible rojo. Los agentes arrancan el carro para seguirlo pero da un bandazo de un metro, petardea y se descompone en medio de la calle.

Estando bien inspirado, a la mañana siguiente durante el desayuno robé un montón de plátanos de la cafetería. Al mediodía, fui a escondidas al estacionamiento de empleados y rellené con dos plátanos el tubo de escape del carro de cada consejero.

Unas horas después, cuando los consejeros trataron de irse para la casa, ninguno de ellos pudo arrancar su carro. De inmediato nos reunieron a todos y nos gritaron, "¿Quién hizo esto? ¿Quién es el responsable?" Nos amenazaron a todos con un gran castigo a menos que el culpable se identificara. Pero, ¿qué iban a hacer? ¿Quitarnos el pudín? Imponernos quehaceres extras? Fue chistoso mirarlos enloqueciéndose sobre unos plátanos metidos en tubos de escape.

Naturalmente, no me confesé, pero los consejeros descubrieron que yo fui el responsable. Parecía que alguien me hubiera delatado. Así que me sentaron y me dijeron, "¿Por qué hiciste una cosa así? Eso es tan cruel." Después de regañarme, uno de los administradores dijo lo obvio: "¿Sabes qué? No tienes una buena actitud."

"No me digas," pensé con cinismo.

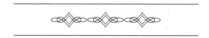

Después de pasar cinco o seis semanas en el centro de rehabilitación, decir que me volví inquieto sería quedarse corto. Aun el LSD y la broma ocasional no me apaciguaron. Simplemente me cansé tanto del ambiente y de las sesiones sin cesar que decidí escaparme. Mi compañero de cuarto y mis otros amigos trataron de disuadirme. Dijeron, "No puedes hacerlo. Estamos en el medio de la nada." La verdad era que no tuve ninguna idea de dónde estaba y vagamente recordé que durante el viaje al centro el bosque nos había rodeado a mí y a mis padres.

Descubrí que fue muy fácil escaparme del centro porque no había guardias para impedir que los pacientes se marcharan. Por otro lado, los administradores sabían que los guardias no eran necesarios. Como me habían advertido, el mejor mecanismo de defensa del centro fue el terreno. Ese lugar estaba en lo más profundo del bosque y escaparme de allí era similar a fugarse de la Isla de Alcatraz. Sin transporte apropiado, es decir, un carro, era difícil incluso llegar a la civilización. Aun así, hice un gran esfuerzo para lograrlo. Una mañana salí disparado y corrí por el camino – un camino bien largo – hasta llegar al pueblo más cercano.

Como la decisión de huir fue espontánea, no estuve bien preparado para el viaje. No sólo sufría mi sistema cardiopulmonar gracias a todos los cigarrillos y toda la marihuana que había fumado en el Japón, sino que también no había traído ninguna comida ni agua.

Al llegar al pueblo, tuve tanta hambre y sed que fui directo a la primera (y la única) tienda de comestibles que vi, esperando robar algo de comer y tomar.

Desafortunadamente, los dueños de esta tienda del campo me vigilaron como un águila desde el primer momento que entré. Ellos de inmediato me identificaron como un paciente fugado. No había otra explicación para la presencia de un muchacho sudoroso y extraño, con arete y pelo largo en una tienda en medio del campo de Pennsylvania – a menos que escapara de una institución. Segurísimo que no me parecía al hijo de un agricultor. Además, no fue mi tipo de lugar. Se vendían comestibles enlatados y melaza. Yo buscaba los Doritos y el Mountain Dew.

Puesto que no pude robar nada sin que se dieran cuenta, salí de la tienda con las manos vacías y comencé a andar por un camino diferente que con suerte conduciría a otro pueblo. El cajero debió haber llamado al centro de rehabilitación tan pronto como crucé la puerta. Caramba, él probablemente tuvo su número de teléfono en el marcado rápido.

Después de unos 20 minutos, una furgoneta paró a mi lado y uno de los consejeros me gritó, "¡Súbete!" Le grité, "¡Vete al infierno!" antes de saltar sobre una cerca y entrar corriendo en algunos pastos para las vacas. Pero el consejero tenía buen estado físico y estaba bien descansado, así que no tardó mucho en agarrarme. Tampoco resistí mucho. ¿Qué podía hacer? Lo único que le dije fue, "¿Me vas a llevar allí de nuevo? ¡Apestas un montón!" Me llevó todo el camino de vuelta al centro de rehabilitación, y con resignación yo terminé las últimas cuatro semanas del programa.

Antes de que mi "clase" fuera liberada del centro, los consejeros hicieron un esfuerzo simbólico por prepararnos para integrarse de nuevo en la sociedad. De una manera rara, su mensaje fue todo menos inspirador. Básicamente nos dijeron, "Van a volver al mundo y sólo uno de ustedes va a poder hacerlo. Los demás van a sufrir una recaída."

¿Repita, por favor? ¿Este centro de rehabilitación tiene una tasa de falla de casi 100%? Pensé, "Apuesto que no hacen hincapié en eso en sus folletos de marketing. ¿Qué demonios estoy haciendo aquí?" Seguro que no fui yo quien iba a ser el que podía hacerlo. Ni quería ser esa persona.

Después de que me liberaron no tuve adónde ir, así que tuve que instalarme en la casa de mis padres. Fue una situación incómoda porque no los había visto ni siquiera había hablado con ellos desde hace dos meses y medio. En el centro de rehabilitación, nos permitieron llamar a los padres una vez a la semana, pero no lo hice. Ni una sola vez. Cuando me dieron la oportunidad para hacer una llamada, intenté llamar a mis amigos en el Japón. Por supuesto, nunca tuve éxito porque los teléfonos no estaban configurados para el servicio internacional.

Quién sabe, tal vez mis padres no querían hablar conmigo cuando estaba en el centro. Tal vez se sintieron aliviados por la oportunidad de descansar un rato. Después de todo, yo estuve fuera de las calles, bajo observación, y por primera vez desde hacía mucho tiempo, ellos no tenían que preocuparse de que tuviera problemas con la ley. En vez de eso, mi papá pudo concentrarse en ajustarse a su nuevo puesto, mi mamá pudo establecer a la familia en su nueva casa, y mi hermano hasta pudo adaptarse a su nueva escuela.

Lo que yo no sabía era que durante esos dos meses y medio mis padres habían pasado por una transformación radical. Poco después de que volví del centro de rehabilitación, mi madre dijo algo tan sorprendente que yo no sabía cómo tomarlo. Me dijo, "Donnie, nos hemos convertido al catolicismo."

Mi primera impresión fue que se habían entrado en un culto. ¿Católicos? ¿Qué es eso? De verdad no tuve ni idea de lo que quería decir eso. Ella me dijo, "Somos cristianos y ahora vamos a la iglesia." Pensé, "Buenísimo. Ahora mis padres creen en este mito estúpido de Dios y se han vuelto tan radicales que van a la iglesia cada semana."

Se suponía que yo fuera la persona comportándome de manera extrema. Ahora ellos también, despertándose a las siete de la mañana, vistiéndose bien, y rumbo a la iglesia. Antes de hacerse católicos, dormían hasta tarde o iban de compras todo el día. Ahora me despertaron a mí para preguntarme si quería ir a la iglesia, también.

Fue muy evidente que sus vidas se habían cambiado. Mi hermano asistía a una escuela católica. Mi familia no sólo iba a la iglesia cada semana, sino que también rezaba antes de comer. Que mala onda. Ahora tenía que esperar hasta que terminaran su oración estúpida antes de poder comer. Todo me pareció realmente demasiado religioso. Su casa, en mi opinión, se había convertido en una iglesia.

Hasta las decoraciones en la casa se cambiaron. Había un crucifijo en la pared aquí y una estatua allá. No sólo eso, sino que también mi mamá puso las estampas de oración en mis bolsillos o debajo de mi almohada. Una noche volví a casa borracho de una reunión con amigos y, después de echarme en la cama, sentí algo debajo de la almohada. En ese tiempo no sabía qué era, pero era una estampa de oración con un tipo extraño con alas y una espada: San Miguel Arcángel.

En otras ocasiones, me metí la mano en el bolsillo cuando me ponía los pantalones por la mañana, esperando sacar un dólar o unos papeles para envolver la marihuana. En vez de eso, encontré una medalla con las palabras "María, sin pecado concebida, rogad por nosotros." Mi madre colocaba estas baratijas para tener algún efecto sobre mí. Ella quería que su conversión se me pegara a mí, suponía.

Entretanto, atribuí las acciones de mis padres al comportamiento extraño. Pensé, "Bueno. Ustedes vivan su pequeñita experiencia religiosa, y yo voy por la mía." Y yo hice eso mismo. Lo que menos me imaginaba era que años después me convertiría. Pero por ahora, las cosas fueron de mal en peor.

3

FIGURAS
PATERNAS

HE TENIDO TRES APELLIDOS DIFERENTES en mi vida. Cada vez que mi madre volvía a casarse, su nuevo esposo me adoptaba y me daba su apellido. Aguantar un divorcio, cambiar de padre y recibir un nuevo apellido es difícil, pero siempre estaré agradecido por el nombre "Calloway." Es que el apellido de mi padre biológico es "Crock," que en inglés puede significar "tontería."

Nací en 1972 cuando mi madre, LaChita Bianco, tenía sólo 18 años. En muchos sentidos, su niñez reflejó la mía. Nació en la parte nordeste de Ohio, pero cuando era niña, sus padres se divorciaron. Como resultado, mi madre se quedó con su propia madre por algún tiempo antes de mudarse con su padre al escenario remoto de Wallace, West Virginia, en donde creció con sus dos hermanos y dos hermanas.

Como una mujer joven, mi madre era excepcionalmente hermosa. Era menuda con una tez morena, la cual resultó en que alguna gente la confundió con ser hispana o aun indígena, debido a su pelo negro largo y su mirada radiante. Podía que una italiana morena pareciera fuera de lugar en la parte norte central de West Virginia, pero hasta hoy vive una población bastante grande de italianos en el área. De hecho, en Clarksburg – una ciudad pequeña de unas 16.000 personas situada una hora y media al sur de Pittsburgh – hay un gran festival italiano. Cada verano desde 1979, más de 100.000 personas han venido de todas partes (incluyendo Italia) para celebrar este evento de tres días, que ofrece cocina italiana auténtica y artistas italiano-americanos como Tony Danza, Jo Dee Messina, Dion y Fabian.

Aun así, era innegable que Wallace – que está poblado por lo que llamo "la gente real de West Virginia" – no era el lugar perfecto dónde crecer para una niña italiana morena. Sin ánimo de ofender a los que son del "Estado de Montañas," puede haber algo de verdad en la imagen del personaje rústico que viene a la mente al pensar en los habitantes de West Virginia. Los hombres con tirantes y escopeta, sin zapatos ni dientes – esos son los tipos que vivían en Wallace y en las afueras. En otras palabras, no había mucho de nuevo en esta área pequeña y pobre. Considera la vida familiar de mi mamá: la casa de su padre se construyó en una hondonada en lo profundo del bosque – un lugar enclavado entre dos colinas y sombreado por un crecimiento espeso de árboles. Había que viajar un kilómetro por la calle para llegar al vecino más cercano. El "vecindario" aun compartía la misma línea de teléfono.

Es difícil de pensar en esto hoy en día cuando muchos jóvenes tienen su propio teléfono celular, pero si mi mamá quisiera llamar a una amiga, tendría que descolgar el teléfono en la sala de estar y escuchar para saber si alguien ya estuviera hablando por teléfono. Si no, podía hacer la llamada. Si ya estuviera ocupado, tendría que averiguar por cuánto tiempo el vecino iba a ocupar la línea y esperar su turno.

Llegar a la escuela tampoco era un camino de rosas. Para llegar allí, mi madre tenía que andar hasta el fin de la hondonada y tomar el autobús a Clarksburg, un viaje de 30 minutos, la mayoría del cual pasando por caminos de tierra polvorientos.

Dado que tan poca gente joven vivía en Wallace, probablemente era inevitable que mi madre se tropezara con el hombre que sería mi padre biológico. Mi padre, Donald, que era un poco mayor que mi madre, vivía en una hondonada no muy lejos de la de ella. Pero él tenía la suerte de ser dueño de un carro – preparado para correr – qué hacía al viaje a Clarksburg mucho más tolerable. Poco después de conocerse, se enamoraron y se casaron. Mi madre tenía sólo 18 años cuando celebró su día de la boda.

Los dos se establecieron en West Virginia y, al principio, parecían ser una buena pareja. En ese tiempo, había poco trabajo en Clarksburg, así que hicieron las maletas y se mudaron a Michigan. Mi padre consiguió un buen trabajo – al menos según los criterios de West Virginia – en la industria automotriz en Dearborn, un suburbio de Detroit.

Entonces como hoy, Dearborn era reconocido como el centro de la industria automotriz norteamericana. El lugar de nacimiento de Henry Ford, sigue hoy en día como la sede central de la Ford Motor Company. Pero Dearborn también ha cambiado mucho durante las últimas décadas. Hoy, se conoce por tener la segunda más grande población de árabe-americanos en los Estados Unidos, precedida sólo por la ciudad de Nueva York. A comienzos de los 70, sin embargo, Dearborn era predominantemente blanco, y Ford era todo para la comunidad.

A pesar de que las habilidades mecánicas de mi padre le permitieron ganar dinero más que suficiente para mantener a su nueva familia, mudarse a Michigan fue un ajuste bien difícil para la casa Crock. Ambos padres eran jóvenes y sin experiencia – tanto acerca de la vida en general como las costumbres de una ciudad grande como Detroit. Antes de irse para Dearborn, mamá y papá no tenían mucha experiencia fuera de los pueblos de Ohio y de West Virginia. Es más, los intereses de mi papá – cazar, pescar y arreglar los automóviles – favorecían más el estilo de vida en el campo que en la ciudad.

En breve, mi padre comenzó a tomar mucho. En vez de ahorrar el dinero, comenzó a gastarlo en motocicletas, carros y noches de fiesta. Después de que yo nací, comenzó a ser mujeriego, pasando más y más noches saliendo con sus amigos que quedándose en casa con su familia. Mi madre de pronto se cansó de su mal comportamiento, y mientras yo era todavía pequeño, se separaron.

Resultó ser un divorcio muy amargo para los dos adultos jóvenes. Después de que mi padre se marchó, mi madre rompió en mil pedazos todas las fotos que tenía de él y se aisló de él por completo. No tuve una sola conversación con mi padre biológico hasta cumplir 18 años.

Como sucedió con mi madre después de que sus propios padres se divorciaron, también yo fui a vivir en una granja en Wallace – bajo el cuido de mi madre y de mi abuelo. Menos las pocas veces en que mi padre apareció inesperadamente e instigó una discusión muy acalorada con mi madre, las memorias de mi infancia temprana son por la mayor parte buenas. Yo tenía una disposición alegre y amaba mucho a mi madre. Como un niño pequeño, mi mamá y yo teníamos una relación muy cercana. Me gustaba estar con ella más que con cualquier otra cosa en el mundo. Habría sido obvio a quienquiera que nos viera que compartíamos un lazo bien fuerte. Ella era cariñosa conmigo todo el tiempo. Había muchas risas y amor. Recuerdo estar muy orgulloso de mi madre y sabía que ella estaba muy orgullosa de mí.

Por supuesto, como yo era cercano en edad con ella, era muy fácil relacionarnos. Sólo separados por 18 años, amamos la misma música y los mismos programas de televisión. Ella escuchaba los cartuchos 8-track de Neil Diamond, The Eagles, y Diana Ross, y yo cantaba y bailaba a su lado.

Uno de sus pasatiempos favoritos era el bowling. Después de llegar a casa de la fábrica de vidrio donde trabajaba, me llevaba a la bolera local. Me acuerdo vívidamente la manera en que tiraba su bola azul y brillante, haciéndola moverse hacia el canal antes de que se girara al centro, y a menudo derrumbando todos los bolos. A los ojos de un niño, su forma y su poder eran increíbles. Por otra parte, lo único que yo podía hacer era acercarme a la línea, e inclinado hacia adelante con la bola en ambas manos entre las piernas, tirarla con todas mis fuerzas. Naturalmente, mi bola a menudo encontraba el canal mucho antes de llegar a los bolos, pero eso no le importaba a ella. No teníamos mucho, pero recuerdo que la vida era buena y también que yo era feliz.

A pesar de que mi padre biológico estaba ausente mientras crecía, yo tenía a varias figuras paternas en mi vida, en particular mi abuelo y mi tío. Como mi madre, mi abuelo era moreno. Una sola mirada y sabías que o era del sur de Italia o era indígena. Sea cual sea la estación, él siempre llevaba una camisa de franela con tirantes y unos jeans gastados. Se parecía a un patriarca o un cacique, un hombre jovial y justo que podía ser tan fuerte como un león si la situación lo requiriera. Era definitivamente alguien con el que uno no quería meterse.

Para este niño de 7 años, él me parecía imponente al máximo, el tipo de hombre de leyenda que se veía en una vieja foto blanco y negro. Aun se portaba como un guerrero noble que había estado en la batalla, cosa que tenía sentido porque había luchado en la Guerra de Corea.

Como un niño pequeño, me encantaba pasar el tiempo en la casa de montaña de mi abuelo porque todo me parecía grande y masculino y tenía un olor salvaje y fuerte. Por la mañana, los aromas de tocino y de café flotaban en el aire. Abuelito me enviaba al gallinero para recoger una canasta de huevos. Luego preparaba una cafetera y cocinaba unas abundantes porciones para desayunar.

Por la tarde, después de ocuparse del campo y de los animales, la casa de montaña adquiría otro olor. Antes de sentarse en su silla para fumar, el abuelo me preparaba las palomitas de caramelo, mis favoritas. Luego sacaba un cigarro o una pipa y fumaba su tabaco de cereza, llenando el aire con su aroma fuerte.

Entretanto, su casa era el típico paraíso de un amante de naturaleza. Él había construido la casa con sus propias manos y los paneles de madera en cada cuarto emanaban un olor leñoso distinto, el tipo de olor que no es evidente en una casa "moderna." Las paredes estaban decoradas con las cabezas de ciervos, jabalíes, faisanes y osos negros. Cualquier espacio en la pared no ocupado por las cabezas de animales tenía rifles, escopetas, pistolas, arcabuces y arcos. Por supuesto, siempre tenía las municiones suficientes para defender a un pueblo pequeño.

En cuanto a la tierra misma, era el dueño de muchos acres en los que cultivaba de todo, desde tomates y repollos hasta maíz. Además, tenía una docena de vacas, más caballos y gallinas. Naturalmente, mi abuelo quedaba con un poco del producto de la granja para el consumo propio, pero vendía la mayoría en la carretera interestatal número 50. Conducía su camioneta al oeste en el I-50 a Parkersburg y vendía su mercancía allí mismo en la frontera estatal entre Ohio y West Virginia. Sin embargo, como la mayoría de la gente del área, tenía dificultades para llegar a fin de mes y también recibía ayuda del Estado para complementar sus ingresos. Ahora que lo pienso, la mayoría de mis parientes dependía de la ayuda estatal – la asistencia social, las estampillas de comida o ambas.

Con el paso del tiempo, el abuelo comenzó a demostrarme cómo trabajar en el campo y criar a los animales. Tengo buenos recuerdos de ese tiempo. Me encantaba dar un paseo en su tractor John Deere mientras el hacía pacas de heno. Cuando yo era muy joven, no podía ayudarlo mucho con el trabajo de la granja, pero al menos podía hacerle compañía. Nunca me voy a olvidar cuánto ni por cuánto tiempo el heno me hacía picar.

El abuelo tampoco se negó de exponerme a las duras realidades acerca de la vida y la muerte en la granja. Una vez estaba con él mientras mató una de sus vacas en el establo.

Recuerdo bien cuando hizo que la vaca se diera la vuelta para ponerse frente a él y le puso el rifle a la frente del animal. ¡Pum! Fue surrealista, como si fuera en cámara lenta. La vaca se cayó al suelo en un montón. Luego mi abuelo se acercó a ella con calma, ató las patas traseras juntas con una cadena, y la colgó por los jarretes.

No hay nada similar a la experiencia de ver una vaca colgada en un establo y sus entrañas chorreando sangre. Pero a mi abuelo no le causó rechazo el horrible olor. Silenciosamente le quitó la piel y los intestinos. De pronto no hubo nada más allí que trozos de carne colgados. Recuerdo sentirme intimidado por él, pensando, "Caramba, este hombre es mi abuelo y quiero ser exactamente como él."

A continuación, mi abuelo y mi tío me enseñaron a cazar y pescar – estas habilidades permanecen en mí hasta hoy y todavía tienen una buena influencia sobre mi vida. Me daban un rifle pequeño de calibre 22 o una escopeta, e íbamos a cazar ciervos de cola blanca, ardillas y pavos salvajes. También solíamos pescar las percas o los bagres. Las paredes de la cabaña de mi abuelo dieron testimonio de sus habilidades como cazador y pescador.

En cuanto a mi tío, era muy similar a mi abuelo, menos que era más joven y le gustaba la misma música que a mí. Uno de mis mejores recuerdos es volver de un viaje de pesca con él en su Jeep sin puertas (y con sólo una jaula anti-vuelcos). El viento nos despeinaba el pelo mientras escuchábamos a *Take the Long Way Home* de la banda *Supertramp*.

Hasta hoy, siempre digo que si Dios no me hubiera llamado al sacerdocio, habría estado viviendo en el campo o en la playa. Me encanta la vida de la granja. Soy uno de esos extraños a quien no le molesta oler el abono al conducir por el campo. Hay algo paradójicamente sano y puro en vivir en una granja sucia, y ese sentimiento ha perdurado siempre dentro de mí.

Aunque los parientes como mi tío y mi abuelo eran modelos de conducta ideales cuando se trataban de actividades varoniles como el cazar y el acampar, mi ambiente tuvo un efecto negativo sobre mi desarrollo.

Durante ese tiempo me encontraba con muchos hombres en el área de Wallace que no daban un buen ejemplo en cuanto a cómo tratar, mirar y hablar de las mujeres. Comencé a ver que los hombres no parecían guardarles respeto.

Por lo que podía adivinar, el trabajo del hombre era salir y divertirse a pesar de las consecuencias. Con el tiempo, esta actitud se fijó en mi mente. Como resultado, mi modelo de lo que era un muchacho tenía defectos desde el principio. Algunos de los miembros de mi familia extendida parecían tener dificultades cuando se trataba de asuntos del corazón.

Y a pesar de que yo no estaba consciente de ello en ese tiempo, también creo que la televisión, y más tarde las películas, tenían un papel clave en formar cómo yo entendía el mundo. Pasé horas mirando *World Wrestling Federation* (*WWF*), *Rocky and Bullwinkle, Underdog, Starsky and Hutch, Grizzly Adams, Swiss Family Robinson* y *BJ and the Bear*, por no mencionar las películas de Clint Eastwood y otras películas de vaqueros. Mi show favorito era *The Dukes of Hazzard*, que se transmitía en el canal *CBS* en los viernes por la noche. Mirando a Bo y a Luke Duke dando paseos por el pueblo Hazzard en el *General Lee*, empecé a preguntarme qué quería decir ser hombre. Pero el personaje de Daisy Duke y sus shorts de jeans eran el principal atractivo para mí. Caramba, ella captaba toda mi atención.

Cuando yo tenía 8 años, mi madre se casó por segunda vez. Esta vez se casó con un hombre de New Martinsville, West Virginia, un pueblo de medio tamaño en el Condado de Wetzel, en la frontera entre West Virginia y Ohio. Sé porque vivíamos allí mismo en la frontera entre ambos estados. El Río Ohio pasaba por el patio de nuestra casa. Ohio estaba a unos 100 metros al otro lado del río.

A pesar de que nuestra casa nueva era un tráiler y nada parecido a la del abuelo, pensaba que era un lugar bien padre en dónde vivir. Para mí, el principal atractivo eran los trenes. Había una vía férrea muy cerca de la propiedad, y me encantaba mirarlos pasar lentamente, pesados de su carga. Solían transportar carbón o productos químicos, pero a veces también automóviles. Los maquinistas sonaban el pito para mí al pasar, siempre una experiencia emocionante para un niño.

Al mismo tiempo, no me gustaba vivir con mi nuevo papá. Aun teniendo ocho años, no podía encontrar algo agradable con respecto a él. Era verbalmente muy agresivo, no sólo con mi mamá y conmigo, sino también con los demás. Para empeorar los problemas, era perezoso, tomaba mucho, y parecía que nunca pudiera tener un trabajo.

No lo podía entender, pero pasara lo que pasara, mi mamá siempre tenía mala suerte. Hay una vieja canción de Ray Charles que dice, *"If it wasn't for bad luck, I'd have no luck at all"* (*"Si no fuera por la mala suerte, no tendría suerte alguna"*). Pues, eso era mi mamá. Era muy buena persona pero en cuanto a las relaciones y a los empleos, siempre le tocaba lo peor. Llegó a ser obvio que mi nuevo papá no era capaz o no estaba dispuesto a mantenernos. Mi mamá hizo la única cosa en la que podía pensar para cuidarnos a nosotros. Ella decidió alistarse en la Marina, el cual nos garantizaría los ingresos por varios años. Desafortunadamente, eso también significaba que ella tendría que dejarme solo con mi nuevo papá por dos meses mientras que ella se iba al campamento de entrenamiento de reclutas.

Fue un tiempo muy traumático cuando mi madre se marchó al campamento en Florida. No sólo perdí a mi mamá, sino también a mi mejor amiga. Le tenía mucho cariño, y a pesar de todos los desafíos con que ella tenía que enfrentarse, era una madre cariñosa y tierna en todos los sentidos.

Esos meses en que mi mamá estaba ausente me parecían una eternidad. Ella me mandaba regalos desde Florida, juguetes con tarjetas y cartas bonitas diciéndome cuánto me extrañaba. En particular, recibí un juguete de Godzilla con un brazo que se disparaba al pulsar un botón. Pensé que era el juguete más padre que jamás había visto.

Por otro lado, mi nueva situación de vivienda – más de dos meses en un tráiler con mi nuevo papá – no era ideal, ni mucho menos. No me molestó tanto lo de vivir allí; al contrario, había algo en eso que me gustaba. Por ejemplo, me agradaba cuando llovía gracias al sonido de las gotas cayéndose sobre el techo. No hay cosa similar a acurrucarse en el sofá en la sala de estar de un tráiler con los dibujos animados en la televisión, un leño tipo Duraflame ardiendo en la chimenea, y la lluvia pegando al techo de lámina. Era un sentimiento de paz y comodidad. Me gustaba sentir eso especialmente porque estar cerca de mi nuevo papá provocaba cualquier cosa menos la paz.

En el mejor de los casos mi nuevo padre era muy pero muy distante. A menudo me dejaba en casa solito por mucho tiempo. Luego, cuando volvía generalmente estaba ebrio y enojado, el tipo de borrachera con que es muy difícil vivir – especialmente para un niño de 8 años que extrañaba a su madre.

En casa, me movía siempre con cautela, tratando de evitar cualquier cosa que pudiera provocarlo. Para alejarme de él, pasé mucho tiempo afuera jugando con mis amigos. Pero en un tráiler de un solo nivel, no hay mucho espacio para evitar a alguien que siempre está de mal humor. Estaba ansioso por ver a mi mamá.

Naturalmente, me puse contentísimo cuando mi mamá finalmente volvió a casa. Su vuelta también marcó el comienzo de mi nueva vida como un dependiente militar, la costumbre de mudarse de una ciudad a otra, adónde mi mamá – y más tarde mi tercer padre – se encontraba destinada. Para entonces, no me importaba adónde nos mudábamos, con tal de que pudiera quedarme con ella.

El primer destino de mi madre después de su entrenamiento era en Norfolk, Virginia. Desde el punto de vista de una persona de West Virginia, nuestra nueva ciudad de residencia era fascinante. Para las personas de fuera, Norfolk es mejor conocido por tener la base naval más grande del mundo, que sirve como el puerto matriz de más de 50 barcos militares, incluyendo el acorazado *U.S.S. Wisconsin*. Pero para mí, Norfolk era padre simplemente porque tenía más gente, más tráfico, más comercio y más actividades – por no mencionar más canales de televisión – que jamás había tenido en West Virginia. Hoy en día, uno puede vivir en casi cualquier parte y recibir centenares de canales por satélite. Pero cuando vivimos en Wallace, nada más podíamos recibir CBS, NBC y unos cuantos otros canales por la banda VHF.

Un poco después de establecernos en Norfolk, la relación entre mis padres empeoró. Discutían y peleaban sin cesar. Había tensión y rencor porque mi madre era la que mantenía a la familia y porque mi padre nunca quería irse de West Virginia para empezar. Se separaron y se divorciaron cuando tenía 9 años, y él se volvió a New Martinsville. Una vez más, me encontré sin padre. Pero esta vez, no tenía a un tío ni a un abuelo para llenar el vacio.

Fue entonces que comencé a mostrar signos de empezar a ser un chico malo. A pesar de tener esa corta edad, comencé a decir mentiras piadosas y probé los cigarrillos. Por supuesto, con la sede de la compañía gigantesca de tabaco Philip Morris en Richmond, no era difícil conseguir cigarrillos.

Como muchos de mis amigos en ese tiempo, tenía mucha libertad para un niño de mi edad. Demasiada libertad. No era que mi mama no intentara estar pendiente de mí. Pero como una madre soltera, trabajaba por tantas horas que cuando yo no estaba en la escuela, lo estaba con una niñera. Y al llegar a casa del trabajo, estaba demasiado cansada para prestarme la atención.

También cuando tenía 9 años, perdí la cabeza por una chica por primera vez, y esto, de una manera indirecta, me llevó a comenzar a robar. Su nombre era Brandy, y era tan hermosa como un ángel. Íbamos a la escuela juntos, y yo quería que se enamorara de mí. Luego para ganarle el corazón, fui a una gran tienda local y robé un collar. Discretamente lo puse en mi bolsillo y crucé por la puerta. Recuerdo bien el subidón de adrenalina cuando se lo di y ella se lo puso: "¡Caramba, le gusta!"

Fue un momento decisivo para mí en dos sentidos. Primero, fue la primera vez que había robado cosa alguna. Sabía que robar era malo. Si no, no me habría metido el collar en el bolsillo. Pero me figuré que era aceptable con tal de que pudiera salirme con la mía. A mi parecer, los tipos en la tele siempre se salían con la suya. Segundo, fue un momento significativo porque había robado un collar para una chica. Muchas de las cosas feas que empecé a hacer tenían el propósito de llamar la atención de las chicas.

Al poco tiempo, comencé a robar con regularidad. Un día robé gran cantidad de dulces de la tienda cerca de mi casa. Desafortunadamente, un vendedor en la tienda me vio y me persiguió. Cuando pensé que lo había dejado atrás, volví corriendo a mi casa. Pero resultó que estaba detrás de mí cuando llegué a la puerta. Entré pensando, "Por favor, no llames al timbre." Unos momentos después, el timbre sonó. Traté de convencerle a mamá de que no respondiera, pero insistió en abrir la puerta. Así que corrí arriba al baño, me encerré adentro, y abrí el grifo en la bañera, como si fuera a tomar una ducha.

Pocos minutos después, mi mamá subió las escaleras con rapidez y aporreó la puerta. "¡Donnie! ¿Robaste dulces de la tienda?" gritó. Mamá me obligó a bajar, a devolver todos los dulces y a pedirle disculpas al hombre. Inicialmente, no quería que este hombre llamara al timbre. Ahora no quería que se fuera. Tan pronto como se fue, mi mamá me dio una paliza que jamás voy a olvidar. Esa fue la primera vez que me pillaron pero no sería la última.

Mi mamá no tardó mucho en comenzar a salir después de su segundo divorcio. Un día me presentó a un oficial militar, uno que tenía el mismo nombre que yo, Donald. Llevaba un uniforme limpio y almidonado y me pareció impresionante. Irónicamente, esa primera impresión no fue muy buena. El Oficial Calloway no era como los hombres a los que yo estaba acostumbrado. No tenía una boca sucia, no llevaba ropa de baja calidad, tampoco era inmaduro ni perezoso. Al contrario, era el opuesto de todo eso. Se comportaba de manera diferente que los otros hombres y era evidente que a mi mamá le gustaba estar con él. Sí, pensé que mi mamá estaba cometiendo un gran error en pasar el tiempo con este tipo.

Yo tenía 10 años cuando mi mamá se casó con el Oficial Calloway. Recuerdo vívidamente la boda, la cual fue oficiada por un juzgado de paz. Fue la primera vez que yo había llevado un traje. A pesar de mi edad, ya me sentía bien cínico hacia el matrimonio. Durante la boda pensé, "Me pregunto por cuánto tiempo va a durar este casamiento. ¿Qué va a pasar con este tipo?"

Poco después de casarse, mi padres compraron una casa y nos mudamos a Virginia Beach, otra ciudad grande al lado de Norfolk. Mi mamá se fue de la Marina después de quedar embarazada. Al año, mis padres tuvieron un hijo – mi hermano Matthew. Era un bebé muy lindo, me gustaba tenerlo en brazos y jugar con él.

La llegada de Matthew también me dio más libertad porque mis padres se ocuparon tanto de su recién nacido. Amplié los horizontes y conocí a nuevos amigos en Virginia Beach. Como la mayoría de los niños de mi edad, comencé a meterme en todas las cosas populares de ese tiempo, especialmente las películas como *E.T.* y *Star Wars: Return of the Jedi*.

También me gustaba montar en bicicleta, andar en patineta y pasar el tiempo en la playa. Y allí comenzó mi afán por el surf. Todas estas actividades me permitieron ir rápido. También me alejé de mis padres. Por ejemplo, había colinas de arena en los bosques cerca de mi casa, y montaba en bicicleta allí con los amigos. Mi mamá me pidió quedarme donde pudiera verme pero yo siempre le ponía a prueba para ver hasta qué punto podía salirme con la mía. Pensé, "No debes estar en estos bosques." Pero había algo muy estimulante en cruzar la línea y descubrir cuánto podía tantear el terreno. De pronto me encontré poniendo a prueba esos límites cada vez más.

A eso de cumplir 11 años, descubrí que me sentía muy atraído a las chicas – sin duda por toda la televisión que estaba mirando. Casi cada show que miraba parecía ser tentador o seductor, al menos para un niño preadolescente. El show *Three's Company* consistía en la insinuación sexual. Las mujeres en bikinis salían a exponerse entre las rondas de lucha libre de *WWF*. En el programa *Hee Haw*, se veía a un hombre sin dientes tocando el banjo con una rubia pechugona sentada a su lado. Yo miraba *Wheel of Fortune* para ver a la hermosa Vanna White. Miraba *The Price is Right* no tanto para ver los premios que las modelos mostraban sino para ver los premios de las modelos mismas. Aun me gustaba el personaje de Mallory (Justine Bateman) en el show *Family Ties*, cuyo mensaje subyacente irónicamente era promover los valores familiares. En pocas palabras, yo era demasiado sensible a este tipo de cosas. Cualquiera fuese el programa, no bastaba. Siempre quería más.

La otra cosa nueva que mi nuevo padre me presentó – además de Matthew – fue el cristianismo. Mi padrastro era episcopalista. Fue durante este tiempo que me bautizaron en la Iglesia Episcopalista de San Pedro en Norfolk, Virginia. A pesar de hacerme hijo de Dios por ser bautizado en el nombre del Padre, del Hijo y del Espíritu Santo, el bautismo ciertamente no nos cambió el estilo de vida. Fue una formalidad cultural que sólo hicimos para quitarla del camino.

De hecho, no tengo ninguna memoria de la ceremonia misma dentro de la iglesia. La única cosa que recuerdo es ir afuera después y darme un atracón de donuts de mermelada, de ese tipo glaseado con azúcar. Esa fue mi introducción al cristianismo. No tuvo nada que ver con una relación con un Dios amoroso. Recibí un pedazo de papel y una placa, la cual mis padres archivaron en un cajón. Luego continuamos con nuestras vidas esencialmente no cristianas.

Al considerar mi educación, supongo que no sea sorprendente que no creía en Dios. Para mí, Dios era el equivalente del ratoncito Pérez o del Conejito de Pascuas, un mito que los llamados cristianos inventaron para hacer felices a sus hijos. Les daba una excusa a los padres para darles regalos a sus hijos una o dos veces al año y para obtener un día libre de trabajo. Con una palmadita en la espalda la gente aceptaba la charada, pero después de los feriados la gente seguía con la vida real. Estaba convencido de que nadie de verdad creía en Dios.

4

RUMBO A
CALIFORNIA

RESULTÓ QUE NUESTRA FAMILIA no siguió viviendo en Virginia Beach por mucho tiempo. Un día papá llegó a casa del trabajo y anunció que íbamos a mudarnos al oeste – hacia San Pedro, California, un pueblo costero en la frontera entre los condados de Orange y Los Ángeles. El anuncio fue una sorpresa debido a que nuestra familia parecía estar arraigándose bien en Virginia Beach.

Primero que todo, mis padres habían comprado una casa en Virginia Beach y estaban ocupados gastando dinero y tiempo para arreglarla. Mi mamá también parecía estar estableciéndose y disfrutando de ser ama de casa. Había sido licenciada por la Marina mientras estaba embarazada con Matthew, y con su nuevo marido manteniendo cómodamente a la familia, finalmente ella tenía el tiempo para socializar. La mayoría de los días llevaba a Matthew al parque local en su cochecito, sin duda mostrándoselo a las otras madres jóvenes en el vecindario. Pero a fin de cuentas, ellos decidieron que esta oportunidad de avance de carrera para mi padre era demasiado buena como para dejarla pasar.

Por supuesto, con la edad que tenía, mi opinión no contaba. Pero eso no me impidió decirles lo disgustado que estaba por tener que marcharme de Virginia Beach. Me quejé de tener que comenzar otra vez en una nueva escuela. Pero en secreto estaba angustiado por tener que separarme de la hermosa chica por la que había perdido la cabeza.

Pero tan pronto como mis padres y mis amigos comenzaron a educarme sobre las novedades del sur de California, dejé de protestar. Al contrario, cuanto más escuché de California, más me emocioné. Sí, Virginia Beach era padre. Las chicas eran guapas y yo podía ir a la playa todos los días. Pero eso podría ser mejor aún en el sur de California.

Y como estábamos viviendo en los 80, California parecía ser el mejor lugar en donde estar. Casi todo lo que yo miraba en la televisión venía de Hollywood. La mayoría de la música que escuchaba venía de Los Ángeles o San Francisco. Si todo lo que había escuchado de California era verdad, de pronto estaría viviendo en medio de toda la acción. A pesar de que yo no creía en el cielo ni el infierno, el sur de California me sonaba como el paraíso.

Para llegar al paraíso, sin embargo, tuvimos que viajar por mucha distancia en un carro muy pequeño. Nos embarcamos en el carro de la familia – un Toyota Corolla. Es el tipo de vehículo adecuado para ir al supermercado, no para transportar a dos adultos, a un niño y a un infante a través del país. Hoy, una familia haría el mismo viaje en un gran SUV, con una televisión y un reproductor de DVDs ocupando la atención de los pequeños todo el tiempo.

Al compararlo, lo encontré bien difícil. No había tele en el Corolla de los Calloway. Yo estaba metido en el fondo, compartiendo el espacio con Matthew en su asiento de seguridad y con un par de bolsos marineros. El único entretenimiento que tenía era la imaginación propia.

La peor parte, pues, era que hicimos el viaje a mediados del verano y el Corolla no tenía el aire acondicionado. Cuando la temperatura subió arriba de 85 grados (29°C) – lo cual era común en el sur de los Estados Unidos – era bastante incómodo. Conduciendo directamente, podríamos haber cubierto los 4.300 kilómetros de Virginia Beach a Los Ángeles en 4 o 5 días. Pero mis padres decidieron tomar la oportunidad de visitar a los familiares y lugares de interés. Con docenas de paradas programadas, tomó más de tres semanas para llegar a nuestro destino final.

Los primeros desvíos que tomamos estaban cerca de nuestra casa. Visitamos a los parientes de mamá en West Virginia y a los de papá en Asheville, North Carolina. Ellos querían ver tantos parientes como pudieran, sabiendo que pasaría mucho tiempo antes de poder volver a la costa oriental de los Estados Unidos.

Después de eso, visitamos los lugares turísticos tradicionales en Nashville y en Memphis – antes de cruzar Arkansas, Oklahoma y Texas por la carretera interestatal 40. Mi impresión de Arkansas fue inesperada. Fue más leñoso y montañoso de lo que anticipaba. Había mirado la película *Deliverance,* la cual había influido mis expectativas de Arkansas. Oklahoma y Texas me parecieron fascinantes y me asombró cada vez que pasamos por uno de esos ranchos ganaderos comerciales gigantescos. Había miles de ganado paciendo, la manada extendiéndose hasta donde alcanzara la vista. Nunca había visto a tantos animales en un solo lugar. Y nunca había visto cosa semejante al lejano Oeste. Para mí, fue la parte más interesante del viaje.

En New Mexico, pasamos por montes aislados grandotes y afloramientos rocosos, el tipo de paisaje que sólo había visto en las películas. Poder ver de horizonte a horizonte me sorprendió mucho, pues era algo imposible en el Este con todos sus árboles, luces y edificios.

Cuando finalmente vi el Gran Cañón, me quedé anonadado. Sentí una mezcla de sobrecogimiento y miedo al contemplarlo por primera vez. Me dio miedo llegar hasta el borde y mirar hacia abajo. Encontré especialmente extraño ver a un helicóptero volando debajo de mí.

Sin embargo, al llegar al Gran Cañón, ya estaba ansioso por llegar a California – a pesar de no saber exactamente donde estaba. Cuando conducimos por el desierto en Arizona, hizo más calor y sol del que jamás había experimentado en la vida. Por supuesto, nuestro viejo Corolla no estaba equipado con el display de temperatura exterior que viene con casi cada carro fabricado hoy en día, pero apuesto que la temperatura de ese día subió a 110 grados (43°C). Recuerdo cuando mi mamá le puso una toalla mojada a la frente de Matthew para refrescarlo. Ni podíamos tocar las ventanas por que estaban demasiado calientes.

Antes de continuar a California, dimos un rodeo a Las Vegas y mis padres jugaron un poco en los casinos. Mientras tanto, me aproveché de todo lo que el hotel y casino Circus Circus podía ofrecerle a un niño. Este viaje entero fue una revelación para mí. Pero Las Vegas – con todas sus luces de neón – fue una ciudad especialmente seductora. De repente me di cuenta de que estaba participando en un mundo entero mucho más deslumbrante de lo que había pensado. Después de Las Vegas, nos desviamos por última vez al Parque Nacional del Valle de la Muerte antes de tomar la carretera I-15 a Los Ángeles. Mis padres escogieron entrar en la ciudad por la carretera 101 para que pudiéramos conducir por Hollywood. Desde el Hollywood Boulevard vimos el famoso cartel de Hollywood, el edificio de Capitol Records, el Grauman's Chinese Theatre y el Sunset Strip. No podía creer que íbamos a vivir en el sur de California, el centro de toda la acción.

Nos establecimos en la comunidad suburbana de San Pedro – unos pocos kilómetros del Océano Pacífico, tan cerca que se podía oler el mar en el aire. A pesar de que vivíamos en las viviendas militares y que todos nuestros vecinos eran familias militares, nuestro vecindario tenía el sabor de una comunidad de playa típica – casas chicas (de un solo piso) y pegadas. La única cosa rara del vecindario era que las mamás eran un grupo muy unido, tal vez porque sus esposos iban de patrulla a la alta mar. Como la mayoría de los padres en el área, el mío pasaba mucho tiempo en el Pacífico a bordo de una fragata veloz llamada el *U.S.S. McClusky*.

Mi introducción a California era todo lo que esperaba y más. En mi primer día de escuela, los otros jóvenes me fascinaron con su modo de ser. Había tipos con el pelo teñido de rubio que llevaba la ropa suelta y holgada y las zapatillas Vans o Converse. Muchos de ellos tenían los aretes grandes y largos y estaban pegados a la patineta, que en ese tiempo comenzaba a ser popular gracias a los videos y a la creciente popularidad del patinador estrella Tony Hawk. Pero la cosa más interesante era el modo de hablar y comportarse que tenían todos. Era la época cultural del apogeo de "Valley Girl," y a pesar de que San Pedro no estaba en el Valle de San Fernando, seguro que se parecían en mucho. Ah sí, y allí también el surf era muy popular.

Al principio, me intimidó el nuevo ambiente. Había más gente, más contaminación y más tráfico del que jamás había visto. En las calles, parecía que la hora pico nunca se terminaba. Y mi escuela era más grande que cualquiera en West Virginia o Virginia Beach. Los tamaños de las clases no sólo eran grandes, sino gigantescos. Era común tener a 60 o 70 estudiantes en una de mis clases básicas. Y debido a que cada persona era nada más que una cara entre la multitud, no era fácil destacarse. Tal vez por eso tantos estudiantes se vestían de manera tan extravagante.

En San Pedro, comencé a estar expuesto a diferentes razas por primera vez. Había afro-americanos como en Virginia Beach, pero también filipinos, japoneses, hispanos y vietnamitas. Muchas de las chicas tenían la piel morena natural y las que no parecían mantenerse perpetuamente bronceadas. La gente era bien diferente aquí y eso me gustaba. Quería penetrar toda la cultura y encontrar una manera interesante de expresarme así como los demás chicos.

En poco tiempo empecé a ir por el camino de un estilo de vida acelerado. Comencé a escuchar a las bandas *Def Leppard*, *Scorpions*, y *Black Sabbath*, pero también a bandas de sintetizador como *Depeche Mode*, *Tears for Fears* y *Simple Minds*. Empecé a dejarme crecer el pelo largo y a llevar muchas camisas de mis bandas favoritas. Vívidamente recuerdo a mi mamá enojándose la primera vez que me vio vistiendo una camisa de la banda *Ozzy Osbourne* con el título de su disco *The Ultimate Sin* (*El Máximo Pecado*). Pero ¿qué iba a hacer ella?

Casi de inmediato, empecé a mezclarme con "la gente equivocada." En mi escuela, se llamaban los "*stoners*" (los marihuaneros). Eran los chicos con pelo largo pegados a la patineta y al surf. Me caían bien porque escuchaban la misma música que yo y lo pasaban bien con las chicas más guapas. Y a mi parecer, la vida buena consistía en esas dos cosas antes que nada.

No pasó mucho tiempo hasta que mis nuevos amigos me presentaron por primera vez a la marihuana. Lo recuerdo bien. Una noche estábamos pasándolo bien y uno de ellos me preguntó de manera casual si la había probado. Dije no, pero estaba curioso por saber cómo era. Así que la probé. A la edad de 11 años, me fumé un enorme cigarrillo de marihuana todo yo mismo. Hasta en aquella época, mi mentalidad era "a toda velocidad." Quería tener la certeza de drogarme hasta las nubes, y lo hice.

Pues, me drogué tanto que me dolieron los costados de tanto reír. Quedé tan confundido, que ni sabía lo que estaba pasando. Comencé a comer todo a la vista. La experiencia de drogarme me abrió un nuevo mundo sensual. Cuando mis amigos prendieron la televisión y vi a chicas en la pantalla – pues, me parecieron absolutamente deliciosas. No sólo tenía hambre de la comida, sino de todo.

Como suele pasar, a partir de entonces cuando me drogaba mi boca se ponía muy seca y me moría por una bebida. Un día mis nuevos amigos me sugirieron el alcohol. Al principio, la idea de tomar el alcohol para quitar la sed no me enloqueció.

La primera vez que había probado la cerveza fue en Virginia Beach. Mis compas y yo le quitamos un paquete de seis cervezas Budweiser al papá de un amigo. Lo trajimos corriendo al bosque, y como no sabíamos que la cerveza era mejor fría, la dejamos calentarse antes de tomarla. Al probarla pensé, "¡Qué asco! ¿Por qué tomar la cerveza es para tanto?" No me pareció tan padre.

Tuve experiencias similares con los cigarrillos y los cigarros. Fumé un cigarrillo por primera vez en Virginia Beach y no me gustó. Tosí mucho y me dio un aliento asqueroso. Cuando aspiré por primera vez el humo de un cigarro (también robado del papá de un amigo), pensé que iba a morir. No sabía que no se debía aspirarlo.

Pero ahora en California pensaba que tenía que haber algo atrayente para motivar a tanta gente a fumar y beber. Y tal vez no lo hicimos bien en Virginia Beach. Así que decidí probar la cerveza de nuevo.

Aunque no podía comprar el alcohol, mis amigos marihuaneros tenían a sus hermanos mayores que podían conseguírnoslo. Nos creíamos tan atrevidos – pasándolo bien con chicos más grandes, tomando cerveza y escuchando música de metal. Ellos solían tocar para nosotros y sus chicas venían en sus jeans muy ajustados y sus chaquetas de cuero – ésas con las borlas en los brazos. Para nosotros, esas chicas eran como tigresas y diosas de heavy metal.

Durante este tiempo, también comencé a hacer más con las chicas que sólo mirarlas. Con esto se me abrió otro mundo de posibilidades. Ir a la playa era muy interesante gracias a las chicas californianas. Algunas de ellas llevaban sólo sus pequeñísimos bikinis. Podía mirarlas todo el día, especialmente drogado. Una vez mi amigo, su papá y yo tropezamos con una playa nudista en San Diego (Black's Beach). Nunca había visto a una persona pasear desnuda, pero esto era California, en dónde cualquier cosa era posible. Resulta que Black's Beach es uno de los mejores lugares para el surf en el sur de California.

Aunque comenzaba a comportarme mal, aún podía hacer creer a mis padres y a desconocidos que yo era un chico bueno e inocente. Pues, estaba bien lejos de la inocencia. Probablemente la peor cosa que hice cuando vivía en San Pedro fue prender el equivalente californiano de un incendio forestal. En nuestro vecindario, había árboles de eucalipto – árboles altos de color café claro con hojas correosas que se extienden hacia abajo. Un día pasaba por uno con un encendedor en la mano y decidí parar y encenderlo en el pie. Fue totalmente un impulso. También fue un error bien grande.

Yo suponía que la madera iba a quemarse lentamente y darme mucho tiempo para apagarla. Pero este árbol no sólo se inflamó, sino que se explotó casi como una bomba. Las llamas comenzaron a dispararse por todos lados. Lo que menos me imaginaba era que había encendido un eucalipto azul (la variedad más inflamable), el que los bomberos a veces llaman "los árboles de gasolina."

Me quedé aterrorizado y huí. En un minuto, el campo de alrededor estaba ardiendo, un medio acre o más de terreno. Una nube grande de humo muy oscuro se expandió y comenzó a envolver el área. Corrí a mi casa lo más rápido posible. Cuando entré de sopetón por la puerta, dije deprisa, "¡Uno de esos tipos acaba de prender un fuego!" Mis padres en apuro llamaron al cuerpo de bomberos local. En pocos minutos, los carros de bomberos llegaron y trabajaron como mulas para extinguir el incendio.

Les tomó una hora apagar el incendio. Cuando terminaron, el jefe de bomberos vino a nuestra casa para recibir más información sobre el incendiario. Me preguntó, "¿Cómo se ve este tipo? ¿Qué llevaba puesto? ¿Hacia dónde corrió?" Obviamente, le di una descripción falsa y lo dirigí hacia la dirección equivocada.

Después, todos me alabaron por ser un héroe por dar parte del incendio y también por dar una descripción tan detallada del sospechoso. Mis padres se sintieron orgullosos. "Ése es mi hijo," dijo mi padre.

Casi había incendiado todas las casas del vecindario. Años después, al decirles a mis padres lo que sucedió en verdad, se quedaron boquiabiertos.

Después de vivir en San Pedro por más o menos un año y medio, mi padre llegó a casa un día y de nuevo nos dijo que lo habían asignado a una nueva estación naval, así que íbamos a mudarnos otra vez. No era muy lejos, sólo a unos kilómetros de la costa a un pueblo llamado Santee, en San Diego. Yo había escuchado de San Diego por mis amigos. Todos dijeron que era el lugar óptimo y uno de los mejores lugares en donde vivir, aun mejor que San Pedro. Después de todo, Black's Beach estaba allí, y un montón de otros lugares buenísimos para hacer surf y mirar a las nenas.

Resultó que San Diego era tan bueno como me habían dicho. En mi opinión, las playas eran mejores y las chicas eran guapísimas. Pero una gran diferencia era que no nos establecimos en una vivienda militar en Santee, sino en un apartamento al lado de vecinos comunes y corrientes.

Este nuevo ambiente me permitió salir y tener nuevas experiencias, fuera de lo militar para variar. Lo que descubrí era que los padres de mis nuevos amigos eran muy flojos en cuanto a disciplinar a sus hijos, al menos en comparación a los padres militares. Mis padres tal vez no eran muy religiosos pero mantenían el orden en la casa y eran personas respetables. Establecían las reglas para que cumpliera con ellas, incluyendo un toque de queda.

Pero muchos de mis amigos venían de hogares rotos. Vivían sólo con su padre o su madre, quien siempre tenía que trabajar durante el día. Así que podíamos saltarnos las clases, quedarnos en casa, drogarnos y mirar el canal MTV mientras el padre de mi amigo estaba metido en el trabajo. Si era un fin de semana, mis padres a veces llamaban y le preguntaban, "¿Está bien si Donnie se queda en su casa por el día?" El padre de mi amigo decía sí, pero él mismo salía a tomar, así que mi amigo y yo nos quedábamos en la casa para hacer lo que quisiéramos. O íbamos a la playa para practicar el surf por horas enteras.

Básicamente, la supervisión de los padres era la excepción en San Diego, no la regla. Y al pensarlo, me doy cuenta de que algunos de los padres de mis amigos eran increíblemente disfuncionales. Por ejemplo, tenía a un amigo cuyo padre era un fanático de heavy metal que veneraba a Ronnie James Dio, el cantante diminuto de rock que lideró a las bandas *Elf*, *Rainbow* y *Black Sabbath* antes de lanzar una carrera que continuó hasta su muerte en el 2010. Alguna gente lo conoció por ser el músico de rock que inició el llamado "signo de los cuernos," que se hace al extender los dedos índice y meñique mientras se mantienen apretados los otros dedos con el pulgar.

Si has escuchado cualquiera de las canciones de Dio que se trata de la batalla entre el bien y el mal, sabes que muchas de ellas tienen los temas tipo *Dungeons & Dragons*. Pues, este hombre – este padre de mi amigo – decoraba el interior de su casa como para parecerse a una mazmorra. La casa era negra, las cortinas eran negras y hasta los muebles eran negros. Había velas encendidas y espadas grandes colgadas en la pared. La primera vez que entré en la casa, me asusté pero luego pensé, "Caramba, debe de haber un gran secreto aquí."

De acuerdo con el ambiente, la dueña de la casa se parecía al personaje de Lily en *The Munsters*. Tenía el pelo negro largo y llevaba ropa negra y hasta lápiz de ojos negro. Ella me dio miedo pero al mismo tiempo la encontré atractiva y seductora. El ambiente no era nada similar a mi casa, que tenía mucha luz y flores, con las ventanas siempre abiertas para dejar entrar la brisa. A mi parecer, esta mazmorra era nada menos que espeluznante.

Al contrario, tenía a otro amigo que era muy pero muy mimado. Sus padres estaban divorciados y él vivía con su mamá en una casa que tenía que haber costado un millón de dólares. Había un equipo de sonido por toda la casa, una fuente inmensa en el patio trasero y un césped tan perfecto que se parecía a un hoyo de golf en un club de campo exclusivo. Mi amigo recibía casi todo lo que pedía. Una vez estábamos hojeando unas revistas cuando él le gritó a su madre, "Mamá, quiero este ColecoVision" (un tipo de consola de videojuegos de ese tiempo). Ella dijo, "Está bien." Y una semana después, la recibió. Su mama me trató a mí también como a cuerpo de rey. Nos pidió pizzas y refrescos y también nos trajo galletas a pedido.

Por contraste, nadie nunca vino a mi casa a pasar el tiempo. Y no quería que vinieran. Si así fuera, tendríamos que estar sentados mirando una película de vaqueros u otra cosa aburrida que mis padres quisieran hacer. Era mucho mejor ir a otra parte en donde fumar la marihuana y subir la música a todo volumen.

En Santee, me encontré viviendo más y más una doble vida. En la presencia de mis padres, yo era a menudo un niño lindo que todavía estaba algo dispuesto a seguir las reglas. Pero con los amigos era bien diferente. Empecé a meterme en problemas en un lugar frecuentado llamado "The Pit," una duna de arena grande adonde mis amigos les gustaba ir después de la escuela o durante los fines de semana.

Principalmente, íbamos allí para emborracharnos, drogarnos y mirar revistas pornográficas. La gente escondía las revistas *Penthouse* y *Hustler* en la maleza allí. Las encontrábamos y pasábamos horas viendo las fotos.

Pero a veces íbamos a The Pit con nuestras pistolas de balines para disparar a los pájaros. Una vez trajimos un arma real. El papá de un amigo era agente de la patrulla fronteriza y guardaba una pistola cargada en su casa. La encontramos en una caja de zapatos en su armario, la llevamos a The Pit y disparamos un cargador de balas. Por supuesto, mis padres no sabían nada de este tipo de comportamiento.

Pero a pesar de que yo hacía un buen trabajo en esconder la mayoría de mis indiscreciones, llegaba a ser obvio que me estaba volviendo más rebelde. Naturalmente, a mis padres les parecía malo el camino por el que yo iba. Trataron de dirigirme al buen camino pero en vano. Siempre me decían, "Tienes que hacer esto. Tienes que hacer aquello. Tienes que volver a casa a las nueve a más tardar." O, "¿Por qué no vas hoy a la escuela?" Pero no me gustaba la autoridad y con el tiempo comencé a rebelarme contra sus reglas y reglamentos. Empecé a acusarlos de vigilarme todo el tiempo y de oprimirme.

Era para este tiempo que comencé a contestarles a mis padres de manera descarada. Una vez vi uno de esos anuncios de propaganda de Columbia House que ofrece varios álbumes de música por un solo centavo. Pensando que era una ganga, les envié un centavo. Tres semanas después, siete cassettes llegaron por el correo – *Men at Work*, *Huey Lewis and the News*, y otros – acompañados por una cuenta de mucho más que un centavo. Mis padres se enojaron por la cuenta, diciéndome, "No puedo creer que hiciste esto sin avisarnos antes. Ahora tenemos que pagar o devolver los cassettes." ¿Mi respuesta? "Hazte cargo tú." Mi insolencia les asombró y me preguntaron, "¿Qué? ¿Qué te pasa?"

Mentalmente ya estaba mal. Para entonces lo único que quería era estar acostado y drogarme. La marihuana te hace muy perezoso. Perdí por completo el interés en los quehaceres domésticos, mucho menos pasar el tiempo con los padres. ¿Un día entero en una fábrica de cerámica con mi mamá? Qué tortura. Nada más quería que me dejaran en paz para hacer mis cosas.

Probablemente era inevitable, pero eventualmente utilicé la maniobra de "no eres mi padre verdadero" con mi padrastro. Se enojó conmigo por algo y le dije, "¡No puedes decirme qué hacer! ¡No eres mi padre!" Sé que eso lo lastimó. Hasta ese momento, nunca le había dicho una cosa así.

Después de eso, comencé a ser muy reservado. Empecé a esconder mi mal comportamiento y mejoré la habilidad de engañar y manipular a mis padres. Al mismo tiempo, me encontré más y más distanciado en cuanto a mis emociones. Me separaba de la madre a quien había amado tanto. Y cuánto más drogas y alcohol tomaba, más distancia había.

Aun así, no era incorregible – al menos todavía. Un día, llegué a mi clase de matemática, habiéndome volado el día anterior para drogarme con amigos. Al llegar supe que había un examen importante y no estuve preparado para nada. Me quedé y tomé el examen pero le copié las respuestas al estudiante sentado a mi lado.

Cuando recibimos los resultados del examen, descubrí que había sacado una nota casi perfecta. Yo debía haber estado muy alegre por mi engaño exitoso. Pero este profesor particular, Sr. Apple (Manzana) – ¿Qué apellido más apropiado para un profesor? – era tan simpático y auténtico que yo me sentía culpable por lo que había hecho.

Al siguiente día decidí admitirle que había copiado las respuestas durante el examen. Al acercarme a él me sentía todo un manojo de nervios, pensando que me iba a tirar una bronca. Su respuesta me voló la cabeza. Me dijo, "Te voy a bajar la nota a un B, pero quiero que sepas que tomó mucho coraje para admitir que lo copiaste. Aprecio mucho eso. Hiciste lo correcto." Salí del aula pensando, "Él es un buen tipo." Supongo que su bondad me obligó a ser honesto con él. Fue una de las pocas veces que me sentí culpable – mucho menos honesto – a causa de mis acciones o comportamiento.

Después de vivir en San Diego por un tiempo, mi papá llegó a casa un día y anunció que había venido la hora de mudarnos de nuevo. ¿Malibu? ¿Maui? Hasta ese momento, cada lugar al que nos habíamos mudado había sido mejor que el lugar anterior. ¿Qué novedades nos esperaban en el próximo lugar? ¿Cómo serían las olas y las nenas allá?

Había llegado a construir mi vida sobre el sur de California. A mi parecer, habría estado contento de vivir allí por el resto de mi vida. Cuando mi padre me dijo que íbamos a mudarnos a "un lugar muy lejano," me preparé para un choque inesperado.

5

EXPRESO DE
ORIENTE

FUI DIRECTO A UN ESTADO DE SHOCK cuando mi padre anunció que nos mudábamos al Japón. Sentía que de repente mi vida había llegado a su fin. Había mirado mucha televisión en las mañanas del sábado, y si las películas de artes marciales dobladas al inglés indicaban algo, era que el Japón era el último lugar en donde ni a mí ni a cualquier otro adolescente le gustaría vivir.

Mi mente se torcía de ansiedad mientras imaginaba la vida allá. ¿Pasaría todo el tiempo escapándome de unos maestros de Kung-Fu que querían partirme la cara? ¿Tendría que enfrentarme con el fuego de ira de la cara de Godzilla? ¿Habría alguien que hablara el inglés? Lo único que sabía del Japón eran los estereotipos más equivocados. Pensé que tendría que aprender el japonés, teñirme el cabello de negro y comer pescado crudo todos los días.

¿Y qué había de la música, las bebidas y las drogas? ¿Qué pasaría con las nenas en la playa y del surf? Imaginaba que todo eso también iba a llegar a su fin. Por lo que veía, todo lo que había llegado a amar en la vida de repente iba a desaparecer. Aun más preocupante era que las muchachas en esas películas japonesas no me parecían súper atractivas. Pensaba que nunca más iba a ver a una rubia bomba.

Naturalmente, no tardé mucho en perder los estribos con mis padres. Les declaré, "No me mudo al Japón. ¡No voy!" Desesperadamente busqué una salida. "¿Y si vuelvo a West Virginia para vivir con el abuelo? ¿O a North Carolina para vivir con la familia de papá?" La verdad era que no quería mudarme para vivir con mis rústicos parientes, pero vivir en el bosque me parecía mejor que pasar el resto de mi futuro previsible en el Japón.

Aquí estaba, apenas un muchacho, tratando de darles órdenes a mis padres en cuanto a lo que estaba dispuesto a aceptar. Ellos dijeron, "Vivir con los parientes no es una opción." Por supuesto, tenían razón. ¿Qué podía hacer yo?

Una vez que me resigné al hecho de que tenía que mudarme al Japón, hice un trato conmigo mismo que me iba a rebelar contra mis padres y contra cualquier figura de autoridad que me impidiera pasarlo bien. Mi actitud era, "Si me llevas al Japón, mira lo que va a pasar. ¿Crees que me porto mal ahora? Espera un poquito para ver cómo me encuentras cuando me saques de este paraíso en California."

No mencioné nada del trato que había hecho conmigo mismo, pero estaba entregado a cumplir con ello. Y estaba bien decidido a convertirme en la pesadilla más horrible para mis padres.

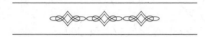

Ya para este tiempo, me había mudado en tantas ocasiones que estaba bien acostumbrado a hacer las maletas y establecerme rápido en un nuevo hogar. Pero esta transición era bien difícil porque simplemente no quería reconocer lo que estaba pasando. Esperaba que todo fuera un gran chiste. La fantasía que tenía era que nuestra familia abordaba un avión 747 y volaba sobre el Pacífico. Luego daba un gran giro y volvía a casa. Sin importar lo que me dije simplemente no podía aceptar que estaba forzado a mudarme a un país extranjero – a un lugar en donde se esperaba que yo viviera por un mínimo de tres años.

Cuando salimos de LAX en un vuelo de Aerolíneas Japonesas, todavía no quería reconocerlo. Durante el vuelo directo de 12 horas, el más largo que jamás había soportado, pensaba, "No puede ser posible, esto no me está pasando. Por favor, que alguien me diga que vamos a dar la vuelta y aterrizar en Universal Studios (un estudio de cine en el Hollywood)." Imaginaba bajar del avión para encontrar nada más que un escenario ficticio del Japón – letreros de neón, mercados de pescado y un montón de personas pequeñas andando en bici-cleta. Sí señor, mi cabeza no paraba de imaginar cosas.

La realidad no me aplastó hasta que me bajé del avión y me encontré con una fila de gente japonesa saludándome en la manera tradicional japonesa, inclinando las cabezas. En ese momento, me di cuenta de que tenía problemas. Sí, esto de verdad estaba pasando. Sí, yo estaba en el Japón verdadero.

"Así sea," pensé. "La rebelión comienza ahora mismo."

Pero antes de poder implementar mi plan, tenía que estar

con los pies sobre la tierra, por decirlo así. Ese primer día nos establecimos en nuestra nueva casa – un *Quonset*, un tipo de refugio prefabricado hecho de hierro ondulado que se parece a un tubo grande. La falta de privacidad hacía la experiencia aun menos tolerable. Por suerte, esa estadía era temporal. Vivimos allí por un mes antes de mudarnos a una vivienda militar en la base a la que asignaron a mi papá, la Estación Naval de Atsugi.

Con un nombre como "Estación Naval de Atsugi," se supondría que la base estuviera en la costa del Japón. Eso pensaba yo. Pues, aunque Atsugi era técnicamente una estación naval, tomaba tres horas para llegar al puerto más cercano y eso no me gustaba para nada. Situado en la Llanura Kanto en la isla de Honshu, Atsugi está a 30 kilómetros del centro de Tokio. Es menos de una hora en carro a otras bases militares clave en el Japón: Campo Zama, Campo Fuji y la Base Aérea Yokota, que sirve como un centro para los vuelos militares estadounidenses en el Pacífico occidental.

El rasgo más sobresaliente de la base son sus dos campos de aviación. Ambos tienen pistas suficientemente grandes para aterrizar los C-130, que son aviones de carga gigantescos capaces de transportar los tanques. Las instalaciones para mantenimiento y prácticas también se destacan. A primera vista uno pensaría que Atsugi era base aérea. Aun adiestran a la Infantería de Marina en Atsugi, así que es una operación militar moderna bien amplia.

En cuanto a su historia, la asociación de Atsugi con las fuerzas militares de los Estados Unidos comenzó con la Segunda Guerra Mundial. Originalmente construido por la Armada Imperial Japonesa en el 1938, su propósito fue servir como la base aérea para los pilotos *kamikaze* del Emperador Hirohito. Pero después de que el Japón se rindió incondicionalmente a los Estados Unidos en el 1945, llegó a estar en mal estado. La Marina estadounidense la restauró y la comisionó como base propia en diciembre de 1950.

Durante los últimos 60 años Atsugi ha hospedado a los marineros estadounidenses y a sus familias, pero hoy en día el lugar se ve muy diferente. Actualmente tiene todas las comodidades y todos los servicios de un pueblo pequeño norteamericano rico. Hay un almacén, una oficina de correos, una tienda de videos, un cine, una bolera, una gasolinera, una piscina, dos gimnasios, varios campos para deportes (futbol americano, béisbol y golf), por no mencionar una diversa selección de restaurantes que sirven comida japonesa y americana. Atsugi es tan grande que toma tres horas a pie para cubrir la distancia entre la puerta principal y la puerta trasera. Entre ocho y diez mil americanos viven en esta base de más de mil acres. Es la base más grande de la Marina en todo el Pacífico.

Una de las pocas desventajas de Atsugi es la mala calidad de aire que perjudica la región. Aunque el clima es moderado – semejante a Norfolk o Virginia Beach; hace calor y hay mucha humedad durante el verano pero hace frío y nieva en el invierno – el polen y la contaminación hacen de Atsugi una pesadilla para los que sufren de asma y alergias. Aunque el aire no es tan malo como en las ciudades mayores de Tokio y Yokohama, es un problema, especialmente hoy en día.

Hace 20 años, lo único de que mi familia tenía que preocuparse era recibir las vacunas apropiadas antes de irse para el Japón. Recuerdo vívidamente la vacuna contra la tifoidea, cosa que me paralizó el brazo por un par de horas. Pero hoy, la Marina toma en cuenta los antecedentes médicos de un candidato (y de los miembros de su familia) antes de asignarlo a Atsugi. Hasta tal punto es preocupante la contaminación.

A pesar de que Atsugi es similar a una ciudad en muchos sentidos, carece de un rasgo que se encuentra en casi cualquier pueblo americano – una escuela. Todos los dependientes militares asisten a la secundaria o la preparatoria en el Campo Zama, la sede del ejército estadounidense en el Japón. Está a 40 kilómetros de Tokio y un poco más de 8 kilómetros de Atsugi. Aunque 8 kilómetros no parecen muchos, el tráfico del área y todos los activos cruces de trenes suman a un viaje diario de 45 minutos. Yo pasaba una hora y media cada día escolar en el autobús, una cantidad de tiempo insoportable para un muchacho inquieto como yo.

Para empeorar las cosas, el vehículo que tomaba hacía que un autobús escolar amarillo típico luciera como un autobús limusina. Me obligaron a tomar un autobús militar viejo con los asientos desgarrados e incómodos. La mayor parte del tiempo la pasaba escuchando *Iron Maiden* con mi tocacasetes portátil – uno de esos modelos un poco más grande que el casete mismo – o hablando con los amigos sobre lo que había hecho la noche anterior. Si no hacía la tarea, aprovechaba para copiarla de uno de mis compañeros de clase.

En el primer día de escuela, simplemente no estaba preparado para conocer a mis nuevos compañeros de clase. Se esperaba que yo asistiera a la escuela menos de 24 horas después de aterrizar en Tokio, así que no tuve ningún tiempo para ajustarme al ambiente. Por supuesto, estaba agotado por la diferencia de huso horario entre el Japón y California. Y todavía estaba algo desconcertado por todo lo que estaba pasando. Mis padres me dejaron en la parada de autobús. Pero cuando llegó el autobús, no subí. No pude. Dejé que el autobús me pasara, pensando que podía hacer nada todo el día sin problema. Desafortunadamente, el director de la escuela les llamó a mis padres al descubrir que no había asistido a mi primera clase y ellos se enojaron mucho.

"¿Por qué no fuiste?," me preguntaron. Mentí diciéndoles que perdí el autobús. Aunque quería decirles que lo dejé pasar a propósito, no me quería rebelar de manera abierta en ese momento. Primero necesitaba más tiempo para acostumbrarme a esta tierra extraña. Al mismo tiempo, yo era pragmático. Sabía que si quería hacer amigos tenía que ir a la escuela. Después de todo, la escuela militar era uno de los pocos lugares en donde todos hablaban inglés. Y allí estaban las muchachas también.

Cuando fui a la escuela el día siguiente, me sorprendió que muchos de los estudiantes – tal vez la mayoría – eran medio japoneses. Típicamente, las madres de los estudiantes eran japonesas y los padres eran marineros u oficiales en las fuerzas militares estadounidenses. Estos estudiantes tenían una apariencia muy interesante, un híbrido de rasgos – americanos y japoneses – que dio una impresión única y atrayente.

A lo largo de las mudanzas de West Virginia a Norfolk a Virginia Beach, a Los Ángeles y a San Diego, había asistido a cinco escuelas diferentes en sólo seis años. La experiencia me había enseñado que no tenía otra opción más que ser extrovertido y comunicativo para hacer amigos. Claro que no iban a acercarse a mí porque yo siempre estaba de aquí para allá.

Al principio, mis nuevos compañeros de clase me intimidaron, así que traté de entablar conversación con los muchachos americanos con los que tenía algo en común. Me presenté a ellos llevando las camisas negras de rock con los nombres de bandas y giras, pues sabía que la música era algo que nos unía. Si un muchacho tenía el pelo largo y llevaba una camisa de *Led Zeppelin* u *Ozzy Osbourne*, era probable que yo pudiera pasarlo bien con él.

Resultó que no tenía razón alguna por la cual sentirme intimidado. Cuando les dije a mis nuevos compañeros que acababa de llegar del sur de California, quedaron impresionados de inmediato. Muchos de ellos habían vivido en el Japón por años y querían saber todo lo último en cuanto a la música y la cultura de allá. Desde el punto de vista de la tecnología, era bien claro que el Japón era innovador, pero culturalmente no se podía comparar con los Estados Unidos. Ser la fuente de las noticias más recientes e increíbles ciertamente me ayudó a ser estimado por los muchachos de la escuela.

También me ayudó que era fiestero, pues mis nuevos amigos también iban por lo rebelde y siempre tenían ganas de pasarlo muy bien. A medida que pasaban los días, me encontraba bebiendo más y más, en parte para seguir la corriente y en parte para escaparme. Al principio, odiaba tanto vivir en el Japón que me emborrachaba hasta las cejas para olvidarme de todo. Más tarde, me emborrachaba para integrarme bien con los demás.

Afortunadamente para mí, un muchacho en el Japón podía conseguir el alcohol con mucha más facilidad que en los Estados Unidos. Por ejemplo, si uno va a un Wal-Mart o supermercado en los Estados Unidos, siempre hay unas máquinas expendedoras afuera ofreciendo agua embotellada, bebidas deportivas y refrescos. En el Japón, esas mismas máquinas venden muchos tipos de bebidas alcohólicas. Puesto que si tienes la altura suficiente para meter el yen en la máquina, tienes libre acceso al alcohol de tu gusto – en cualquier momento, día y noche.

Como resultado, tenía acceso a esas bebidas virtualmente sin parar. Mi favorita era el vodka japonés porque era claro y venía en una botella bien padre. Pero iba también con el ron, el whisky e incluso el vino de arroz si el vodka no estaba disponible.

Como suele pasar con muchos jóvenes, con el consumo de todo ese alcohol yo iba bajando una resbalosa pendiente hasta probar las drogas duras. Al poco tiempo, estaba inhalando heroína y cocaína, que eran también accesibles, aun para un muchacho de 13 años. Sin embargo, no quería estar ni cerca de una persona que usara las agujas para drogarse. Y eso no era por miedo de enfermedades transmitidas por la sangre, sino porque asociaba las agujas con el dolor. Yo quería evitar el dolor como cualquier otra persona. Así que sólo me drogaba con opio cuando podía conseguirlo en una forma que permitiera espolvorearlo sobre la marihuana.

Lo que usaba con mayor frecuencia era cocaína o heroína. La heroína me hacía sentir muy apacible. Cuando me drogaba con ella, alguien podía pegarme en la cara y yo estaría completamente ajeno al dolor. La cocaína me daba el sentimiento opuesto. Recibía una ráfaga de energía y podía sentir la sangre corriendo por las venas. El problema con la cocaína era que la sensación duraba poco tiempo – tal vez 30 o 45 minutos. Luego quería más – de inmediato.

Con excepción de evitar las agujas, yo no era exigente en cuanto a los tipos de drogas que escogía. Estaba dispuesto a drogarme con lo que sea para volar. Comencé a tomar jarabe para la tos porque tenía codeína. Inhalaba gasolina y también el líquido encendedor de carbón porque podía drogarme con el butano que contenían. Incluso investigué los componentes de los medicamentos sin receta para saber con cuáles podía volar. Luego tomaba una gran dosis para sentir el efecto estimulante. Si era posible volar al tomarlo, mi actitud era, "¡Adelante, vamos!"

No podía evitar llevar las cosas al extremo. Entre mis amigos, yo siempre era el que acababa con el resto del vodka, por no mencionar cada cerveza medio vacía. Me quemaba los labios tratando de fumar todo de un cigarrillo de marihuana. Aun rascaba la resina del fondo de un bong (una pipa para fumar drogas) para drogarme un poquito más.

Sentí un gran alivio cuando finalmente dejamos esa vivienda de hierro ondulado y nos mudamos a nuestra residencia permanente – un apartamento en el complejo habitacional para los oficiales militares de Atsugi. A pesar de que teníamos alojamiento por encima de la media gracias al grado militar de mi papá, el apartamento no era lo mejor. No estaba en un lugar ideal tampoco. Al otro lado de la calle había una guardería infantil así que el área siempre era algo ruidosa. Debido a nueva gente mudándose a los apartamentos cada dos o tres años, las viviendas en las bases militares extranjeros tienden a estar bien expuestas al desgaste, y para decirlo suavemente, nuestro apartamento parecía muy usado. Por otra parte, tenía una buena vista del Monte Fuji – la montaña más alta y más famosa del Japón – desde la ventana de mi habitación. Cada año más o menos 200.000 personas van de excursión a su cumbre de 3.776 metros, haciéndola tal vez la cima más visitada en el mundo. Irónicamente se conoce también como "la Montaña Morada," a pesar de que es un volcán cubierto con nieve la mayor parte del año.

Por lo general, mis padres parecían bastante satisfechos con nuestra situación de vivienda. Desde la perspectiva de mi papá, ser asignado al Japón era preferible a otros lugares como Libia u otro país hostil a los Estados Unidos. Hoy en día, Corea del Norte se considera un país peligroso, pero en ese entonces, el Extremo Oriente no tenía muchas "zonas calientes."

Sin embargo, puesto que vivíamos en una base militar mis padres pensaban que quizás yo no iba a meterme en problemas. A pesar de que a menudo había manifestantes japonenses afuera de la puerta – típicamente protestando el comportamiento de los militares americanos o el ruido que hacían los aviones de caza y de carga que continuamente aterrizaban – era una comunidad con vallas de seguridad y guardias armados. Así que uno podía suponer que el lugar estaba protegido contra el peligro y las influencias negativas.

Personalmente, yo nunca me sentí muy cómodo allí. Entre los manifestantes y el alambre de púas, siempre estaba consciente de que era un país extranjero y que los ciudadanos de ese país no necesariamente querían que yo me quedara. La mayoría de veces no había hostilidad abierta, pero en una ocasión alguien disparó a la base con un lanzamisiles portátil. Claro que eso me hizo reflexionar sobre la supuesta seguridad de la base.

Inicialmente, mis padres probablemente asumían que yo no iba a tener acceso ni a las drogas ni al alcohol en tal ambiente controlado. Dentro de los confines de las puertas, no había nada por que preocuparse, ¿verdad?

El problema era que había un montón de marineros de 21 y 22 años en Atsugi y ellos no eran una influencia muy positiva. Como menor, tenía prohibido ir a su cuartel. Pues, por supuesto que iba todo el tiempo para pasarlo bien con ellos y escuchar sus cuentos. Y estos tipos parrandeaban en serio. Tenían los refrigeradores llenos de bebidas alcohólicas y normalmente comenzaban a beber antes de salir afuera de la base para levantar muchachas. A veces se agarraban con otros clientes del bar, blandiendo los palos de billar y las sillas indistintamente.

Para mí, estos tipos eran "lo máximo" en parte porque podían conseguirme bebidas. Pero al mismo tiempo me apiadaba de ellos porque tenían que seguir todas las reglas estúpidas de la Marina. Vivían en un cuartel soso gris y tenían que seguir las órdenes – sus superiores siempre los mandaban afeitarse o planchar la ropa o limpiar los zapatos. Estos marineros siempre me decían lo apestoso que era estar en la Marina – nada más iban a servir por tres años y ya, se acabó. Esperaban con ansias volver a los Estados Unidos, dejarse crecer largo su cabello, hacer surf en su lugar favorito y tal vez formar una banda.

Cuando se ponían borrachos, me contaban – a todo detalle – de sus encuentros con las mujeres japonesas. Me hablaban de la gonorrea, la sífilis y de otras enfermedades que se habían contagiado. A pesar de que no entendía mucho los detalles, sus locas vidas me fascinaban.

Mientras tanto, me metía en problemas con los muchachos de mi edad. Aunque la base tenía un toque de queda para los jóvenes, yo obviamente lo ignoraba. Casi cada noche, salía a hurtadillas de mi ventana del segundo piso y bajaba deslizándome por los caños que corrían por el lado del edificio. De vez en cuando perdía mi agarre y me caía.

A veces cuando necesitaba escaparme en silencio total, simplemente saltaba de la ventana. Era increíble que no me rompiera el tobillo ni otra parte del cuerpo. También era increíble que mis padres ni una sola vez me descubrieran, ni al salir ni al regresar.

Una vez fuera de la casa, vagaba por la base con mis amigos, pintando con aerosol edificios o robando carritos de golf y conduciendo por todo el campo. Una de nuestras actividades favoritas era explorar las cuevas. Antes de la Segunda Guerra Mundial, los japoneses construyeron un laberinto de cuevas debajo del campo de golf de la base, el cual utilizaron para esconder las municiones. Las entradas al laberinto eran pequeñas y difíciles de ver – casi siempre escondidas por bambú – pero después de atravesar por las pequeñas entradas, se nos abrían grandes cavernas. Los soldados de la base nos advirtieron no entrar en las cuevas porque había muchos explosivos peligrosos. Por supuesto, los ignoramos.

Aparte de los explosivos, las cuevas asustaban a personas suficientemente audaces como para entrar. Después de avanzar unos 25 metros, si uno miraba hacia atrás no veía nada más que una pequeña luz emitiéndose de la entrada. Más allá de eso, no se podía ver nada. Por supuesto, había también muchos murciélagos, muchas arañas extrañas y quien sabe qué más. Casi siempre llevábamos linternas para iluminar nuestro camino pero a veces usábamos nuestros encendedores Bic. Las bombas sin detonar no nos asustaban. Una vez encontramos un sofá. La siguiente vez llevamos líquido encendedor de carbón y lo encendimos.

Otra actividad favorita era disparar los rifles y pistolas de balines. Estando entre el personal militar con sus armas y sus máquinas de guerra, el ambiente nos penetraba y nos gustaba fingir que éramos soldados. Sólo que en la práctica hacíamos más que fingir.

Mis amigos y yo conseguíamos rifles modificados tipo KG9 y Uzi, los cuales tienen una capacidad de 200 balas.

Luego comprábamos unas mochilas especiales de dióxido de carbono que proveía presión de aire al rifle para aumentar la fuerza del disparo. Los rifles modificados de alta potencia son comunes en el Japón, donde los ciudadanos tienen prohibido poseer armas que disparen balas. Pero los rifles de balines que se venden en el Japón son tan grandes y las modificaciones los hacen tan poderosos que no había una diferencia muy grande entre ellos y los rifles que disparan balas. Si una persona recibiera un disparo de balín de uno de estos rifles en la sien, sin duda se moriría.

Pero no teníamos miedo. Entrábamos en las áreas leñosas del territorio de la base y disparábamos 50 balas sin parar, derribando árboles de bambú. O jugábamos "partidos de guerra" muy semejantes a los partidos de paintball que son populares actualmente en los Estados Unidos. Salvo que nos disparábamos balines los unos a los otros y nunca llevábamos la protección ocular, mucho menos algo de armadura corporal. A pesar de que acordábamos no apuntar a la cabeza, era increíble que nadie perdiera un ojo. Después de las batallas me quedaba con grandes marcas por todo el cuerpo. Una vez Nathan me disparó a quemarropa con su KG9 modificado. Dejó un moretón de 10 centímetros y tardó un mes en curarse.

A pesar de que yo era definitivamente el cabecilla de travesuras entre mis amigos, también me metía en muchos problemas por mi cuenta. Además, el deterioro de mi conducta se correspondía al empeoramiento de mi apariencia. Comencé a dejarme crecer el cabello largo y hacer experimentos locos con ello.

Cuando tenía 14 años, comencé a vestirme como si fuera de otro planeta. Llevaba los jeans desgarrados y una chaqueta fina negra con relámpagos. Mis amigas querían cambiarme la apariencia aun más y me pedían ponerme delineador de ojos y esmalte de uñas. También insistían en ponerme fijador en el cabello. Naturalmente quería complacer a las muchachas con las que pasaba el tiempo, así que iba con casi todo lo que querían.

Una noche, una amiga me convenció de hacerme un agujero en una de mis orejas. Quería complacerla pero tanto despreciaba el dolor que tenía que tomar una buena cantidad de vodka mientras que ella me aplicaba unos cubitos de hielo en la oreja – por una hora más o menos – para anestesiarla. Luego me pinchó el lóbulo con una aguja no esterilizada y dejé que el instrumento se quedara en ese sitio toda la noche para que formara el agujero.

Cuando ella me quitó la aguja la mañana siguiente, me comenzó a sangrar. Cuando la sangre cesó de salir, le siguió el pus. Al rato tenía una infección atroz. Se veía grotesca. Debido al pus y a la costra que se había formado, me preocupaba que mis padres se dieran cuenta de lo que había sucedido.

Al principio, traté de esconderlo, pasándoles con la cara volteada. Pero eventualmente mi mamá vio la oreja y perdió el control. Yo no sabía qué le molestaba más – que se me hubiera hecho un agujero en la oreja o que la oreja se hubiera infectado. Le dije, "Ya no hay nada que puedas hacer, así que no te preocupes más." Cuando la infección finalmente desapareció, comencé a llevar un arete.

Al mismo tiempo que cambiaba mi apariencia, cambiaba también mi gusto por la música, que llegaba a ser una parte muy importante de mi vida. Muchos de mis amigos eran fanáticos de la música de rock y tocaban instrumentos. Ciertamente eso me inspiró a aprender a tocar la guitarra. La música de metal causaba furor en el Japón y una multitud de bandas inglesas y americanas venían de gira a Tokio, normalmente llenando los 15.000 asientos de la arena Budokan para los conciertos. En cada oportunidad, iba a ver a las bandas *Iron Maiden, Bon Jovi, Ratt, W.A.S.P.* y *Motley Crue*. Cuando no había una buena banda europea o americana, iba a ver a las bandas de metal japonesas, muchas de las cuales eran buenas, a pesar de que yo no podía entender las palabras. Una de las bandas japonesas, *Loudness* (*Ruido*), cantaba en inglés pero las letras eran tan tontas que me reía al escucharlas.

Por supuesto, siendo un muchacho americano con pelo largo, arete, maquillaje y los jeans desgarrados, me parecía a muchas de las estrellas de música de metal americana, el cual me hacía muy pero muy popular con las muchachas japonesas. Simplemente por estar asociado con la escena de la música de metal, ellas perdían la cabeza por mí. Después de un concierto, mis amigos y yo les mentíamos diciéndoles que éramos parte del equipo de la banda *Bon Jovi* o la banda *Ratt* o quienquiera. Las muchachas se enloquecían y gritaban. Me sentía el mero mero. Para mí ir a los conciertos de metal era como ir al cielo.

Al poco tiempo me di cuenta de que estaba desarrollando algo de complejo de superioridad. No era sólo la reacción de las muchachas. También yo era físicamente más grande que la mayoría de los japoneses de mi edad. Recuerdo ir a una zapatería para comprar un par de zapatillas tipo Converse. Al medirme los pies el vendedor japonés comenzó a hablarles con emoción a sus compañeros. No podía creer que yo era talla 10. La mayoría de sus clientes era talla 6. En comparación, yo era un monstruo. Adoré la atención y el sentimiento de poder.

Mientras tanto, las relaciones que estaba desarrollando eran tan disfuncionales como mi apariencia. En la base militar conocí a una muchacha medio filipina – su madre era filipina y su padre era militar – que era fanática de la música punk. Al principio pasábamos el tiempo juntos escuchando la música de las bandas *The Violent Femmes, Suicidal Tendencies* y *The Dead Kennedys*. Pero a continuación la relación se volvió muy física.

Aunque ella era bonita y menuda con piel oscura y pelo negro largo, no estaba exactamente cuerda. Para empezar, tenía baja autoestima. Mejor dicho, muy baja. Era tan baja que le gustaba que yo la llamara "Mugre" – literalmente. Y en cierto modo perturbador, ella quería que la tratara como mugre también.

Aun así, la manera en que la trataba yo no se comparaba con la manera en que se trataba a sí misma. Para ella el dolor era bonito y le gustaba la automutilación. Una vez, estábamos pasando el tiempo en su casa y ella empezó a jugar con mi cuchilla mariposa, la cual siempre mantenía afiladísima. Ella no tenía idea de lo afilada que era. Sin aviso y antes de que yo pudiera correr a través del cuarto para detenerla, acuchilló la parte posterior de su tobillo.

Al ver la sangre brotando de la herida, el pánico me llevó. Corrí al teléfono más cercano, que por casualidad estaba en un McDonald's en la base, y llamé a mi mamá. Para cuando estábamos en el carro rumbo al hospital, el asiento trasero entero del carro de mi mamá estaba cubierto de sangre. Las toallas blancas que habíamos usado para absorber la sangre se empaparon. Mi mamá y yo la llevamos corriendo dentro del hospital con el pie colgando por muy poco.

En la sala de urgencias, los médicos asombrados preguntaron, "¿Cómo demonios sucedió esto?" ¿Qué iba a decir yo? Tuve que decirles la verdad. Por suerte, los cirujanos lograron reparar el daño pero ella tuvo que recibir terapia física por semanas antes de recuperarse por completo. Si el corte hubiera sido un poco más profundo, no habría podido caminar.

Como uno podría suponer, mis padres se ponían nerviosos a causa de tales incidentes. Trataron de ejercer más control sobre mí pero eso me hizo rebelar aun más. Como resultado, la relación con mis padres se volvía más tensa.

Después de un rato, ya no me importaba esconder mi comportamiento peligroso y autodestructivo. Al principio de estar en el Japón, había hecho el esfuerzo de aplicarme gotas para los ojos antes de llegar de una noche de fumar la marihuana. Pero llegó un tiempo en que aun eso parecía demasiado inconveniente. Mis padres me estaban gritando casi cada vez que pasaba por la puerta, así que ¿para qué servía esconder más mis vicios?

Para evitar a mis padres, empecé a pasar más y más tiempo afuera de la casa. Les decía que iba a pasar la noche en la casa de un amigo. Pero nunca iba a esa casa, sino a las discotecas en Tokio o Yokohama, a veces pasando las noches en la playa. Por supuesto, mis padres estaban enfurecidos cuando, por ejemplo, salía de la casa por la mañana el viernes y no volvía hasta el domingo por la noche.

Mientras tanto, tenía más y más agarradas con la policía dentro y fuera de la base. Una vez, los PM me encontraron con bebidas alcohólicas y me echaron a la cárcel. Dijeron que iban a llamar a mis padres pero no lo hicieron. Nada más querían asustarme, aunque no me habría importado mucho si les hubieran dicho algo.

Entonces llegó un día en que entré en el PX – un tipo de almacén en la base – llevando mi impermeable negro. Quería impresionar a una muchacha, así que escondí un par de animales de peluche y unos casetes bajo la chaqueta. Salí por la puerta con planes de ir directamente a la casa de ella. El único problema era que alguien me vio y llamaron a los PM, quienes me agarraron y me echaron de nuevo a la cárcel. Esta vez no dudaron en llamar a mi papá, quien se sintió muy avergonzado y enojado de que su hijo había sido descubierto robando en la base. No pasó mucho tiempo antes de que se corriera la voz entre sus subordinados respecto a mis acciones.

Cuando mis padres vinieron para sacarme de la cárcel, inventé una historia de cómo sabía que lo que había hecho era malo pero que esperaba que me capturaran. Les dije que extrañaba los Estados Unidos y que esperaba que un cargo de ratería en una tienda fuera suficiente para deportarme. "¿Esto quiere decir que puedo volver?" pregunté mientras que mis ojos se llenaban de lágrimas. "Extraño tanto los Estados Unidos. Lo único que quiero es volver a casa."

La situación se convirtió en un juego psicológico y todos casi empezaron a compadecerse de mí. Pues, saqué todo el jugo a eso. Me dijeron, "No, lo lamento pero tienes que vivir aquí por un tiempo. Tu papá lo asignaron aquí, así que vas a tener que manejarlo."

Lloriqueé, "Está bien. Pero no me vas a encerrar, ¿verdad? No me vas a mandar a un consejero, ¿verdad?" Increíblemente, se tragaron el puro cuento entero y me dejaron libre con un aviso – un tirón de orejas.

Imbéciles. Lo que no sabían era que ya no extrañaba tanto los Estados Unidos. La verdad era que el Japón empezaba a caerme bien. Comencé a pensar que tal vez me gustaría vivir allá por el resto de mi vida.

6

NOCHES EN
TOKIO

PARA MIS PADRES, EN ALGÚN MOMENTO tenía que ser obvio que yo era un ladrón. Inicialmente, hice todo lo que podía para esconder el fumar, el beber y el uso de drogas, pero esconder miles de dólares de mercancía robada era un desafío más grande. Mi cuarto – el único lugar en donde podía esconder lo que robaba – se llenaba rápidamente con juguetes de alto precio de tiendas de todas partes de la isla de Honshu. Entre otras cosas, acumulaba una colección impresionante de guitarras, amplificadores, estéreos, tablas de surf y patinetas. Mis padres comenzaban a preguntarse dónde conseguía todas estas cosas. Tenían toda la razón en sospechar de mí. ¿Cuántas veces podía mentirles al decir que nada más le había pedido prestado esto a un amigo?

Eventualmente la gran cantidad de artículos caros en mi cuarto hacían tan obvio que robaba que ni trataba de esconderlo. Por ejemplo, una vez casualmente entré por la puerta de la casa con dos guitarras eléctricas nuevas, una en cada brazo. Cuando mi mamá me preguntó dónde las había conseguido, le di mi respuesta estándar: "Déjame en paz."

Llevaba los artículos a mi cuarto, daba un portazo, y escuchaba la música de metal a todo volumen – en efecto avisándole a mi mamá o a mi papá, "No te metas." Esa técnica me servía bien.

Después de estos enfrentamientos, seguro que mis padres pensaban, "¿Pero qué vamos a hacer con Donnie? ¿Cómo lidiaremos con él?"

En retrospectiva, sé que tenía que ser un tiempo estresante para ellos, pero ¿qué podían hacer? Yo era joven, desafiante y rebelde. Cuando mis padres trataban de hacer respetar las reglas de la casa, simplemente las ignoraba. Cuando me gritaban o me decían que no me iban a dejar salir de la casa, yo ni les respondía. Mejor dicho, les respondía con maldiciones y salía furioso por la puerta. Hablar conmigo era como hablar con un muro de ladrillos.

Aun así, mis padres intentaban ser optimistas en cuanto a la situación. Como padres, estoy seguro de que ellos esperaban que yo perdiera ese comportamiento con el tiempo. Se convencieron de que yo pasaba por una fase que llegaría a su fin en un año o dos. Racionalizaron que necesitaba un poco más tiempo para madurar. Claramente, nadie quería afrontar la dura realidad.

Para cuando cumplí 15 años vivir con los padres se había vuelto insoportable. Cada vez que estaba en el mismo cuarto con mamá o con papá, el aire se llenaba de tensión. La relación se había empeorado al punto en que ellos mismos ya no me importaban. Me había vuelto tan distante emocionalmente que no les tenía cariño.

El único vínculo que aún tenía con mi familia era mi hermano menor, Matthew. En cuanto a él yo sentía una angustia terrible e inexplicable. Él tenía 10 años menos que yo y a menudo me rogaba, "Hermano, juega conmigo." Una parte de mí quería quedarse en casa y ser el hermano mayor que él necesitaba. Pero yo estaba tan metido en mi propio mundo lleno de muchachas y cuates drogadictos que no quería comprometerme a algo tan "hogareño."

Ser rebelde parecía la única cosa a la que estaba dispuesto a comprometerme y quería seguir esa corriente. Así que cuando ocasionalmente sentía remordimiento de haber abandonado a Matthew, no me dejaba pensar mucho en él.

Hoy, casi 20 años después, todavía me duele que yo no fuera una parte de su niñez y que él no tuviera a un hermano mayor de ejemplo a seguir. Hubo un período de 10 años en que yo no estuve presente en su vida. Moriría por él ahora y en los últimos años he tratado de rectificar las cosas con Matthew. Pero todo ese tiempo perdido sigue hoy como una herida.

Al tiempo en que la relación con mis padres fracasaba, mi vida social inesperadamente empezó a deshacerse también. Durante los primeros dos años en Atsugi, había desarrollado amistades con tres muchachos de mi edad. Pero como los otros dependientes militares, eso significaba que ellos tendrían que irse de Atsugi cuando sus padres se mudaran a su próximo destino. Pues, resultó que los tres amigos volvieron a los Estados Unidos casi a la vez: uno a Florida, otro a California y el tercero al estado de Washington. Uno por uno, perdí a mis amigos más cercanos y no había nada que pudiera hacer para cambiarlo.

Para empeorar las cosas, mi "novia" filipina-americana también volvió a los Estados Unidos cuando un pariente suyo se murió. Regresó a California para el funeral y por un tiempo de duelo indeterminado. Aunque se suponía que su ausencia fuera temporal, no tenerla me perturbó muchísimo. Casi todos mis amigos ya se habían ido. Ahora ella también y no sabía cuándo iba a volver.

Era después de todo esto que comencé a pasar el tiempo con Tommy. Ya nos conocíamos pero no éramos cuates. De hecho, éramos diferentes en muchos sentidos. A él le gustaba estar solo, mientras que yo no tenía problemas de estar con mucha gente. Pero la realidad de todos mis amigos estando ausentes me motivó a conocerlo mejor. Así que eventualmente nos hicimos amigos por nuestro afecto por las mujeres y por la música. Nos gustaban las mismas bandas y hablábamos de la música día y noche. Tommy no era la persona más fácil de llegar a conocer, pero después de un rato, éramos cuates.

Cuando Tommy y yo comenzamos a pasar el tiempo juntos, me di cuenta de que él podía ser de gran valor para mí. Primero que todo era muy delicado con las mujeres. Me enseñó a levantarlas. También era más cauteloso y moderado que yo, especialmente en cuanto a la borrachera. A la hora de festejar, yo no tenía inhibiciones y echaba la casa por la ventana pero él sabía cuándo detenerse. Me consolaba que por lo menos uno de nosotros iba a estar bajo control. Éramos un buen equipo.

Pero a pesar de que Tommy era cauteloso la mayoría del tiempo, podía ser impetuoso también. Una vez estábamos sentados disfrutando de unos helados en algún lugar y de repente declaró, "Hombre, vamos para allá." Y nos levantamos y fuimos. No había conversación de cómo llegar allá ni qué era lo que íbamos a hacer ni nada por el estilo. Nada más fuimos. Me encantaba ese sentimiento de espontaneidad. Pasar el tiempo con él era divertido e imprevisible. Había encontrado a mi cómplice perfecto.

Tener espíritu rebelde no era la única cosa que Tommy y yo compartíamos. Tommy tenía una relación horrible con su familia, tal como yo. Al emborracharnos a menudo menospreciábamos nuestros padres. Llegó a ser uno de nuestros pasatiempos favoritos. Nos quejábamos de lo hartos que estábamos respecto a las reglas y a sus críticas.

Fue durante una de estas sesiones de quejas que Tommy de repente me dijo, "¿Por qué no huimos? Conozco a una muchacha en Tokio y podemos quedarnos con ella algunos días, y de allí podemos hacer lo que sea."

"Va," respondí. Mi reacción fue instantánea. Sí, debemos fugarnos. De inmediato.

No habíamos considerado las implicaciones. No teníamos concepto alguno ni en dónde íbamos a vivir ni cómo íbamos a mantenernos. Por no mencionar cómo íbamos a tener éxito sin poder hablar japonés. No nos preocupaba nada de eso. Un poco después de esa conversación, simplemente nos fuimos de la base y entramos en la comunidad japonesa. Ni recogimos cosa alguna de la casa; sólo llevamos la ropa que ya teníamos puesta.

En los primeros días, estábamos eufóricos de estar libres del control de nuestros padres, quienes debían haber estado muriéndose de ansias al darse cuenta de que habíamos desaparecido. Como dijo Tommy, su "novia" estaba más que feliz de alojarnos por unos días y parrandeamos en serio con ella. Pero después de que la euforia inicial pasó, Tommy y yo comenzamos a preguntarnos qué íbamos a hacer para ganar dinero. Hablamos de nuestras opciones y el robo nos parecía la mejor solución.

Después de todo, ambos teníamos mucha experiencia robando los bienes de consumo. En el pasado, a menudo habíamos cambiado la mercancía por las drogas, a pesar de que el "tipo de cambio" era malísimo. Por ejemplo, recibíamos dos cigarrillos de marihuana a cambio de una guitarra de 200 dólares, y nos contentábamos con eso. Pero eso había sucedido cuando estábamos viviendo con nuestros padres y no necesitábamos mucho dinero. Ahora que íbamos solos teníamos algunas prioridades diferentes y tener un flujo continuo de lana era la máxima.

Nuestro primer instinto fue robar bolsos pero de pronto descubrimos que esa no era la técnica más fácil ni lucrativa. Primero, casi siempre uno tenía que arrancar el bolso del brazo. La víctima gritaba y hacía un escándalo o tal vez se caía al suelo durante la lucha consiguiente. Si uno tenía suerte, la correa se rompía. Pero también era común que los testigos nos persiguieran, el cual era una molestia. Y luego, incluso si uno de nosotros lograba conseguir el bolso, a veces había muy poco yen adentro. Tenía que haber una técnica más fácil de hacer dinero.

Resultó que sí había. Por suerte, la muchacha con que nos quedábamos tenía algunos contactos con una pandilla japonesa. Sus contactos eran jóvenes pero eran miembros genuinos y les intrigaba nuestro interés en la pandilla. Ser jóvenes y americanos nos separaba de los otros miembros.

Así que por improbable que parezca, comenzamos a pasar el tiempo con unos pandilleros japoneses.

Según los estándares mafiosos, todo lo que hicimos eran trabajos de poca monta. La pandilla no iba a confiar en un par de muchachos americanos para contrabandear opio u otra actividad de alto riesgo. Sin embargo, nos dieron la impresión de que algún día pudiéramos graduarnos a crímenes más considerables (y lucrativos) y eventualmente hacernos miembros oficiales.

Aunque estar involucrado con una pandilla era bien padre, no sabía si quería hacerme miembro oficial. Tenía miedo de los ritos de paso, uno de los cuales era cortarse la punta del dedo pequeño. Recuerda que me comporté como un niño cuando mi amiga me había agujereado la oreja. Pues, ¿cómo podría soportar a un pandillero cortándome a hachazos el dedo pequeño con una cuchilla de carnicero?

Al mismo tiempo era difícil rechazar las oportunidades financieras. A nuestro parecer, los ingresos iban a ser tremendos y cada "trabajito" nos iba a garantizar una aventura. Pero yo había tenido mi propia ración de aventuras antes de asociarme con una pandilla japonesa.

Por ejemplo, otro incidente había pasado en una estación de tren justo antes de fugarme con Tommy. Había ido a

Campo Zama con mi amigo Joel para colarme en un baile escolar. Cuando llegamos, levantamos dos muchachas y de inmediato nos emborrachamos con ellas. Cuando llegó la hora de irnos nos dimos cuenta de que no encontrábamos una manera de llevarlas a sus casas.

Pues Joel – que era experto en robar los carros – nos sugirió que saliéramos afuera y robáramos un sedán. Eso resolvería nuestro problema de transporte. Escogió un carro en la calle y manipuló los cables de encendido para que encendiera sin llave. Nos fuimos manejando como si nos perteneciera.

Joel estaba manejando con su muchacha en el asiento de acompañante y yo estaba en el asiento trasero con la mía. Me di cuenta de que Joel viraba bruscamente. Yo estaba demasiado volado como para quejarme y debido a que no había mucho tráfico a esa hora, asumí que llegaríamos a casa sin problemas. Pues, por estar volado y borracho, no tomé en cuenta la posibilidad de que Joel tal vez chocara con algún objeto estacionado.

Yo estaba por quedarme dormido cuando de repente mi cuerpo se lanzó al asiento delantero. Resultó que Joel había chocado de frente con una barandilla protectora. Por suerte, Joel y la muchacha a mi lado no quedaron lastimados. Pero la muchacha en el asiento de acompañante delantero se dio contra el parabrisas. Con fuerza. Naturalmente, comenzó a aterrarse al sentir la sangre corriendo por la cara. Joel y yo estábamos tan borrachos y tan cansados que no queríamos molestarnos con buscar cuidado médico para ella. Nada más queríamos volver a casa y desplomarnos en la cama. Siendo tan caballeros, las acompañamos a la estación de tren más cercana y las mandamos a volar.

Mientras tanto, aún teníamos que volver a casa nosotros mismos, así que buscamos un tren que nos llevara a Atsugi. A ninguno de nosotros le gustaba la idea de tomar el transporte público. Sería un viaje largo de vuelta a la base y a ambos nos irritaba. Al abordar el tren, lo encontramos sin gente. Me tiré en uno de los asientos de pasajero, pero Joel estaba tan ebrio que ni siquiera podía acomodarse en un asiento. Se sentó doblado en el piso. Luego tres muchachos japoneses – a eso de nuestra edad pero tal vez mayores – subieron en la próxima parada.

Casi de inmediato, uno de ellos se nos acercó y le pidió un cigarrillo a Joel. No fue un pedido inútil. Era muy obvio que Joel tenía "*a pack rolled up in his T-shirt sleeve*" ("*un paquete enrollado en su manga de camisa*") – como dice la frase de la canción de Jim Croce. Pero Joel, quien podía hablar un poco de japonés, respondió en voz desafiante que no tenía un cigarrillo, y que si tuviera uno, no se lo daría a un japonés. En ese momento, me di cuenta de que nos metíamos en líos. El muchacho japonés insistió. Dijo que podía ver el paquete de Marlboro Lights bajo la manga de la camisa de Joel. ¿La respuesta de parte de Joel? Comenzó a burlarse de él y a maldecirlo en japonés.

Traté de callarlo pero era implacable. Mientras tanto, los tres japoneses se juntaron y hablaron entre sí. Ahora sabía que teníamos un gran problema. No había otras personas en el tren para intervenir ni pedir auxilio en caso de una pelea. En voz baja le dije a Joel, "Tenemos que bajar de este tren en la próxima parada." Sabía que no podíamos escapar de esto sin enfrentamiento, especialmente siendo los únicos pasajeros y todavía cuatro o cinco paradas fuera de Atsugi.

En la próxima parada, saqué arrastrando a Joel del tren. Totalmente borracho, él apenas podía andar. Los tres japoneses bajaron también. Ahora estábamos solos en la plataforma. Tan pronto como el tren salió de la estación, uno de los tipos le agarró a Joel de atrás, le dio la vuelta y le dio un puñetazo directamente en la cara. Por supuesto, tenía que defender a mi amigo. Di la vuelta y en un sopor ebrio dije, "¡Oye!" Luego comencé a dar puñetazos.

El problema para mí y para Joel era que esos tres eran tipos sobrios y ágiles. Obviamente estábamos en desventaja. Empezaron a darnos golpes tan rápidos que no sabía de quién ni de dónde venían. Unos segundos después me tiraron hacia abajo entre las vías. Tuve suerte de que un tren no entrara en la estación y me atropellara. Una vez entre las vías, me di cuenta que era preferible quedarme allí. Nada menos que la llegada de un tren iba a motivarme a subir a la plataforma y meterme de nuevo en ese desastre.

Mientras tanto, los tres tipos estaban partiéndole la cara a Joel. Buen amigo que yo era, comencé a correr por las vías hasta donde la plataforma se acabó, y salté una cerca para escaparme. Mientras corría, escuché a Joel caerse sobre las vías detrás de mí con un ruido sordo y escalofriante. Lentamente se levantó y me siguió tropezando, seguramente tratando de escaparse de la misma manera.

Cuando Joel finalmente me alcanzó al cabo de la plataforma, ambos estábamos muertos de miedo. Me dolían todos los golpes que había recibido, pero él estaba mucho peor que yo. La sangre salió corriendo de su boca y de otras partes. Obviamente no podíamos volver a Atsugi en ese estado; la gente nos haría demasiadas preguntas.

Ahora completamente despiertos por la subida de adrenalina, decidimos desviarnos a la casa de la mamá de Joel para ver si podía ayudarnos a evitar una visita al hospital. Los padres de Joel trabajaban en la base de Atsugi pero se habían divorciado durante su estancia en el Japón. Su mamá se había mudado a una comunidad fuera de la base. Cuando tocamos la puerta era bien tarde. Ella estaba algo achispada pero suficientemente sobria como para limpiar y vendar nuestras heridas. Luego nos alojó por la noche así que no teníamos que volver a la base de inmediato.

Después de pasar un poco tiempo con la mamá de Joel la mañana siguiente, vine a entender de quién recibió Joel sus bravuconerías. Las heredó de su mamá. Ella era un poco loca y me alivió cuando llegó la hora de irnos.

En cuanto a la pandilla, resultó que Tommy y yo no teníamos que preocuparnos de una iniciación potencial. Nuestra ruina fueron las mujeres de los pandilleros. Aunque ellas pensaban que Tommy y yo éramos lindos y divertidos – casi como unos juguetes – algunos de sus novios se pusieron celosos al observar que éramos imanes para las muchachas japonesas, incluso las más guapas. Adoramos la atención pero estos tipos se enojaron hasta las chanclas. Cuando tomábamos con ellos y se emborrachaban, esos sentimientos surgían acompañados por empujones y maldiciones.

Afortunadamente, los japoneses usualmente dan un aviso a sus enemigos antes de ser violentos. En los Estados Unidos, los pandilleros tal vez nos habrían llevado a un lugar remoto para molernos a golpes. En vez de eso, los japoneses simplemente comenzaron a ignorarnos y excluirnos de las actividades de la pandilla. Por nosotros estuvo bien eso. Nos distanciamos de ellos y eventualmente fuimos a otra ciudad, seguros de que podíamos ir por la nuestra y crear un pequeño sindicato del crimen propio.

Y eso fue exactamente lo que hicimos. De día dormíamos y de noche "trabajábamos." La mayor parte nos quedábamos en "hoteles de cápsula" – edificios achaparrados sin gracia en donde se podía arrendar un espacio por un día o noche. Y al decir "espacio" lo digo en sentido literal. Uno iba a la recepción y pagaba el equivalente japonés de 6 o 7 dólares. Lo que se ofrecía básicamente era un cuchitril con camita y televisión de monedas.

Los pasillos interiores de estos hoteles de cápsula se parecían a los capullos o las colmenas. Había filas de nichos en la pared por ambos lados – típicamente tres unidades apiladas – en los cuales el cliente literalmente entraba arrastrándose.

Una vez adentro, el cliente tenía dos opciones; dormir o mirar porno. Todos los efectos personales se guardaban en un armario adyacente al espacio. Simplemente no había espacio para cosa alguna aparte del cuerpo de la persona en el capullito. Cuando pasábamos la noche en estos lugares, me sentía como una larva que se incubaba. Pero era la cosa más aproximada a una casa que teníamos y yo sacaba el máximo provecho de la situación.

El único rasgo de estos hoteles capsulares a que Tommy y yo nunca nos acostumbrábamos era el baño común. En otras palabras, si uno quería bañarse, había que andar por el pasillo con la toallita y entrar en una piscina grande con un montón de hombres de negocios japoneses extraños. Una ducha – mucho menos una ducha privada – no era opción. Tommy y yo no íbamos con esta experiencia tipo sauna. Nos bañábamos en otro lugar o no nos bañábamos y punto.

Mientras tanto, pasábamos las noches parrandeando o robando. Si teníamos las drogas, el alcohol y el dinero, parrandeábamos. Si no, robábamos para poder parrandear. Típicamente tratábamos de robar el dinero pero también robábamos cualquier cosa que se podía intercambiar por las drogas.

Aunque robar era fácil en el Japón, había que tener cuidado con la codicia excesiva. Una vez, antes de que Tommy y yo nos fugáramos, aprendí esa lección a las malas al estar demasiado agresivo en un gran almacén en Yokohama. Los centros de las ciudades grandes como Yokohama construyen a lo vertical en vez de a lo horizontal. Entonces un hipermercado como Wal-Mart sería alto y estrecho – tal vez de ocho pisos. Si lo que uno buscaba no estaba en la planta baja, tendría que tomar las escaleras o el ascensor a cierto piso.

En esta ocasión, dos amigos y yo buscábamos saquear una tienda de instrumentos musicales en el cuarto piso. Todos llevábamos los impermeables negros con los cuales probablemente llamábamos la atención. Aun así, no nos destacábamos mucho. Los impermeables negros estaban de moda en el Japón en ese tiempo. La música de metal dominaba la escena y los músicos se veían muy raros así que unos tipos con el pelo largo, aretes e impermeables no despertarían muchas sospechas en una tienda de música.

Tomamos el ascensor al cuarto piso y entramos en acción. Nuestra técnica era sencilla: dos muchachos de guardia y el otro colocando la mercancía bajo el impermeable. Luego cambiamos de papel y el próximo muchacho cargaba el botín.

Normalmente al robar una tienda de música íbamos con los pedales de guitarra o las guitarras en miniatura tipo V (las cuales se podía cargar fácilmente bajo el brazo), pero esta vez nos enfocamos en los afinadores de guitarra, los cables de guitarra y los libros de tablatura – esos libros gruesos de música que le demuestra, con detalle, exactamente cómo tocar la música de un artista particular.

Nos tocó a todos esconder los bienes bajo nuestros impermeables y luego bajamos las escaleras a la planta baja, pues asumíamos que tomar el ascensor parecería sospechoso. Al estar 10 metros de la entrada, yo pensaba que estábamos fuera de peligro. Luego tres japoneses en trajes empezaron a gritarnos y perseguirnos.

Mis dos amigos eran inteligentes. En vez de salir corriendo por la calle dieron vuelta y subieron corriendo las escaleras rumbo a la tienda de música. Pensé que eran idiotas. Les grité, "¿Qué están haciendo? ¡No vuelvan adentro, salgan de aquí!"

Salí corriendo del gran almacén y, por supuesto, los tres japoneses me siguieron. Debido a que los guardias de seguridad estaban enfocados en mí, mis dos amigos volvieron al cuarto piso y clandestinamente devolvieron todo lo que habían robado. Como resultado, no los capturaron. Salieron caminando de la tienda como santitos.

Mientras tanto, yo corría penosamente bajo todo el peso de la mercancía que cargaba. Tenía una docena de libros de tablatura, seis afinadores y seis cables. Pues, los guardias no tardaron mucho en alcanzarme. Nada más estaba a una cuadra del almacén cuando uno de ellos me agarró por el cuello y el cabello. Luego otro me dio el calzón chino al arrancarme por los pantalones. Me atraparon con $800 dólares de mercancía.

Cuando la policía llegó, me llevó al centro de la ciudad y me echó en la cárcel. Créeme, no es divertido estar en la cárcel de un país extranjero en donde no sabes ni el idioma ni el protocolo de la policía. Había escuchado cuentos de las autoridades en ciertos países asiáticos azotando a los ladrones con la palmeta y me puse a imaginar lo peor.

Tan pronto como los oficiales me pusieron en una celda – por suerte una celda aislada de los otros prisioneros – los carceleros empezaron a gritarme en japonés. Era intimidante porque no sabía lo que estaban gritando. No sabía lo que me iba a pasar. Pensaba, "Auxilio…alguien…" Temía que fueran a eliminarme de alguna manera, y que nadie nunca volviera a saber de mí.

Resultó que me encerraron por un día y medio. La policía consiguió a un hombre con inglés chapucero que podía comunicarse conmigo. Gracias a él, con mucha felicidad le di a la policía el número de teléfono de mis padres en Atsugi. Cuando ellos supieron lo que había pasado, de inmediato se metieron en un tren y vinieron a Yokohama para pagar la fianza y rescatarme.

Cuando llegaron a la estación de policía, nunca jamás había estado tan alegre de verlos. No porque quisiera verlos, sino porque iban a sacarme las castañas del fuego. Cuando llegaron, sabía que iba a salir con todos los dedos intactos.

Antes de ponerme en libertad, los oficiales les dijeron a mis padres que yo podía quedarme con todo lo que había robado puesto que pagaron por todo. Desde mi celda, le escuché a mi mamá gritando, "¡Pero eso es justamente lo que quiere! ¡No vamos a pagar y permitirle quedarse con todo! ¡Traduzca eso!", le mandó al intérprete. El oficial asintió tajantemente con la cabeza, como si de repente se diera cuenta de que ella tenía razón.

Fue un viaje largo e incómodo de vuelta a la base. No había mucha conversación entre nosotros, pero mis padres me echaron muchas miradas decepcionadas. Probablemente pensaban, "Su comportamiento no puede ser peor que esto." Pues, sí podía y sí empeoró.

Poco tiempo después de ese incidente me fugué con Tommy. Y mi comportamiento en el Japón no fue nada en comparación con lo que hice después de irme de ese país encadenado, ir a mi primer centro de rehabilitación, y mudarme de nuevo a vivir con mis padres católicos.

7

SIN RUMBO
FIJO

DESPUÉS DE SER EXPULSADO DEL JAPÓN y de acabar con mi primer centro de rehabilitación en Pennsylvania, me encontraba de nuevo en casa con mis padres, quienes esperaban cautelosamente que ya hubiera pasado por mis peores días. Mantenían esperanzas de que acabara con mis métodos maliciosos, volviera a la escuela y tal vez empezara a asistir a la iglesia con ellos. Aunque la iglesia ciertamente era impensable, acepté a regañadientes volver a la escuela por la única razón de que era el mejor lugar en donde conocer muchachas. Tenía poco interés en seguir con una educación formal. Aunque me pesaba, tenía que hacerlo para conocer a las chicas de mi edad.

Durante ese primer año de escuela preparatoria, hacía un gran esfuerzo por arrastrarme a la clase casi todos los días. Pero no importaba qué hacía porque nunca sentía que perteneciera allí. Por cierto no me integraba bien con mis compañeros de clase, la mayoría de los cuales estaban enfocados en el logro académico, los deportes o el gobierno estudiantil. Mis intereses más o menos se limitaban a emborracharme, drogarme y escuchar música. Extrañaba tanto al Japón y Reading, Pennsylvania era un mundo totalmente diferente.

Pensándolo ahora, me doy cuenta que era como muchos jóvenes alienados, sólo que como era mi estilo llevaba la angustia juvenil al extremo. Al cumplir 16 años, estaba convencido que mis padres y mis profesores nunca llegarían a entenderme. Sentía que necesitaba una nueva familia.

Eventualmente llegué a estar tan desilusionado con la escuela y tan frustrado con vivir en casa que incluso la atracción de las chicas guapas no me motivaba. Aunque no abandoné la escuela preparatoria hasta el grado undécimo, a todos los efectos la había abandonado emocionalmente desde hace mucho. Mi récord de asistencia durante el segundo año fue pésimo. Una vez cuando me presenté para la clase de salón hogar, el maestro me echó una mirada asombrada y exclamó, "Ah, ¿estás aquí todavía? Asumíamos que te hubieras mudado."

Abandoné la escuela de una vez por todas cuando tenía 17 años, no mucho después de descubrir a lo que creía ser mi nueva familia – las llamadas "Deadheads" ("Cabezasmuertas") que seguían la banda *The Grateful Dead* (*Los Muertos Agradecidos*).

De manera improbable y repentina, cambié de enfoque de música de metal a música hippie.

Como la mayoría de los éxitos repentinos, mi encaprichamiento con la música de *Grateful Dead* se había sembrado hace dos años. Estaba expuesto a los "Muertos" cuando estaba en el centro de rehabilitación. Pero en ese tiempo su música no resonaba conmigo. Parecía que su música estuviera dirigida a los hippies, tipos amantes de la paz que querían ser uno con la naturaleza. Cuando tenía 14 o 15 años, quería la música rápida y pesada que reflejaba el enojo y la agresividad que sentía.

Pero tan pronto como empecé a tomar las drogas alucinógenas como las setas (el psilocybe) y el LSD, empecé a entender el mensaje de los Muertos. Aunque no di la espalda por completo a la música de metal, llegó a ser difícil escucharla mientras volaba con el ácido o las setas. Los dos simplemente no iban juntos. Cuando uno está sintiendo los efectos de una droga alucinógena, quiere escuchar la música que va lento y planea – una canción como *"Comfortably Numb"* (*"Cómodamente Insensible"*) de *Pink Floyd*, durante la cual se puede escuchar al guitarrista David Gilmour sacando el jugo de cada nota.

La otra cosa sobre *Grateful Dead* que me atraía era sus canciones pseudo-filosóficas. Distinto de muchas canciones de rock, sus letras no se trataban de estar enojado con los padres. Se trataban del amor y de encontrar algo. Parecía que los Muertos siempre cantaban de un camino o un sendero. En ese tiempo, sintiéndome enajenado y poco estable, urgentemente necesitaba a alguien que me mostrara el camino.

También podía identificarme con muchos de los protagonistas de sus canciones, quienes tendían a ser gitanos y vagabundos. Después de todas las mudanzas y todos los cambios en mi propia vida me había hecho sentir como un vagabundo también. Y en las canciones como *"Tennessee Jed"* y *"Alabama Getaway,"* cantaban de los lugares los cuales yo quería visitar. Era casi como si yo hubiera escrito las letras y Jerry García y Bob Weir y el resto de la banda estuvieran cantándomelas. Ya no estaba solo.

Sentía lo mismo por el artista Bob Marley y la música reggae. Las letras parecían dirigirse a mí, a mis problemas y a mi deseo de liberarme y de ser dejado en paz. No quería nada más que vivir libre de las reglas – amar a quién quisiera amar, desear a quién quisiera desear y vivir en un tipo de conjunto cósmico de drogas, chicas y música.

Mis sentimientos por *Grateful Dead* se intensificaron después de asistir a un concierto suyo por primera vez. Recuerdo con detalle la experiencia. Tuvo lugar en el *Spectrum*, la arena de los equipos deportivos *Flyers y 76ers* en el centro de Filadelfia. Recuerdo estar muy pero muy volado y recuerdo nunca haber tenido una experiencia de concierto como ésa.

En un concierto de rock típico, me sentía como uno entre muchos, y así me iba como uno entre muchos. El ambiente no necesariamente ayudaba a acercar a la gente. A menudo había un área de pogo en donde los fanáticos se volvían violentos, dando patadas y golpes. Ser atropellado, perder una prenda o salir con el ojo morado o la nariz sangrando era casi un premio. Pero no te ayudaba a acercar a la gente.

Un concierto con los Muertos era lo opuesto. Era una gran experiencia comunitaria con Jerry Gracia como cabecilla. En vez de gritar, "¡Te vamos a rockear!" la banda me llevaba consigo. Jerry parecía tener un don natural por conducir a todos en una experiencia transcendental. Me sentía que estaba uniéndome con gente a quien no conocía. Durante el concierto, estaba literalmente abrazando a desconocidos.

Hasta el enfoque musical de los Muertos era bien único. La banda nunca tocaba la misma secuencia de canciones en un concierto; el repertorio de canciones cambiaba con cada show. Y en vez de canciones breves ensayadas con los solos de guitarra prescritos, los Muertos descargaban las sesiones improvisadas de 20 minutos. Nunca sabía adónde iba la banda ni adónde la música me iba a llevar. Todas las personas en la audiencia bailaban de manera tan libre y yo siempre salía del show pensando en lo cercano que sentía a la gente de mi alrededor. Me hacía sentir no sólo bienvenido sino hasta querido. Te lo digo por experiencia, era muy diferente de ser pisado en una zona de pogo.

Después de ese concierto en el *Spectrum*, empecé a ir a tantos como pudiera. Y de esta manera comencé a hacerme amigos con otras cabezasmuertas – las personas cuya existencia entera consistía en seguir a los Muertos de concierto en concierto y de ciudad en ciudad. Estas personas básicamente vivían en sus carros, a menudo un Volkswagen bus – el vehículo que todos aún asocian con las cabezasmuertas – vendiendo comida y chucherías para mantenerse. Eso significaba hacer el dinero suficiente para comprar poca comida, muchas drogas y las entradas requeridas para ver a los Muertos.

Uno de mis nuevos amigos tenía un bus VW. Ese vehículo era fiesta sobre ruedas – equipado con un botellero, unos asientos suaves rellenos con bolitas, y una alfombra de lana. Era un lugar atractivo para estar tumbado y drogado. Parrandeábamos en serio en ese bus.

Tomaba tanto LSD y tantas setas cuando era cabezamuerta que tengo pocos recuerdos de mis viajes. Cómo llegábamos a muchas de las ciudades – o a las arenas mismas – no tengo idea. Cómo hacíamos dinero para la comida y la gasolina era un gran misterio también. Estaba tan volado todo el tiempo que ni recuerdo muchos de los conciertos mismos. Todavía me sorprende que no tuviéramos un accidente mortal en ese bus y que no nos arrestaran por posesión de drogas.

Por supuesto, había muchas instancias en las que ni podíamos entrar para ver a la banda porque no teníamos entradas. A pesar de que los Muertos usualmente tocaban por dos o tres noches en cada ciudad, nunca había bastantes entradas para satisfacer la demanda. Así que como muchas otras cabezasmuertas, teníamos que contentarnos con hacer fiesta en el estacionamiento de la arena antes, durante y después del show.

De antemano, alguien sin entrada daba vueltas por la arena, diciendo, "Necesito un milagro." En otras palabras, "Necesito una entrada." Ese era el eslogan para las cabezas-muertas. Pero si no eras afortunado de obtener un "milagro," pasabas la noche entera en el estacionamiento.

Eso significaba que aun si 20.000 fanáticos entraban en la arena para ver a los Muertos tocar, todavía había unos miles de personas afuera en el estacionamiento – cocinando, fumando, bebiendo, drogándose, teniendo sexo, o tal vez todas las anteriores. Uno podía andar de un bus a otro en el estacionamiento y todos se convertían en un amigo instantáneo. Te acercabas a un desconocido y un momento después ambos estaban sentados con una fogata y él te contaba la historia de su vida. Luego te tocaba en guitarra una canción que había escrito o te daba una cinta pirata de un concierto previo de los Muertos. Te despedías de él maravillándote de lo amistosos que todos eran y de lo bienvenido que eras, aun entre desconocidos.

Durante todo el período que fui un cabezamuerta viajante – seis meses, más o menos – no tenía ayuda financiera. Les pedía comida y drogas a las otras cabezasmuertas, aprovechándome de quienquiera y luego procediendo a la próxima persona. En esencia, era una persona de 17 años sin techo, y ciertamente tenía la imagen adecuada. Para entonces, mi pelo – que no había cortado desde hace mucho tiempo – llegaba hasta el cinturón. Tal como lo recuerdo, vivía de las papas fritas, los Doritos, el Mountain Dew, y el bizcocho de marihuana. Era delgado, estaba fuera de forma y por lo general me consumía.

Aun así, en mi mente estaba viviendo exactamente el tipo de vida que quería. Creía que los alucinógenos me enriquecían la vida porque me abrían una dimensión diferente de pensamientos. Me drogaba tanto que podía ver la música misma.

Pero en realidad, ¿quién sabe lo que estaba pensando? Había momentos en que tomaba tanto LSD que todos parecían tortugas. En esos días, estaba tan volado que ni sé cómo mantenía la vida.

Una noche en particular me viene a la mente. Estaba en la Pennsylvania rural con dos amigos cabezamuerta y recuerdo estar en la casa de uno de ellos, tomando cerveza y volando con LSD.

No recuerdo lo que sucedió después de que salimos, pero en algún momento, habíamos debido de ir a un salón de tatuaje. Eso se aclaró cuando me desperté el siguiente día, fui al baño y descubrí que tenía la insignia de los Muertos "Steal

Your Face" ("Roba Tu Cara") – una calavera con un relámpago atravesándola – en la espalda sobre el hombro izquierdo. No tenía idea que el tatuaje existiera hasta que encendí la luz y lo miré en el espejo. ¡Ay, qué sorpresa!

Asustado, por no mencionar crudo, desperté a mis amigos y les pregunté cómo conseguí el tatuaje. Entonces descubrí que todos habíamos recibido tatuajes. Mi amigo John tenía un tatuaje en el brazo y su novia ahora también tenía uno en el tobillo. Pero ninguno de nosotros podía recordar adónde fuimos ni cómo escogimos los diseños. Permanece un misterio.

Hasta el día de hoy tengo ese tatuaje. He quedado con ello porque sigue como un recuerdo fuerte de mi pasado. Es un recuerdo diario de dónde venía y de lo mucho que he progresado.

Sé que es posible remover un tatuaje aunque involucra un procedimiento doloroso y caro que típicamente deja una cicatriz. Pero la verdad es que tiene un valor especial, en particular cuando evangelizo. Veo una reacción tardía en las personas al decirles que tengo un tatuaje de *Grateful Dead*. De cierto modo, pienso que añade la autenticidad a mi mensaje – que no estoy exagerando mi pasado y en particular mi tiempo con los Muertos.

Durante mi fase cabezamuerta, me encontraba a menudo en la situación de no tener dinero y no tener en dónde quedarme. A veces simplemente no había nadie disponible a quien podía "utilizar" para la comida ni el alojamiento. En esas circunstancias, no tenía más opción que volver a casa para tener algo de comer y alojamiento. De alguna manera, mis padres siempre tenían la capacidad de recibirme, aunque usualmente estaban furiosos conmigo por haberme ido (y con toda la razón). Pero nunca podía aguantar estar en casa por mucho tiempo. El momento en que encontraba a otro amigo con quien vaguear o un nuevo lugar en donde quedarme, estaba en camino de nuevo.

Fue durante una de esas estancias breves en casa que mi madre se me acercó y me preguntó, "Donnie, ¿por qué no vas a la iglesia con nosotros?" La miré con una expresión vacía típica y le dije, "¿Estás loca? ¿A la iglesia?¿Yo? Jamás de los jamases. La iglesia es para los débiles. Es para los perdedores que buscan alguna esperanza falsa cuando no hay esperanza. La iglesia es chiste y mentira. No puedo creer que tú y papá se tragaron esas tonterías."

La verdad era que no tenía interés en ninguna religión organizada. *Grateful Dead* era mi religión. Las cabezasmuertas eran mi familia y Jerry García era mi líder. No necesitaba nada más.

Hasta el día de hoy, ¿sabes lo que me sorprende y me hace sentir tan agradecido? Aunque a todos los efectos había renunciado a mis padres y no me quedaba en casa a menos que fuera absolutamente necesario, mi mamá y mi papá no dejaban de mantenerme. En medio de mis idas y vueltas, mis padres eran tan generosos que me compraron un carro usado – un sedán Oldsmobile. Casi todos los jóvenes de 17 años tienen que rogarles a sus padres que les compren un carro, casi siempre como recompensa por haber trabajado duro o tenido éxito en la escuela. Aquí estaba yo, más o menos el peor hijo del planeta, y aun así mis padres me compraron un carro. Era viejo – el tipo en que ves a los abuelitos manejando – pero eso no me importaba. Por primera vez, yo era autosuficiente en el sentido que podía ir de aquí para allá por mi cuenta.

En cuanto entré en el carro, manejé a la casa de mi abuelo en West Virginia, esperando vivir con él por un rato. Sabía que no podía vivir con mis padres, pero siempre me había gustado la tierra salvaje de West Virginia. Esperaba que vivir con mi abuelo podría aportar algo de estabilidad a mi vida. Mi abuelo acordó alojarme pero yo no recibía la misma actitud en la escuela preparatoria local. Los oficiales me miraron a mí y a mi certificado de notas y supieron que yo iba a ser un problema.

Tal como antes, la casa de mi abuelo estaba en un área muy rural, y me destacaba en esa escuela como gallina en corral ajeno. Los tipos que iban eran todos muchachos del campo. Llevaban los overoles y las camisas de franela y de NASCAR (carreras muy populares de automóviles de serie). No estaban acostumbrados a ver a un tipo con pelo llegando hasta el cinturón, pantalones con efecto teñido anudado y una camiseta de cabezamuerta. El director de la escuela me preguntó, "¿Por qué quieres venir a esta escuela? No creo que sea una buena idea."

Pero cuando mi abuelo escuchó que la escuela no quería inscribirme, se ofendió mucho. Y él no era el tipo de hombre a quien uno debía ofender. Lo había visto enojarse antes, y pensaba que él podría irse a las manos con el director.

Afortunadamente, la escuela cedió y me aceptó por un período de prueba. Resultó que no debía haberse tomado la molestia. Nunca volví a esa escuela. En cambio prefería vagar por las calles de los pueblos de West Virginia, buscando marihuana y muchachas.

Desafortunadamente, al tomar la decisión de vivir con mi abuelo, se me había olvidado de lo pésimo que era para un muchacho vivir en el West Virginia rural. Después de un mes, me enloquecía. No me malinterpretes, ciertamente era mejor que vivir con mis padres. Pero en algunos sentidos era aun más frustrante.

Una de mis quejas más grandes sobre vivir en el West Virginia rural era la escasez de muchachas. En mi aburrimiento, no tardé mucho en volver a beber y rápidamente consumía todo el alcohol de la casa. Pero no quería que mi abuelo supiera que tomaba sus bebidas. Una vez, él tenía un paquete de seis cervezas Pabst Blue Ribbon en el refrigerador. Me moría por una cerveza pero temía cómo mi abuelo reaccionaría. Así que abrí una de las latas, acabé con la mitad y la devolví en el refrigerador. Al descubrir la lata abierta dijo, "¿Quién demonios toma media cerveza y después la pone en la nevera?" Y fui descubierto.

La peor cosa de todas durante esos tres meses con mi abuelo era que raramente tenía marihuana para fumar. Una vez estaba tan desesperado por volarme que fui al campo de maíz del vecino y pelé unas docenas de elotes. Sí, acertaste, yo no tenía interés en comer mazorca fresca. Lo hice por el pelo sedoso en la parte de arriba del elote porque había escuchado que si uno fumaba una cantidad suficiente podría volarse. El proceso resultó ser demasiado trabajo. Tuve que pelar muchos elotes y fumar mucho pelo sedoso para subir a las nubes.

Una de las pocas cosas positivas que vino de vivir con mi abuelo fue la oportunidad de conocer a mi padre biológico. Mi abuelo y mi tío pensaban que sería buena idea juntarnos, así que un día mi tío arregló la reunión. De cierto modo era conocerlo por primera vez. La última vez que lo había visto sucedió cuando yo era un infante.

Pues no nos entendimos muy bien en el principio. Tan pronto como nos vimos, ambos entramos en un estado de shock. Yo pensaba, "Ay, qué caray. ¿Éste es mi papá?" Lo veía como un rústico y él me veía como un fenómeno hippie de pelo larguísimo. Y ambos teníamos razón.

Pero de pronto superamos nuestra incomodidad inicial. Después de divorciarse de mi mamá, se había vuelto a casar y tenía a un hijo y a una hija. Y me habló de mis abuelos y de los otros parientes a quienes nunca había conocido. Aunque no fue un reencuentro de telenovela, tampoco fue insoportable.

Después de unos meses de vivir con mi abuelo, decidí ponerme en marcha. Me surgió la inquietud y tuve que ir a otro lugar por un rato. Mientras que me había quedado con el abuelo, había recogido muchos mochileros que pedían aventón en mi Oldsmobile. Llegué a conocer muy bien a uno de ellos. Era un marihuanero desempleado que vivía cerca con su esposa e hijo pequeño. Me había estado insistiendo en llevarlo a Filadelfia para mostrarle la ciudad. Ya para entonces estaba por volverme loco así que acepté. Le dijo a su esposa que íbamos a Pennsylvania en busca de trabajo, y fuimos a Filadelfia por cuatro días.

Nunca buscamos trabajo, ni por un minuto. Fuimos a Broad Street y a South Street para reventar las noches y levantar las chicas, mi amigo marihuanero siendo gran mujeriego. Estuve tan borracho y tan volado durante ese viaje entero que apenas me acuerdo de algo de esos cuatro días. Pero el paseo de vuelta a West Virginia fue memorable, a pesar de que lo pasamos emborrachándonos con Red Grape Mad Dog (Perro Loco Sabor de Uva) – un vino fortificado barato también conocido como Mad Dog 20/20.

Al llegar a la autopista de peaje de Pennsylvania justo fuera de Filadelfia, nos dio el ticket el operador de peaje, el tipo que indica el costo del peaje a cada salida a lo largo de la autopista. No se nos ocurrió meter el ticket en la visera o algún otro lugar del carro; nada más lo tiramos en el suelo y seguimos tomando el Mad Dog.

Por supuesto, eventualmente llegamos a un letrero que decía: "Estación de Peaje: 2 Millas." Pero al acercarnos, no podíamos encontrar el ticket. Nos poníamos nerviosos, sabiendo que si no lo presentábamos, tendríamos que pagar el peaje máximo de casi 10 dólares. Una media milla de la estación, me hice a un lado con el Oldsmobile para darnos más tiempo para buscarlo. Mientras estábamos parados, nos dimos cuenta de que no sólo no teníamos el ticket, sino que tampoco teníamos los dos dólares necesarios para pagar lo que en realidad debíamos.

Pues, mi amigo – tan borracho de Mad Dog como yo – me mandó salir del carro. Quería manejar él. Lo dejé sentarse delante del volante. Tan pronto como volvió a la carretera, pisó a fondo el acelerador. En segundos, me di cuenta de lo que iba a hacer. Al principio, me pareció buena idea, pero al aproximarnos a la estación, el espacio por el cual teníamos que pasar se volvía más y más pequeño. Íbamos tan rápido que el salpicadero temblaba.

Luego, de repente, escuché un gran zumbido. Nos salimos con la nuestra. Acabábamos de pasar por una cabina de peaje a 95 millas por hora (153 kph). Gracias a Dios que el operador no saltara de la cabina y que nadie se metiera en nuestro camino.

Nos reíamos mientras mi amigo tomó la primera salida después de la estación. Razonamos que si tomábamos los caminos rurales por el resto del viaje, la policía no podría encontrarnos. Es más, podríamos evitar tener que pagar más peajes. Ya habíamos desafiado las probabilidades una vez. Yo no quería tentar a la suerte.

Lo irónico era que estábamos a una milla de nuestro destino cuando se nos acabó la suerte. Mi amigo ebrio perdió el control del carro y se chocó contra el lado de un paso elevado a una velocidad de 30 millas por hora (50 kph). Comenzamos a reírnos. Habíamos acelerado a toda velocidad por una cabina de peaje a 95 millas por hora y salimos ilesos, pero aquí en el campo abierto nos habíamos estrellado contra un muro de contrafuerte. Al tambalearnos del carro, vimos que mi carro quedó bien dañado. Lo empujamos por un terraplén cercano y lo dejamos en un campo.

Al siguiente día, sobrio, llamé a mi padre biológico y le conté lo que había pasado. Vino y remolcó el carro a su casa. Debido a que era mecánico, pensé que si alguien podía reparar el carro, ese sería él.

Pero al inspeccionarlo nos dijo, ¿"Para qué sirve?" Antes del accidente, el carro sólo valía $1.200 dólares. Ahora uno de los ejes estaba torcido y habíamos dañado el volante. También había mucho daño estructural en la parte delantera.

Le ofrecí el carro. "Lo que puedes rescatar, adelante y véndelo," le dije.

Sin casa y ahora sin carro, temía volver a vivir con mis padres. En el peor de los casos, sabía que me aceptarían – a pesar de que había destrozado y abandonado el carro que me habían comprado – pero esperaba evitar estar con ellos otra vez.

Empecé a buscar un apartamento cerca de dónde mi padre biológico vivía, asumiendo que un refugio era una prioridad más alta que reemplazar el carro. No tardé mucho tiempo en encontrar algo, aunque no era nada del otro mundo. Era tan pequeño y despreciable que ni merecía una dirección completa; la dirección era el número 17.5 de la calle Main – la otra mitad pertenecía al apartamento de al lado.

Basta con decir que era un lugar oscuro y sucio. Los vecinos tampoco eran los ciudadanos más ejemplares. El hombre que vivía de al lado – en la otra mitad – era peón de albañil y fumaba más marihuana que yo. Dentro de su apartamento había bolsas de marihuana por todos lados, alguna de la cual cultivaba en su armario. Su novia era igualmente inolvidable; andaba desnuda todo el día. Todo era muy pero muy rústico.

Para bien o para mal, mi estancia en el número 17.5 de la calle Main fue breve. Después de vivir en el apartamento por tres semanas, me di cuenta de que ni tenía dinero. Sí, era tan irresponsable que aparentemente no estaba consciente de que había que tener un trabajo para pagar las cuentas.

Después de considerar lo que iba a hacer, decidí que la mejor opción era irme antes de que el dueño me enfrentara. Llamé a mi amigo Adam, uno de mis cuates cabezamuerta que vivía en Pennsylvania. Aceptó alojarme por un rato.

Pues, simplemente abandoné ese lugar. No sólo nunca pagué la renta, sino que dejé el apartamento hecho un desastre – la comida, las cajas de pizza y la basura por todos lados. Incluso dejé un regalo para el dueño – una cuenta de teléfono enorme. Ni lo pensé dos veces.

Adam y yo teníamos mucho en común. No compartíamos la misma perspectiva general respecto al mundo pero teníamos los mismos gustos e intereses. Nos gustaba la misma música y nos encantaba pescar. Pero nuestros lazos más profundos se centraban en las muchachas y en las drogas. En muchos sentidos, Adam era muy similar a mi amigo Tommy en el Japón. Era muy impetuoso y espontáneo. Hablábamos de hacer algo en particular. Y lo hacíamos esa misma noche o tal vez el próximo día. Pero lo hacíamos, fuera lo que fuera. Y eso era muy padre.

Otra razón por que teníamos un vínculo era porque el uno podía identificarse con la desgracia del otro. Adam también había abandonado la escuela preparatoria y tenía una relación horrible con sus padres. Recuerdo ir con él cierto día a la casa de sus padres y un gran griterío comenzó tan pronto como entramos por la puerta. Como yo, él también quería ir lo más lejos posible de su casa.

Pues, tal como lo había hecho con Tommy, al emborracharnos o drogarnos fantaseábamos sobre mudarnos a un lugar en donde nadie podría molestarnos. Un día vimos algunas fotos de Oregon en una revista de National Geographic e impulsivamente decidimos que ése debía ser nuestro nuevo destino. La revista tenía un mapa y muchas fotos de la costa magnífica de Oregon. Se parecía a un paraíso hippie, con el surf y todo. En nuestras mentes drogadas, el sueño empezó a tomar forma. Iríamos a vivir a Oregon.

Por supuesto, no teníamos idea de cómo viajar allí ni en dónde vivir. Pero adoramos demasiado la idea de mudarnos adónde nadie podría encontrarnos y molestarnos. Soñamos con cultivar una cantidad infinita de marihuana y vivir de la tierra. El sueño también consistía en encontrar a unas muchachas hippies y vivir en la costa de Oregon por el resto de nuestras vidas.

El único problema con nuestro plan era que Oregon estaba a más de 2.500 millas (4.000 km) de nosotros, y yo no tenía carro. Eso significaba que para ir desde Reading, Pennsylvania a la Costa Oeste, tendríamos que utilizar el carro de Adam – un vehículo ni operativo ni registrado. De alguna manera había adquirido un Pontiac largo y bajo que parecía seguir como una sola pieza gracias a la cinta gris. También tenía una gran pegatina de una bandera de la Confederación encima del techo – tal como el carro General Lee del programa *The Dukes of Hazzard*. Es decir, iba a llamar mucha atención fuera del "Deep South" (Sur Profundo) de los Estados Unidos. Eso no era una cosa positiva, especialmente manejando borracho y volado.

Nuestro primer desafío era robar bastantes piezas de motor para poder arrancar la máquina. Adam era un mecánico experto y aparte muy creativo con improvisar las soluciones a los problemas mecánicos. En pocos días arrancó el motor. Después necesitábamos la música para nuestro viaje, así que robé un estéreo de carro y un radio CB. Ahora podíamos escuchar música y comunicarnos con los transportistas. Por último, necesitábamos que el carro tuviera la apariencia de ser registrado, así que robamos las etiquetas de registro y de inspección aprobada.

Estábamos listos – pues algo listos. El carro todavía tenía problemas. Adam no podía prevenir que el carro se recalentara. Por lo tanto, si íbamos a viajar por un tiempo extendido, tendríamos que manejar con la calefacción encendida, un desafío durante el verano, aun con todas las ventanas abiertas. Pero manejar con calefacción encendida era el único remedio para evitar el recalentamiento.

Por supuesto, eso era una inconveniencia de poca importancia y no iba a arruinar nuestros planes. Adam echó un rollo grande de cinta gris en el baúl y salimos, rumbo a Oregon. Pues, después de encontrar la manera de conseguir la gasolina y la comida para el viaje.

Sugerí que fuéramos a la casa de mi padre biológico, pensando que sería buena idea quedarse allí por unos días. Tal vez podríamos trabajar para los parientes y ganar un poco de dinero. Pero la idea se desplomó. Nos quedamos allí por sólo un par de días porque los trabajos y las drogas fueron escasos, el cual no fue sorpresivo porque la mayoría de mi familia allí recibía la asistencia social.

Nuestra próxima parada fue Spencer, West Virginia, una parte muy rural del estado. Adam conocía a un leñador que tenía una cabaña en Spencer, pero al llegar descubrimos que no había nadie allí. Tampoco había mucho en la cabaña, nada más una estufa y dos camas. Pero eso fue suficiente para nosotros. Nos quedamos por dos días, escuchando música y fumando marihuana sin parar.

Cuando llegó a ser obvio que el amigo leñador de Adam no iba a aparecer en poco tiempo, decidimos ir al oeste y esperar lo mejor. El viaje procedió sin problemas, pues por unas horas al menos. Pero cuando manejábamos por Kentucky en la carretera 1-64, el carro se averió. ¿Qué íbamos a hacer? Adam descubrió el problema pero no teníamos el dinero para pagar por las piezas de auto necesarias para repararlo. Logramos empujarlo al estacionamiento de una refaccionaria. Luego les rogamos a los clientes por el dinero. Eventualmente recaudamos el dinero suficiente.

Pero la avería nos hizo dudar en las habilidades de nuestro marihuamóvil. Teníamos mucha marihuana, muchos casetes robados y sólo un poco más. Teníamos un carro propenso a los problemas mecánicos. No teníamos dinero para la gasolina. Cada vez que necesitábamos la gasolina, íbamos a una gasolinera, llenábamos el tanque y salíamos quemando gomas. Era un milagro que nadie nos pillara porque el carro de ningún modo era buen vehículo para hacer un escape.

Le sugerí a Adam que diéramos otro rodeo, esta vez por Memphis, porque yo tenía a un amigo de los días en el Japón que vivía en la ciudad cercana de Bartlett. Al llegar allí hallamos la dirección de mi amigo en la guía telefónica y aparecimos sin avisar en su puerta. Su mamá abrió la puerta y al verme se puso blanca como la nieve. Sabiendo con detalle la historia de mis acciones en el Japón, yo era la persona con la que menos quería que se asociara su hijo. Debido a que no nos dio la bienvenida, dormimos en el carro por algunos días y festejamos con mi amigo. Pero de pronto se nos hizo obvio que no había futuro para nosotros en Bartlett. Adam sugirió que pasáramos a New Orleans, en donde él tenía a un primo.

Nuestro nuevo plan era obtener empleo temporal en New Orleans, juntar el dinero y continuar a Oregon. Desde Memphis a New Orleans es un viaje de siete horas – 400 millas (640 km) – pero tardamos tres días en llegar. Adam siguió insistiendo en que visitáramos todos los bares de motociclista en el camino.

Estábamos tan fuera de lugar en estos bares. Tal vez era nuestra vieja chatarra estacionada al lado de las motocicletas grandes. O tal vez era que no llevábamos cuero ni botas ni teníamos barba.

Pero los motociclistas nunca nos molestaron. Podían ver que no éramos una amenaza para su diversión. La mejor cosa de esos lugares era que no teníamos que comprar las bebidas, y qué bueno porque éramos menores de edad. En esos bares de motociclista, casi todos conocían a los demás, y los motociclistas tomaban turnos para comprar una ronda para toda la gente. La mayoría del tiempo ni sabíamos quiénes nos compraban los tragos. Nos emborrachábamos mientras que estos motociclistas bailaban con sus mujeres a las bandas de rock sureño como *Lynyrd Skynyrd* y *Marshall Tucker Band*. Después de tomar hasta quedarnos satisfechos, salíamos y continuábamos hasta llegar al próximo bar.

También recogíamos muchas personas que hacían dedo en la carretera. No había buena razón para hacerlo menos el sentimiento de aventura que nos daba. La mayoría de ellos vivía sin techo. Ya para cuando llegábamos a su destino deseado, nos sentíamos aliviados al despedirnos de ellos.

Al llegar a New Orleans, fuimos directo a la casa de los parientes de Adam. Otra vez, llegamos a una casa sin avisar. En este caso, su tía abrió la puerta. Otra vez, la reacción fue una de shock. Adam le pidió alojamiento prometiéndole que íbamos a buscar empleo pero sus tíos estaban reacios, sin duda debido a nuestra apariencia desarreglada y por ser tan maleducados. A fin de cuentas se rindieron. Nos dijeron que podíamos quedarnos por nada más que una semana. Después de eso, tendríamos que irnos, pase lo que pase con el empleo.

Pasamos una semana apenas buscando empleo. Manejamos por la ciudad escuchando a *Credence Clearwater Revival* (CCR) y buscando chicas. Fue tonto, pero la única razón por que escuchamos a CCR era porque creíamos que la banda era de Louisiana. Más tarde descubriría que era del norte de California. Mientras tanto, logramos comportarnos bien. Pero a fin de la semana no habíamos encontrado empleo, así que volvimos al camino.

Resultó que Adam tenía a una prima de más o menos la misma edad que vivía en New Orleans. Fuimos al tráiler que ella compartía con su esposo. A ellos también les encantaba tomar y fumar marihuana y nos permitieron quedarnos por un rato.

Pues, para ese tiempo Adam y yo estábamos desesperados por ganar suficiente dinero para ir a Oregon. La prima de Adam trabajaba como cajera en un supermercado Piggly-Wiggly y su marido era operador de un remolcador en el Río Mississippi. A pesar de que no tenía ningunas habilidades ni experiencia laboral, ellos nos ayudaron a obtener empleo con sus empleadores respectivos. Uno de nosotros podía trabajar en el remolcador y el otro en el Piggly-Wiggly.

Después de una noche de consumo particularmente excesivo de alcohol, decidimos echar una moneda con el ganador escogiendo cuál trabajo prefería. Gané y opté por el remolcador porque no podía soportar la idea de trabajar en un lugar llamado "Piggly-Wiggly." No podía imaginarme andando por un supermercado con gafete y proveyendo atención al cliente.

Después de poco fui a la entrevista. Tuve que mentir para conseguir el empleo, diciéndoles que tenía experiencia previa trabajando en otro remolcador. Adam fue a su entrevista el mismo día y el Piggly-Wiggly lo contrató también.

En cuanto a mí, no podía creer que alguien me ofreciera un empleo regular. Adam había tenido unos trabajos antes, así que para él obtener empleo era posible e incluso razonable. Pero yo ni quería trabajar. Nada más quería holgazanear y ser pagado por hacerlo. Créeme, con toda la marihuana y todo el alcohol que consumía, no tenía ningún derecho a trabajar y punto, mucho menos ser responsable de amarrar las barcazas a lo largo del Río Mississippi.

Hasta el día de hoy, me sorprende que nuestro remolcador no se metiera en un grave desastre. El capitán, el responsable de gobernar y darle órdenes a la tripulación, tomaba líneas de cocaína mientras operaba el barco. Por la mayor parte, me quedaba bajo la cubierta, fumando, cocinando bagre, mirando pornografía y planeando cómo iba a gastar mi primer cheque de pago. Me pagaban el doble del salario mínimo, así que asumía que iba a ser una buena cantidad de dinero. Claro, no iba a igualar las sumas de los días en el Japón, pero sería más dinero del que había visto desde hacía un tiempo.

En cuanto a mis responsabilidades, de vez en cuando el capitán sonaba la sirena y eso era la señal para subir y amarrar una barcaza al hacer los nudos utilizando cables enormes y yunques. Pues, ni tenía idea de cómo amarrar una barcaza así que hacía los nudos al estilo "cordón de zapato." En breve, se deshacían los nudos. Luego el capitán se me acercaba y me gritaba insultos como, "¡Hippie estúpido!" Afortunadamente, ninguna barcaza se soltó por completo de las amarras. Si no, podría haber flotado río abajo y chocado con un puente.

La experiencia de Adam en el Piggly-Wiggly era menos memorable. Nada más abastecía los estantes y les ayudaba a los clientes a encontrar lo que buscaban. No recibía el mismo pago que yo pero su trabajo era menos estresante.

Después de haber trabajado por dos semanas, celebramos mi primer cheque de pago con una gran fiesta en el tráiler. Nos divertíamos tanto que de pronto nos quedamos sin cerveza, así que me ofrecí a ir al Piggly-Wiggly para conseguir más. Al entrar, saqué dos cajas de cerveza de la nevera y con mucha audacia salí corriendo por la puerta. Ni traté de ser discreto.

Un guardia de seguridad me siguió y el gerente llamó a la policía. Una patrulla había debido estar en el área porque al poco tiempo me estaba persiguiendo con los faros haciendo señal y la sirena gimiendo. Cuando escuché la sirena, dejé caer ambas cajas de cerveza y corrí lo más rápido posible. Me escondí en un rincón oscuro cerca de un banco. Permanecí sentado allí por lo que parecía una hora. Debido a que estaba tan borracho, probablemente pasaron dos minutos en realidad. Decidí levantarme y volver al tráiler.

Eso fue mi primer error. Tan pronto como me levanté, las luces largas de una patrulla brillaron y un agente de policía me gritó, "¡Quieto!" Cuando dos oficiales se me acercaron para detenerme, los maldije y traté de liberarme. Eso fue mi segundo error. Me empujaron contra el lado de la patrulla y el uno me cacheó mientras que el otro me leía los derechos.

Durante el registro, el oficial encontró mi cuchillo de mariposa. No había tenido ocasión de usarlo desde que lo había traído del Japón. Pero al encontrarlo me veían más peligroso. Aun así, por suerte no encontraron todo lo que yo tenía. Había una pipa saturada con resina en uno de los bolsillos delanteros de mis pantalones. Eso fácilmente podría haber justificado los cargos adicionales.

Los oficiales me echaron en la patrulla y me llevaron al centro de La Place, un suburbio de New Orleans. Después de ficharme con la foto y todo, me echaron en una celda con cinco hombres. Nunca voy a olvidar lo que el oficial me dijo al cerrar la puerta detrás de mí: "Bienvenido a tu nueva casa." Estaba por empezar la noche más aterradora de mi vida.

8

EL SUEÑO
HIPPIE

MIENTRAS EL OFICIAL ME LLEVABA a la celda de detención, de repente me dio en el blanco el gran lío en el cual me había metido. Estar en una prisión japonesa fue espantoso, pero esto era peor. Mucho peor. Al menos en Yokohama, mis padres estaban a una hora por tren y podían venir para rescatarme. Esta vez, mis padres estaban a 1.500 millas de mí y ni estaban conscientes de que yo estuviera en Louisiana, mucho menos en la cárcel de una comisaría. Nadie iba a rescatarme de esta catástrofe.

Aun si fuera posible tragarme el orgullo y pedirles ayuda, en el mejor de los casos mi papá tomaría un vuelo para New Orleans por la mañana y pagaría la fianza por la tarde. Aun así, tendría que pasar 12 o 15 horas en la celda de detención.

No era probable que Adam me pagara la fianza tampoco. Su asociación conmigo probablemente le costaría el trabajo. El gerente del Piggly-Wiggly sabía que Adam era mi amigo. Y todavía no había recibido su primer cheque de pago. Con pocos dólares en su cuenta, ¿cómo podría conseguir el dinero necesario para ayudarme?

Mi mente corría mientras pensaba en otras personas que tal vez podrían sacarme de este aprieto. La prima de Adam y su marido me cruzaron por la cabeza, pero esa posibilidad me dio poca esperanza. Para empezar, nunca parecían tener dinero de sobra. Es más, el hecho de que había robado del Piggly-Wiggly, su empleador, no estaba a mi favor tampoco.

Me encontré cara a cara con la realidad de que era un muchacho escuálido con el pelo hasta el cinturón, a punto de pasar la noche con cinco de los tipos más grandes y fuertes que jamás había visto. Tres de los cinco eran afro-americanos; dos eran blancos. Todos medían al menos seis pies (1.83 metros) y tenían los músculos marcados. O eran jornaleros o pasaban mucho tiempo en el gimnasio levantando pesas. Todos llevaban jeans, camisetas y botas de trabajo, así que suponía que fueran obreros de construcción. No era claro que se conocieran entre ellos.

Cuando la puerta de la celda se cerró con sonido metálico detrás de mí, no me tomé la molestia de saludarlos. La primera cosa que dije – a nadie en particular – fue, "Voy a matar a ese poli." Imaginaba que si les demostraba el mal temperamento, no me molestarían. Pero hacerme el gallito no funcionó con ellos, y yo lo sabía. Cosa peor, ellos lo sabían también. Enseguida, uno de los hombres me miró y me gruñó con voz amenazadora, "Esta noche, eres mío."

"¡Auxilio!" pensé. No sabía exactamente lo que mi compañero de celda quería decir, pero me parecía bien peligroso y perverso. En ese momento decidí defenderme si los hombres intentaban atacarme. Haría todo lo necesario para evitar que me tocaran. Si alguno de nosotros no iba a salir vivo de la celda, pues que así sea.

Mi temor más grande era que estos tipos me atacaran en grupo. Si ese fuera el caso, no habría casi ninguna posibilidad de rechazarlos. Lo más desconcertante de todo era que aún estaba borracho sin poder mantener el equilibrio y por esa razón era un blanco más vulnerable.

Otro problema era usar el baño. Todavía tenía mucha cerveza en el cuerpo y necesitaba usar el baño con urgencia. Para mi disgusto, el único inodoro en la celda no tenía ningún aspecto de privacidad. Tendría que usarlo a la vista de estos cinco hombres. Decidí que después del comentario "Eres mío," eso no iba a pasar. Simplemente tendría que aguantarlo el mayor tiempo posible. No me importaba si se me reventara la vejiga o si me volviera estreñido, pues no iba a arriesgarme.

Resultó que me mantuve despierto por toda la noche, haciendo todo lo posible para parecer malvado e intimidante. Pero la combinación de mantenerme despierto y rechazar el impulso de ir el baño fue más que incómodo; fue dolorosísimo. La mañana no me trajo ningún alivio, sino otra molestia – una mala resaca.

Me puse más alegre que nunca al amanecer. Empecé a bajar la borrachera y pensar en lo que les diría a mis padres cuando los llamara. No sabía mucho de los procedimientos de la policía pero asumía que pudiera hacer una llamada. Pues, así era en la televisión. Me resigné a tener que llamar a mamá y a papá.

A eso de las diez de la mañana, un oficial vino a la celda y me llamó. Me pregunté porqué me llamaba a mí. ¿Llegó la hora para hacer mi llamada? ¿Me daría la oportunidad de usar el baño en privado?

"Supongo que dijiste tus oraciones anoche porque uno de tus amigos te pagó la fianza," me dijo con fuerte acento sureño. Me sentí sorprendido y aliviado a la vez. Ya no tenía que preocuparme de llamar a la casa. Y por lo improbable que había parecido la noche anterior, yo iba a salir ileso de esa celda.

Al estar seguro al otro lado de las barras, consideré provocar o insultar a mis compañeros de celda. Pero pensándolo bien decidí que sería mejor ir sobre seguro. Después de todo, si no me liberara y tuviera que volver a esa celda, me habría dado con la cabeza en la pared por no callarme la boca.

Cuando el oficial me llevó al segundo piso, él era muy eficiente. Después de que usé el baño, me avisó de los cargos en mi contra – y me informó que tenía que volver en unas semanas para la fecha de la corte. Si no, emitirían una orden de arresto.

Luego me dio la cartera, la identificación y me dijo adiós. Pero supe que me faltaba una de mis posesiones. "¿Dónde está mi cuchillo de mariposa? También lo quiero," le exigí. El oficial dio un suspiro y me dijo que no me lo iban a devolver. Me dijo unas tonterías sobre cómo era ilegal traer un cuchillo con hoja que medía más de seis pulgadas en Louisiana, y que si yo supiera lo que era bueno para mí, no presionaría. Si no, con mucho gusto me imputaría con el cargo de posesión de arma mortal. En realidad, el tipo probablemente quería quedarse con el cuchillo.

Al bajar del segundo piso hablé entre dientes maldiciendo. "¿Cuál es la diferencia entre una hoja de tres y seis pulgadas?" me pregunté. Estaba bien desanimado de perder el cuchillo. Aunque no lo usaba mucho, tenía mucho valor sentimental.

Me animé al ver a Adam, quien me esperaba en el vestíbulo de la comisaría. "Gracias por sacarme de aquí, hermano," le dije en cuanto hicimos el contacto visual. Pero mi expresión se ensombreció cuando me dijo cómo levantó los fondos para pagar la fianza.

Más temprano esa mañana, Adam había recogido todos mis casetes de música y los trajo a una casa de empeño local que convenientemente estaba a poca distancia de la comisaría. Tan pronto como la casa abrió sus puertas, él empeñó toda mi música. Luego corrió a la comisaría para rellenar toda la papelería necesaria para ponerme en libertad.

Pero tan pronto como me habló de lo que había hecho, salté como leche hervida. "¿Cómo pudiste vender toda mi música?" le grité. Lo único en que podía pensar era la pérdida de mis casetes preciosos. En dos minutos, pasé de estar eternamente agradecido a gritarle por haber vendido mis efectos personales.

En retrospectiva, parece que la policía se compadeció de mí por estar borracho y comportarme como idiota. Ciertamente no me citó por cada ley que infringí. Entre el cuchillo y las drogas que no encontraron, los cargos podrían haber sido mucho más considerables, especialmente dado que di algunos puñetazos al oficial que me pilló.

Sin embargo, ahora tenía el peso de una fecha de corte en Louisiana y no me encantaba la idea de perder el tiempo esperándola. De repente, sentí la necesidad de ir lo más lejos posible de New Orleans. Al despertarme al siguiente día le dije a Adam, "Vámonos ya para Oregon." No consideré las consecuencias de no presentarme en la corte. Pensaba que para cuando debiera estar en la corte, ya estaría en Oregon. La policía nunca me encontraría si estuviera viviendo al otro lado del país en alguna región apartada.

Al mismo tiempo, si íbamos a escapar necesitaríamos las provisiones adecuadas para el viaje. Y rápido. La cosa más fácil sería tomar todo lo que necesitábamos de los parientes de Adam, y eso fue lo que hicimos. Al día siguiente, mientras que su prima y su marido estaban trabajando, hurgamos en su tráiler y recogimos todo lo que sería útil para nosotros. Sacamos la comida de la nevera y ciertos casetes de su colección de música. Mientras que llenábamos el mari-huamóvil, despegamos la etiqueta adhesiva de un carro cercano y también quitamos el estéreo. Básicamente, en vez de despedirnos de las personas amables que nos alojaron y nos consiguieron empleo, les robamos.

No llegamos lejos antes de tener dudas sobre nuestro plan. Mirando la distancia en el mapa, dudaba que pudiéramos ir todo el camino a Oregon. Me di cuenta de lo lejos que era y lo difícil que sería cruzar las Montañas Rocosas en un carro juntado por la cinta gris. Después de cruzar la frontera en Texas, propuse volver a Pennsylvania. Adam me admitió que estaba pensando lo mismo.

El sueño hippie se había muerto. Pues, así parecía.

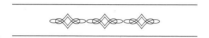

Al emprender un nuevo camino – ahora manejando este por el I-20 – recomendé volver a West Virginia lo más pronto posible. Eso se debía en parte al instinto de conservación porque tenía la paranoia de que la policía nos detuviera. Manejábamos un viejo carro con las llantas gastadas y una luz trasera rota – unos riesgos de seguridad obvios. Es más, pasábamos las noches durmiendo en un carro en las áreas de descanso en la carretera. La policía tenía muchas excusas para detenernos.

Sin embargo, a Adam le importaba un pepino la posibilidad de que nos parara. Llegó un momento en que manejábamos por la carretera tomando una caja de 12 cervezas y él insistió en poner las latas vacías en la ventanilla trasera. "¡Hombre, eso no se ve bien! ¿Qué pasa contigo? ¿Quieres meter la pata?" le grité. Adam estaba tan tranquilo como un domingo en la mañana, pero cada vez que yo veía una patrulla, mi corazón saltaba porque asumía que me buscaban.

También tenía miedo porque no quería perder la esperanza de nuestro sueño hippie. Tal vez no podíamos llegar a Oregon pero sí podíamos gozar de un estilo de vida similar en West Virginia. Lo único que teníamos que hacer era ir a un lugar en donde nadie nos molestara. Adam y yo quedamos con manejar a la casa de mi padre biológico porque tenía una extensión de tierra grande en donde nadie nos encontraría.

Tan pronto como llegamos, manejamos en lo profundo del bosque, estacionamos y acampamos en una hondonada.

Las únicas provisiones que teníamos eran una carpa, una lona, una escopeta, un hacha y una caña de pescar – los cuales nos prestó mi padre – y también una batería de auto y una cantidad enorme de marihuana y macarrones con queso.

Conectamos la batería a nuestra grabadora. Entonces, por dos meses, nuestras vidas se centraron en escuchar música, volarnos y cocinar una caja de macarrones con queso cuando teníamos hambre. Para pasar el tiempo y hacer ejercicio talamos árboles con el hacha, un acre y medio de árboles en dos meses. Pues, no había más que hacer. Después de talar un árbol, lo cortábamos en pedazos y hacíamos una fogata. El siguiente día repetíamos la rutina. Fue una experiencia intensa con la naturaleza, pero nos hizo felices. Nadie nos molestó y no teníamos que preocuparnos con la policía.

No estoy seguro por cuánto tiempo habríamos mantenido ese estilo de vida si la marihuana y los macarrones con queso no se nos hubieran acabado. Pero la falta de comida y drogas finalmente nos motivó a ir en busca de, por supuesto, más comida y más drogas. Volvimos a Pennsylvania, el mismo lugar en donde habíamos empezado hace meses.

Un poco después de volver a Pennsylvania, la total indiferencia de Adam hacia la prudencia finalmente lo atrapó. En camino a conseguir la marihuana de un traficante, la policía lo paró y lo detuvo por posesión de narcóticos. Yo no estaba con él esa noche, y menos mal porque la policía probablemente habría descubierto mi orden de aprehensión vigente. Después de agarrarlo con las drogas, la policía se dio cuenta de que su carro tenía placas robadas, por no mencionar una etiqueta de inspección vencida. De inmediato incautó su carro y lo echó en la cárcel.

Este acontecimiento desafortunado me desanimó pero nunca se me ocurrió ayudarlo. Yo era tan egoísta que ni consideré pagarle la fianza, tal como él había hecho conmigo. Cuando escuché que había sido arrestado, dije, "Ay, qué pena." Luego volví a tomar mi cerveza, sin pensarlo dos veces. No lo he visto desde entonces y no tengo idea de qué fue de Adam. Nada más fue el último de una larga fila de amigos desechables.

Pues, el arresto de Adam sí impactó mi vida de alguna manera. Me forzó a volver a vivir con mis padres. Odiaba vivir con ellos, pero sin empleo y sin dinero no tenía otro remedio. A pesar de que mi vida no iba hacia ningún lado parecía que no pudiera cambiar mi manera de ser para bien. Cuánto más se empeoraban las cosas más drogas tomaba. Estaba atrapado en un círculo vicioso sin salida a la vista.

Mi calidad de vida empeoró aun más cuando empecé a fumar crack. Como casi cada otra droga que había probado, no me gustó el crack al probarlo por primera vez. Pero después de aprender a usar correctamente la pipa descubrí que me encantaba. Aun antes de bajar de las alturas, ya estaba ansioso por volver a subir.

En breve, me encontraba dispuesto a ir a cualquier lugar y hacer cualquier cosa para obtener el crack. En una ocasión me encontré en una casa ocupada por drogadictos, gateando por el suelo y buscando cocaína que tal vez se había caído. Había cucarachas correteando y gusanos en el fregadero con los platos sucios. Había un infante descuidado gritando en un cuarto de atrás. Pero allí estaba yo en el suelo, al lado de la madre del bebé, buscando frenéticamente las motas blancas. Cuando encontramos algo blanco, lo pusimos en la pipa y lo fumamos, aún no sabiendo lo que era.

Hicimos eso por horas hasta que quedé tan paranoico y afligido por los gritos del bebé que literalmente salí corriendo de la casa a plena noche. Pasé el resto de esa noche escondiéndome bajo un espino, pensando que nadie podía hacerme daño allí.

Un día, no mucho tiempo después de mi visita a la casa de crack, bajé de estar bien drogado y escuché voces. Me preguntaron, "¿Estás bien? ¿Me escuchas, hijo?"

Al escuchar las voces, pensé, "¿Dónde demonios estoy? ¿Qué está pasando?"

Al abrir los ojos, me encontré en una cama cercada por hombres y mujeres en batas blancas, todos mirándome intensamente con caras de preocupación. Cuando traté de moverme, me di cuenta de que estaba atado y llevando mi propia bata. Tenía el sabor de vómito en la boca y me sentía absolutamente fatal.

"¿Dónde estoy?" susurré.

"Estás en el hospital," una voz masculina respondió. "Muy pronto vas a ir a un centro de rehabilitación donde te cuidarán muy bien."

"Lo que sea," fue lo único que pude murmurar.

Unas horas después, me internaron en una institución. Habiendo estado en rehabilitación antes, entendí lo que acontecía. Pero podía ver que esta vez iba a ser completamente diferente de la primera. Me sentía como si de repente me hubieran dejado en el escenario de la película *One Flew Over the Cuckoo's Nest* (*Alguien voló sobre el nido del cuco*).

Una caminata por el centro revelaría los pacientes con ojos vidriosos paseando en silencio como si estuvieran en trance. Otros tenían trastornos de ansiedad y gritaban o chillaban constantemente. Eso es, constantemente. Algunos de los pacientes eran tan drogadictos que literalmente se habían destruido los sesos. Su verborrea incoherente periódicamente estaba salpicada con los gritos, "¡Sí, hombre! ¡Te escucho!"

Ser internado en un manicomio auténtico ciertamente me llamó la atención, por lo menos por un momento fugaz. Recuerdo pensar, "No quiero terminar como estas personas, pues debo ponerme las pilas ya. Rápido."

Pero el valor de impacto de estos locos psicóticos y también mis preocupaciones se disiparon en poco tiempo. En cuanto conocí a los otros muchachos – y en particular las muchachas – volví directo a mi vieja manera de pensar. Me hice amigos con los compañeros drogadictos por medio de los cuentos de todas las drogas que había tomado. Juntos, fantaseábamos sobre las fiestas que tendríamos cuando finalmente nos dejaran salir.

Entretanto, no tenía más opción que seguir con el programa. Por la mayor parte, seguía las órdenes de los guardias, no violaba el toque de queda, y obedientemente asistía a las sesiones de consejo individual y en grupo.

Sin embargo, de vez en cuando la regimentación lo hizo todo insoportable. En una ocasión, mis padres vinieron para asistir a una sesión conmigo. Me enojé tanto durante la reunión que perdí la calma y traté de salir del cuarto. "¡Están todos en mi contra!" les grité y empecé a echar puñetazos a los guardias. Me agarraron y llevaron a una celda acolchonada en donde me dejaron descargar la ira, aporreando y pateando las paredes por 45 minutos. Cuando finalmente me agoté, me sacaron y yo seguí con la rutina diaria.

En algún sentido, esta segunda experiencia con la rehabilitación fue mucho más eficaz que la primera, tan sólo porque no sufrí una recaída durante toda mi estancia. Debido a la alta seguridad fue imposible contrabandear las drogas en el complejo. Pero irónicamente eso nada más me hizo querer reponer el tiempo perdido. Casi desde el primer día había imaginado las drogas que tomaría después de salir.

Por lo tanto tal vez no me debiera haber sorprendido que, después de un verano entero en ese centro de rehabilitación, mi consumo de las drogas siguiera tal como lo había dejado. El día después de que me dieron de alta, les dije a mis padres que iba a pasar ese primer fin de semana con un amigo del centro – que necesitábamos el apoyo del otro y que íbamos a asistir a las reuniones de Alcohólicos Anónimos (AA) y de Narcóticos Anónimos (NA).

En lugar de eso, dimos paseos en el Camaro de mi amigo, escuchando a todo volumen la canción *Cocaine* (*Cocaína*) de Eric Clapton y fumando marihuana espolvoreada con cocaína. Nos burlamos de NA y bromeamos que sería mucho mejor asistir a las reuniones de Sexahólicos Anónimos para conocer a chicas. Naturalmente, llegué a casa totalmente volado y muy pero muy tarde. En una sola noche, las esperanzas de mis padres respecto a mi mejoramiento cayeron en picada.

Sin embargo, se negaron a darme por perdido. A continuación me dijeron que pensaban volver a Norfolk, Virginia. Me preguntaron si quería acompañarlos. "Sí, va," les dije. Quería un cambio, pero simplemente no sabía cómo llevarlo a cabo. De alguna manera mis hábitos siempre me conducían a los problemas. En Norfolk hacía 10 años que mi caída empezó, y pensaba que un cambio de lugar podría ayudarme a salir de la rutina pesada en la que estaba metido. Estaba equivocado. Otra vez.

9

TUMBA LA CASA

UN POCO DESPUÉS DE VOLVER a Norfolk en el año 1991, mis padres tomaron la decisión de comprar una segunda casa en West Virginia, dónde planeaban vivir después de la jubilación de mi padre. Ellos pasaban un fin de semana ocasional allí, reparándola en preparación para su uso algún día como casa permanente.

Aunque mis padres disfrutaban del proceso de remodelar esta segunda casa, tener una escapada para los fines de semana tenía una ventaja secundaria – les permitió huir de mí, su hijo drogadicto desempleado y flojo. Más o menos cada seis semanas, mis padres y mi hermano se escapaban de todo el dolor y toda la irritación que les causaba. Era una oportunidad de recargar las pilas para poder tratar conmigo al regreso.

En un viernes cualquiera por la tarde mientras mis padres hacían las maletas para uno de estos viajes, se me ocurrió la genial idea de hacer una fiesta. Normalmente no me gustaba recibir a amigos en la casa de mis padres – prefería salir a quedarme en casa. Pero por alguna razón inexplicable, en este día en particular tenía ganas de ser el centro de atención. Y no sólo eso. Quería ser conocido como el tipo que había dado la madre de todas las fiestas – un tipo que en verdad sabía cómo asegurarse de que sus invitados lo pasaran muy bien.

Tan pronto como mis padres salieron del camino de entrada, tomé el teléfono y empecé a llamar a todos mis amigos. "Hombre, estoy haciendo una fiesta grandísima mañana por la noche," les dije. "¿Por qué no vienes?"

Mis amigos parecían entusiasmados por la idea y eso me animó más. Después de invitarles a todos ellos, empecé a llamar a los conocidos – personas a quienes había conocido por medio de las reuniones de AA o NA. Si iba a tener una juerga fabulosa, quería proveer más bebidas y más drogas de las que nadie hubiera creído posibles.

Pero al mediodía del día siguiente empecé a sentirme inseguro ante las expectativas de una muchedumbre. Las dudas me afligían. "¿Qué pasará si nadie viene? ¿Y qué si la gente que viene no se divierte?" Tenía tantas dudas que decidí invitar a más gente. Manejé por el vecindario, periódicamente asomándome por la ventanilla y gritando, "¡Hay un fiestón en mi casa esta noche! ¡Vengan y traigan sus amigos!" Ése fue el mensaje para cualquier persona en la calle que podía escucharme.

Para mi gran sorpresa, al volver a la casa por la tarde, ya había un montón de gente esperando afuera, listo para pasarlo bien. No había conocido a la mayoría de ellos, pero eran lo suficientemente amables para traer barriles de cerveza y afirmaron tener muchas drogas. Pues, los dejé entrar y comenzamos a festejar.

Inmediatamente, alguien fue al estéreo y puso algunos discos compactos de la colección de mi mamá – incluso las canciones como *Superfreak* de Rick James y *Celebration* de *Kool & the Gang*. Puso alto el volumen y la música animó a todos. Antes de saberlo, mis invitados estaban bailando por todos lados, pidiendo pizzas y haciendo líneas de cocaína en la mesa de café. Lo vi tan padre. "Esto es mejor de lo que esperaba," le dije sonriendo a uno de mis amigos.

La primera indicación de que las cosas habían ido demasiado lejos vino cuando uno de los vecinos – un cristiano devoto – llamó a la puerta con la cara roja de indignación. Cuando fui a la puerta, de inmediato me hizo preguntas: "¿Qué demonios está pasando aquí? ¿Están en casa sus padres, muchacho?"

Antes de que pudiera darle respuesta, alguien detrás de mí empezó a regañarlo, maldiciéndolo y exigiéndole que nos dejara en paz. El enfrentamiento llamó la atención de otros. De repente, un grupo entero de nosotros le gritaba, diciéndole que era un perdedor y que debía callarse e ir a su casa para rezar. Nos amenazó con llamar a mis padres si no bajábamos el volumen de la música, pero eso no disuadió a mis visitantes. Una amenaza como esa sólo los motivó a subirlo.

La discusión se acabó cuando alguien tiró un vaso plástico de cerveza a poca distancia del vecino, y salió furioso. Obviamente no íbamos a dejar que nadie arruinara nuestro buen tiempo, mucho menos un irritable vecino religioso.

Unos minutos después, la fiesta subió en intensidad cuando uno de los fiesteros que había hecho líneas de cocaína en la sala de estar tuvo convulsiones. En un momento, volando entre las nubes y pasándolo super bien; en el próximo, boca abajo en el suelo y convulsionando. Nadie sabía qué hacer.

A nadie tampoco le importaba mucho. Todos estábamos allí pensando que se estaba muriendo pero nadie acudió en ayuda de él. Gracias a Dios, no se murió.

Pero, de alguna manera, aun viendo a una persona sufriendo una sobredosis no me disuadió de tomar más drogas. Cuando uno de mis amigos sacó dos hojas para tomar LSD, lo hice con él. Pero ya cuando "me metí un viaje" como resultado de tomarlo, empecé a sentirme bastante incómodo.

La casa entera ahora estaba llena de fiesteros ebrios. Había gente haciendo cosas inmorales por todos lados. Unos tipos asaltaban la nevera buscando comida; una chica tocaba el piano con la fuerza de un gorila; vi a unos hombres tirando bebidas en las plantas de interior de mi mamá. Las cosas se estaban saliendo de control y sentía que no podía hacer nada para impedirlo.

El punto de ruptura vino cuando uno de mis amigos entró en la casa desde afuera y me dijo que un tipo estaba derramando gasolina en el suelo del garaje. Bajé corriendo al garaje para ver que sí, en realidad alguien había vaciado un bidón de gasolina de cinco galones (19 litros).

Un charco rodeaba por completo el carro de mi papá. Cosa peor, la puerta de garaje estaba abierta y había unos tipos fumando cigarrillos en el camino de entrada, casualmente echando sus cenizas al lado de este charco inflamable de gasolina. De inmediato les grité, "¿Qué están haciendo? ¿Están locos? ¡No tiren sus cenizas *aquí*!" Aunque estaba aturdido por mi estado drogado, sabía que si no actuaba rápido, de pronto habría una rueda de fuego ardiendo alrededor del carro de mi papá.

Los tipos me miraron incrédulos como si estuvieran pensando, "Hombre, ¿qué te pasa? Cálmate."

Pero ya estaba fuera del punto de calma. Fue totalmente insoportable mirar a los desconocidos destruyendo la casa de mis padres mientras que mis emociones se salpicaban por todos lados gracias al LSD. Empecé a perder los estribos.

Di un portazo a la puerta del garaje, entré en la casa, subí las escaleras y grité, "¡Todos afuera! ¡Váyanse ya!" Naturalmente, todos se dieron la vuelta para ver cuál era el alboroto. Sabiendo que yo estaba bien drogado, muchos atribuían mi berrinche al LSD y me ignoraron.

"Hombre, le está dando duro," dijo alguien, pensando que el LSD me daba un mal viaje.

Pero el hecho era que había perdido el control de la fiesta, y a pesar de estar bien volado, aún estaba suficientemente alerta para saber que las cosas no saldrían muy bien si la casa de mis padres se quemara hasta los cimientos.

Después de mi diatriba la mayoría de los invitados me veía como un aguafiestas. En pocos minutos, había expulsado a todos menos unos pocos de la casa. Las únicas personas que se quedaban eran un par de conocidos y una muchacha en la que tenía interés. Después de pasar un rato con ella, fui abajo para mirar la tele.

Conseguí una manta, me metí en el sofá y empecé a cambiar de canal, buscando nada en particular. Cuando vi a los actores Jack Nicholson y Shelley Duvall en pantalla, de repente dejé el control remoto y me puse derecho. La verdad era que no quería mirar *The Shining* (*El Resplandor*), pero no podía parar. Estaba absorto.

Pero cuánto más la miraba más se empeoraba mi mal viaje. Ahora de verdad me estaba dando muy duro. Me puse tan tenso que se me apretaron los músculos y se me trabó la mandíbula. Sentí las paredes de la casa acercándoseme. Me estaba volviendo loco.

En algún momento, uno de los tipos que se había quedado en la casa vino abajo y se quedó parado, mirándome con una bebida en la mano. No lo reconocí, pero me dijo, "¿Hombre? ¿Hombre? ¿Estás bien?" Estaba paralizado con miedo y apenas podía moverme.

Pero a eso de las ocho de la mañana, empecé a bajar de mi viaje y pude caminar con dificultad por el pasillo al baño. Mientras caminaba, recibí la primera indicación de cuánto daño la casa había recibido. En el pasillo, encontré vómito en las paredes y en la moqueta. Me preguntaba cómo estaba el resto de la casa. Al subir las escaleras encontré a la muchacha. Todavía estaba inconsciente por todo el alcohol que había consumido. Nadie más parecía estar en la casa.

Me llevó el pánico mientras tropezaba bajando las escaleras para inspeccionar el resto de la casa. El daño en las áreas comunes era peor que arriba. Muchos de los muebles en la sala de estar que mis padres habían traído del Japón y de las Filipinas estaban dañados – el bambú roto y en pedazos. Había quemaduras de cigarrillo y manchas de vino tinto en la alfombra y el sofá.

Aun peor, el piano Yamaha muy caro que mis padres habían comprado en el Japón estaba seriamente dañado. Había marcas grandes en la madera, una de las patas del banco de piano se había quebrado, el asiento estaba con grietas y los fumadores habían usado el interior como cenicero.

En cuanto al centro de entretenimiento, la tele seguía intacta, pero el VCR, el estéreo y la colección de discos compactos de mi mamá se habían desaparecido. Hasta Max, el perro siberiano de nuestra familia, no estaba por ningún lado.

Mi última parada en esta gira de destrucción fue el garaje, que estaba en gran parte intacto – menos el gran charco de gasolina, por supuesto. Mis padres supuestamente iban a llegar a la casa en seis u ocho horas. ¿Cómo diablos iba a limpiar todo esto?

Decidí en abordar uno y dos cuartos, poquito a poquito para que el trabajo no pareciera demasiado pesado. Primero, fui al supermercado y compré una bolsa grande de arena para gatos, la cual puse para absorber toda la gasolina en el garaje. Eso fue una ingeniosa solución y de pronto el garaje volvió a lo normal, menos el olor fuerte de la gasolina.

Después, fui arriba para abordar los cuartos allí. Deshice las camas y puse todas las sábanas y las fundas de almohada en la lavadora. Rellené las bolsas de basura con los vasos de plástico, las botellas vacías y las colillas tiradas. Empecé a pensar en el buen trabajo que hacía y que tal vez, a fin de cuentas, la casa no era una zona de desastre tan grande. Por supuesto, me engañaba. Mi juicio aún estaba nublado por los efectos de las bebidas y del LSD, y mis esfuerzos no eran tan productivos como imaginaba.

Sin embargo, al limpiar el pasillo y el baño, empecé a darme cuenta del mal estado del lugar. El vómito se negó a quitarse de las paredes y de la moqueta. Y fregarlo lo hizo peor. Dejé rayas de potada por todas las paredes blancas. Eventualmente me resigné al hecho de que sólo podía limpiar cierta cantidad de mugre.

Mis padres volvieron el domingo por la tarde, apareciendo relajados después de un fin de semana alejados de mí. Pero tan pronto como vieron la sala de estar la realidad se les impuso y la incredulidad reemplazó la calma. Vi más enojo en sus caras que jamás había visto en toda vida. "¡No lo puedo creer!" repitieron al hacer recuento del daño. Para empeorar las cosas, yo no había limpiado de manera tan eficaz como había pensado.

Por supuesto, mientras todo les daba vueltas a mis padres, nuestro vecino cristiano llegó. Con mucho gusto les puso al corriente respecto a todo lo que había sucedido la noche anterior, incluyendo el tratamiento grosero que había recibido. Pues mis padres nunca jamás volverían a dejarme solito en la casa por un fin de semana. ¿Y puedes creer que aun después de eso, ofrecieron llevarme a Virginia con ellos?

Después de mudarnos a Norfolk, Virginia, a mi papá lo asignaron a un portaaviones que se iba a viajes de nueve meses al Mediterráneo. Vi su destino como unas vacaciones para mí porque eso significaba que sólo tenía que lidiar con un adulto por un rato. Después del incidente de la casa tumbada en Pennsylvania, la relación con mis padres era más tensa que nunca.

Después de que mi padre se fue a la mar, me dije que finalmente iba a cambiar, que iba a ser una persona diferente para cuando él volviera. Pero el cambio que buscaba no se hizo realidad exactamente. Una de mis metas principales vino a ser tener un trabajo, el cual tal vez podría ofrecerme alguna estabilidad en la vida. Logré ser contratado por un restaurante cercano pero duré menos de una semana. Cada día, cuando se llenaba de gente a la hora de comer, me ponía muy irritado. Los clientes tenían las necesidades muy específicas como, "Me gustarían dos chorritos de kétchup, tres de mostaza y dos pepinillos, por favor."

Mi actitud era, "Lo que sea, hombre. Te doy lo que me da la gana a mí." Cuando metía la pata con un pedido – el cual sucedía todo el tiempo – los clientes me gritaban o se le quejaban al gerente. Después de unos días de esto, le dije al gerente, "Quédate con tu maldito trabajo. No lo quiero."

Un poco después de eso, conseguí otro empleo, esta vez vendiendo productos de limpieza. Me até el pelo en una colita de caballo, me puse una camisa con cuello y aquí fui yo. A menos que, tal como uno esperaría, no era vendedor innato. Tocaba el timbre esperando vender una botella de líquido limpiador de $100 dólares, y mi saludo inicial era algo como, "¿Me preguntaba si tal vez le gustaría probar este producto que tengo aquí?" Mi técnica era equivocada desde el principio. Para vender estas cosas, había que tener la actitud de un vendedor de carros usados. El hombre que me entrenaba siempre venía agresivo al cliente con palabras dramáticas: "Usted no ha vivido hasta que haya probado esto," decía. Me quedé con ese trabajo por una semana, pero no vendí una sola botella de líquido. Mi mamá se decepcionó mucho conmigo al descubrir que lo había dejado. Le había fallado y a mí también, otra vez.

Finalmente, esperando que a la tercera va la vencida, solicité trabajo en un cineplex de 10 salas a poca distancia de nuestra casa. Por primera vez, me encontré con la habilidad de mantener el empleo. Eso se debía por la mayor parte a que me llevaba muy bien con mis colegas. Mi jefe era un fiestero loco de 55 años y uno de mis otros compañeros era adicto al crack. Podía identificarme con ellos.

Aunque trabajar para el cine fue un pasito adelante, todavía sentía que estaba retrocediendo. En particular, como resultado de mi uso de crack, me encontré en una relación con una muchacha quien me dio una enfermedad venérea. Me dio vergüenza porque tuve que pedirle a mi mamá que me llevara al hospital para el tratamiento. Le rogué al médico que no le dijera nada a mi madre. Por suerte, logré ocultarle la naturaleza de mi enfermedad.

Entre destruir la casa, la enfermedad venérea y el uso de drogas, estaba pasando por tantas cosas horribles que mi vida se envolvía en la oscuridad. Casi tenía 20 años pero sentía que no quería vivir más. No estaba afligido por pensamientos suicidas, pero al mismo tiempo quería pulsar la tecla de borrado en cuanto a mi vida.

Había sentido cada placer sensual con las mujeres que uno puede, había escuchado cada tipo de música, había tomado cada tipo de droga, y a veces aun había tenido dinero. Pero a fin de cuentas, todo eso no parecía ser de ningún valor. Parecía que siempre hubiera vuelto a cero. La vida apestaba un montón y ya no quería seguir con la farsa.

10

EL LADRILLAZO
DIVINO

UNA NOCHE EN MARZO DE 1992, todo llegó a un punto crítico. Estaba en casa, y, como era normal, mis amigos me llamaron para invitarme a festejar. La mayoría de veces ni tenían que llamarme. Siempre estaba listo para pasarlo bien. Pero esa noche les dije a todos que no. Ni les ofrecí una explicación. No estaba para eso.

Ellos me presionaron por un rato pero eventualmente me dejaron en paz y el teléfono dejó de sonar. Me encontré sentado allí solo en mi cuarto sin nada que hacer y sin nadie a quien recurrir. Mi existencia era ridícula. Mi vida era un desperdicio y esperaba que de alguna manera llegara a su fin.

Ya no quería vivir más pero tampoco sabía qué hacer para resolver el problema. Odiaba la vida. Estaba inquieto y ansioso en cuanto a todo. Sentía un conflicto interno tan profundo que pensaba que mi vida de pronto se acabaría, tal vez esa misma noche. Tenía miedo. O mejor dicho, tenía terror. Temía a la vida y a la muerte. Ambas apestaban.

Pero tampoco quería estar solo esa noche porque estar solo era la tortura. Es más, me aburría estar allí de brazos cruzados. Pues, con certeza, si no iba a salir necesitaba encontrar algo con qué ocupar la mente. No quería leer algo pesado así que decidí buscar una revista en la casa, preferiblemente una con muchas fotos.

Fui al pasillo y recorrí el estante de libros de mis padres, esperando encontrar *National Geographic*. Había muchas cosas para leer en ese estante en las que no tenía interés, incluyendo las enciclopedias y libros sobre el Japón. Busqué la cubierta amarilla clásica de *National Geographic* pero no la encontré.

Luego, cuando estaba al punto de darme por vencido, vi un libro con cubierta amarilla similar. Por un instante, pensé que podía ser una edición especial de *National Geographic*. Pero cuando saqué el libro, vi un título que decía *The Queen of Peace Visits Medjugorje* (*La Reina de la Paz Visita Medjugorje*). No tenía idea de lo que esto significaba.

(Años después, descubrí que las presuntas apariciones de la Santa Virgen María en Medjugorje no han sido aprobadas por la Iglesia y que Medjugorje sigue como un tópico polémico. Sin embargo, lo que se cuenta aquí en las siguientes páginas son los aspectos históricos de cómo ese libro me ayudó a cambiar la vida. El lector debe saber que no tengo la autoridad de determinar la autenticidad de Medjugorje porque esa decisión sólo yace con la jerarquía de la Iglesia.)

Ahora volviendo a la historia…

Debido a que había una cruz en la cubierta del libro, en seguida lo asocié con el cristianismo. Como resultado, inmediatamente no me gustó para nada la idea de abrirlo, especialmente por causa de una experiencia que había tenido en una fiesta un año atrás. Era una de las fiestas típicas de casa que asistía en ese tiempo – muchas chicas y muchas drogas, acompañadas por la música fuerte. En medio de esta sobrecarga sensorial, me encontraba sentado en un sofá en un cuarto oscuro – y metido en un viaje loco gracias al LSD, por supuesto – y eché un vistazo a la mesa de café y vi el Evangelio de Juan.

Mi primera reacción fue: "¿Qué demonios hace eso aquí?" Luego comencé a perder los estribos cuando el libro pequeño empezó a brillar e irradiar una luz muy blanca. De repente sentí la necesidad de escapar. Salí corriendo al jardín – en dónde me quedé por mucho tiempo, mirando las estrellas mientras trataba de entender lo que acababa de ver.

Ahora, una vez más, tenía un libro religioso en las manos, un libro que imaginaba ser el libro de mago para la religión de mis padres. En la cubierta había una foto de una mujer muy extraña. Pensé, "Mis padres leyeron esto. ¿Y me acusan a mí de ser extraño? Este libro es una tontería."

Pero puesto que por la mayor parte ya se me había pasado la noche, decidí llevar el libro a mi cuarto para examinarlo un poco. Todavía no tenía ganas de leerlo. Nada más quería mirar las fotos. Caminé de puntillas para que mi madre no me viera con un libro religioso. Entonces cerré la puerta, me senté en el sofá y fui directo a las fotos.

Al principio, ninguna de las fotos tenía sentido. En una, había una mujer descalza con ropa negra y una cara de tristeza, y también había una cruz y una montaña muy rocosa. No entendía porqué no traía zapatos, especialmente dado el terreno montañoso. Había una foto de seis niños pequeños de rodillas, mirando hacia arriba a nada. ¿Esperaban una nave espacial para venir y llevarlos o algo? ¿Era esto una versión religiosa de la película *Close Encounters of the Third Kind* (*Encuentros cercanos del tercer tipo*)? Tenía que leer los pies de las fotos para entender un poco de lo que pasaba. Aparentemente, los seis niños tenían apariciones de algo, de alguien llamada la Santa Virgen María.

"¿Qué es Santa? ¿Quién es María? ¿Y quién es una virgen?" me preguntaba. Nada de esto tenía sentido y empecé a cuestionar en qué mis padres se habían metido. Este libro era la cosa más extraña que jamás había visto, más allá de la historia de la criatura Bigfoot (pie grande) o cosa alguna que uno veía en la televisión. Estaba tan curioso que decidí leerlo desde el principio, con ganas de descubrir el tipo de porquería con el que mis padres ahora estaban involucrados.

Por supuesto, era tan ignorante que ni podía progresar más allá de la cubierta sin confundirme. El autor del libro tenía un "Fr." ("Padre") enfrente de su nombre. ¿Fue eso un error de máquina? ¿Quería decir "Dr." para referirse a un médico? No tenía ninguna idea de lo que las iniciales "Fr." significaban. Aun más extraño eran las iniciales "A.A." después de su apellido. Asumí que tal vez era miembro de Alcohólicos Anónimos. Pensé que tal vez este autor intentaba desacreditar la teoría religiosa. (A.A. en este caso se refería a los Agustinianos de la Asunción, una congregación francesa de padres y hermanos católicos a la que el autor pertenecía).

De todos modos, empecé a leer este libro desde el principio y apenas lo entendía. Había santos, un tipo llamado Juan el Bautista, y algo llamado la Eucaristía. El problema era que sabía básicamente nada de la religión, mucho menos el catolicismo. Y, por supuesto, este libro estaba relleno de jerga católica.

Seguí leyendo y encontrando palabras católicas, las cuales trataba de pronunciar en voz alta. Palabras como Santísimo Sacramento, Eucaristía, Sagrada Comunión, rosario, escapulario… Todo eso era ajeno a mí e inevitablemente destrozaba su pronunciación. Había tantas palabras y frases que simplemente no entendía.

Pero cuanto más leía más fascinado estaba con la obra. ¿Estos seis niños, a quienes no conocía yo, decían que veían a alguien de un lugar llamado el cielo? ¿Qué era el cielo? Para mí, el cielo se encontraba en la música que yo escuchaba, tal como en la canción *Stairway to Heaven* (*Escalera al Cielo*) de *Led Zeppelin*. El cielo era fumar marihuana al lado de una muchacha guapa. Para mí, el cielo era un lugar del cual la gente cantaba, pero nadie creía que en verdad existía. La cosa extraña de este libro era que no se definía el cielo como un lugar del mito. Era real.

Tampoco me había cruzado por la mente que tal vez existiera el infierno. Para mí, el infierno también era mito, un concepto diseñado para ahuyentar a las personas de divertirse – para hacerlas comportarse como necios y empollones. En mi mente, el infierno era un lugar padre en donde todas las chicas eran bombas y querían pasarlo bien y también un lugar en donde todos estaban bien drogados. La banda *AC/DC* se refería al infierno todo el tiempo en sus canciones como *Highway to Hell* (*Carretera al Infierno*) y *Hell Ain't a Bad Place to Be* (*El Infierno no es un Mal Sitio para Estar*). Aun los Muertos lo mencionaba en *Hell in a Bucket* (*Infierno en un Balde*), cantando, "I may be going to hell in a bucket, but at least I'm enjoying the ride" ("Tal vez voy al infierno en un balde, pero al menos estoy disfrutando el viaje").

En pocas palabras, el mensaje de este libro era una verdadera revelación para mí, en categorías claras. ¿Hay cielo e infierno, y el bien y el mal? ¿Hay verdad y falsedad, y luz y oscuridad? A pesar de que me tomó unas horas para entenderlo, nunca había escuchado un mensaje tan claro.

De cierto modo, siempre había sentido que había cierto "sí" o "no" a la existencia del ser humano. Después de todo, siempre había creído que mi comportamiento extremo me hacía auténtico en el sentido que nunca me rendía a la autoridad. O eras auténtico o no. No había punto medio.

Este libro me mostró una perspectiva totalmente nueva, pero con certeza podía relacionarme con la naturaleza radical del mensaje. Cuanto más leía más me atraía y más me alejaba a la vez. A poco tiempo me di cuenta de que este libro me ofrecía un cambio fundamental de vida y la posibilidad de entregarme a algo más grande que mí mismo – para creer en Dios y ser diferente. Fue una revelación que requería una revolución de pensamiento de mi parte. ¿Podría ser esto la salida que buscaba?

"No," pensé. Simplemente no era posible que pudiera obtener el perdón ni cambiar. ¿Cómo podría cambiar alguien tan perverso, malvado y lujurioso? A la edad de casi 20 años, estaba convencido de que ya era demasiado tarde para alguien como yo. Y este pensamiento me daba miedo. No sabía cómo vivir ni cómo comportarme. Otra vez, me escuché preguntando, "¿Cómo sería posible que yo cambiara u obtuviera el perdón?" Mientras seguía leyendo, la respuesta se hizo clara. La Virgen María decía que la gente tiene que creer en Dios y tener fe. Tienen que entregarle y ofrecerle sus vidas a ella para que pudiera presentárselas a su Hijo divino.

Cuando la historia empezó a hacer referencia a Jesús, esos viejos sentimientos de aversión me surgieron. "Ay no. Otra vez con lo mismo. Aquí viene la parte en donde tengo que entregarle mi vida a Jesús y dejar todo y olvidarme para siempre de pasarlo bien." Me sentía bien hasta que vino a la escena Jesús.

Pero me encontraba muy atraído y fascinado por esta persona a quien no podía ver – esta Virgen María. No había ninguna foto de ella. Había una estatua hermosa pero aun yo sabía que ella no era estatua – estaba viva. El libro decía que vivía en el cielo pero que Dios la envió para los pecadores, para la gente como yo que había desviado y vivía una existencia pecadora. ¿Pero cómo iba yo a entregarle la vida a Jesús? ¡Odiaba a Jesús!

La Virgen María decía las cosas de manera tan clara y encantadora que me encontraba muy pero muy conmovido. Había emociones profundas que no había sentido desde que era un pequeñito que adoraba a su madre y quería hacerla feliz. Pero la Virgen María decía que ella misma era mi madre, que era la madre de todos los desviados y nos llamaba a volver a Dios, a Jesús. Dejaba en claro que no era Dios mismo, sino que le señalaba a su Hijo y decía que Él era el Mesías, el Salvador del mundo. Me estaba enamorando de esta madre, esta mujer.

En cierto momento, le dije a ella en mi corazón, "Quiero creer. De veras. Estás penetrando la pequeña burbuja de mi mundo y ofreciéndome algo más grande que jamás había escuchado. Necesito esto." Todo lo que me habían enseñado en la escuela era que yo no era nada más que un mono evolucionado. De una manera extraña, sabía que siempre había querido escuchar algo diferente. Eso era porque siempre había buscado la satisfacción en las mujeres y la música y las drogas. Para mí, tenía que haber algo fuera del tiempo. ¿En verdad era posible que yo fuera más que sólo un trozo de mugre cósmico? Ahora lo eternal estaba penetrando mi pequeño mundo y diciéndome, "Hay más. Te estoy llamando hacia ello y te lo estoy revelando."

Lo que la Virgen María pedía era esta cosa llamada la conversión. Y hablaba de cosas extrañas como la oración y el ayuno. Tal vez no sabía de qué exactamente hablaba, pero sabía que quería decir una entrega total de uno mismo para que ella pudiera llevarme a Jesús.

Hasta ese momento, lo había encontrado imposible abrirme a Jesús porque había tenido una impresión equivocada de Él. Había creído que Él era el machacador divino de la vida – que Él sabe lo malvado que soy, que somos todos, y que estaba dispuesto a sacarnos de la existencia en un instante. Tan mala persona como era, ¿cómo iba a mirar a Jesús cara a cara? Después de todo, ¡todos los predicadores en la televisión habían dicho que las personas como yo iban a quemarse eternamente en un lago de fuego!

La sociedad y la televisión tanto me habían hecho un lavado de cerebro – comunicándome el mensaje que Dios no era misericordioso – que sentía que no había manera de llevar a cabo esta conversión. Pero pensar en María me consolaba. Sería por medio de la llamada de una madre, de su madre diciendo, "Lo sé. Está bien. Por eso he venido – porque me envió Él. Me necesitas y como una buena madre, voy a arreglar las cosas y limpiarte y todo estará bien. Dios te está llamando hacia Él mismo, pero Él sabe que estás muy herido y que tienes un conocimiento equivocado de Él. Por eso me ha enviado para prepararte."

Entendí que tenía que suceder de esta manera. Tenía tanto sentido. Seguí leyendo y leyendo. Luego encontré una estampa de oración que decía: "Si supieras cuanto te amo, llorarías de alegría." Y había otra que decía: "No tienes que cambiar para amarme; amarme te hará cambiar."

A pesar de que había perdido las esperanzas, los mensajes de este libro me conmovían tanto que mi corazón ardía. Me agarraba a cada palabra como si estuviera transmitiéndome la pura vida.

Por toda la noche, leí página tras página. Para cuando finalmente cerré el libro, no quedaba mucho tiempo para el amanecer. Leí y luego leí de nuevo partes del libro para entender bien este mensaje increíble.

A pesar de que no lo entendía muy bien, incluso traté de meditar sobre los mensajes. Cada palabra parecía estar designada para mí. María decía, "Gracias por haber respondido a mi llamada." Y "Paz...ora, ora, ora. Los amo. Estoy pidiéndoles que me hagan esto. Necesito esto de ustedes. Conviértanse."

Mientras leía esto, sabía que tenía que entregarme a esta cosa que María llamaba "la Iglesia." Ella siempre parecía estar dirigiendo al lector hacia ella o señalándola. Siempre había imaginado la Iglesia como una institución opresiva. Dominaba tu vida y la chupaba de todo lo divertido. Creía que ése era el papel de la Iglesia, pues naturalmente odiaba la Iglesia, tal como odiaba a Jesús. Pero si iba a entregarme a María, tenía que creerle y entregarme a Jesús y a la Iglesia. Y aunque no lo dije en voz alta ni interiormente, de alguna manera sabía que tenía que entregarme a esta Santa Virgen María. Me ayudaría a entender al Jesús verdadero, al Jesús a quién nunca había conocido.

Temprano por la mañana, al cerrar el libro, dije, "El mensaje de este libro es inolvidable. Nunca he escuchado algo tan increíble y convincente y tan necesitado en mi vida." Uno podría decir que esto fue mi primera oración. Quienquiera que era esta Virgen María, yo creía lo que estaba diciendo – que era mi madre y que vino del cielo para mí.

11

NUESTRA
SEÑORA
DE LA VICTORIA

ERAN A ESO DE LAS CINCO Y MEDIA de la mañana cuando finalmente terminé *The Queen of Peace Visits Medjugorje*. Sabiendo que mi madre iba a bajar para preparar su café de la mañana, decidí mantenerme despierto hasta que pudiera hablar con ella. No era como si fuera a caerme dormido. Mi mente corría con todo lo que había leído y sentido. Cuando la escuché moviéndose arriba, fui al pie de las escaleras para encontrarla.

Tan pronto como vino bajando, le dije, "Mamá, tengo que hablar con un…" Mi voz se fue apagando. No podía decirlo. Como que yo fuera la encarnación del orgullo. Simplemente no podía hacer salir las palabras de mi boca.

Otra vez dije, "Mamá, tengo que hablar con un sa…" Otra vez lo mismo. Las palabras no salían. Fue una humillación tremenda, una señal de necesidad (y una religiosa para rematarla).

Mamá me miró con mucha curiosidad y me dijo, "Donnie, ¿qué estás tratando de decirme?"

Finalmente lancé la bomba: "Mira mamá, tengo que hablar con un sacerdote, ¿OK?" Recuerdo sentirme tan humillado. No podía creer que acababa de decir esas palabras. Sentía como la Bruja Mala del Oeste después de que el personaje Dorothy la salpicó con agua en la película *The Wizard of Oz* (*El mago de Oz*). En mi mente empecé a encogerme. De repente me sentía muy pequeño.

¿La respuesta de mi mamá? "Sí, claro," me dijo al pasarme en camino a la cocina. Dios la bendiga. Probablemente asumía que yo trataba de manipularla. Ciertamente fue una respuesta razonable dada mi larga historia de mentiras y engaño.

Pero esta vez había hablado en serio. Le dije, "No, mamá. No entiendes. Leí un libro anoche. ¡Ese libro me está impactando un montón!"

"¿Cuál libro?" dijo, levantando una ceja.

Fui a sacar *The Queen of Peace* de mi cuarto y le pregunté cara a cara: "¿Quién es la Santa Virgen María? ¿Qué pasa con todo esto?"

En ese momento, la boca de mi mamá casi llegó al suelo. No dijo ni una palabra más. Fue corriendo al teléfono en la sala de estar y se puso a marcar un número. Apenas la escuché hablar con un sacerdote a quien según parece había despertado.

Dijo, "Sí, Padre...lo sé...mil disculpas. No quería despertarlo. Pero usted tiene que hablar con mi hijo. ¿Puedo llevarlo en media hora?" Tenía que haber encontrado resistencia porque continuó rogando, "Padre, no conoce a mi hijo. No conoce a mi hijo. Usted tiene que hablar con él en seguida." Pero el sacerdote no entendía la urgencia de la situación – la necesidad de una reunión a las seis y media de la mañana, sin aviso. En su mente, ¿qué sería de tanta importancia que no pudiera esperar un par de horas? No dispuesta a rendirse, mi mamá llamó a otro sacerdote pero encontró la misma respuesta. "¿Podemos posponerla hasta las ocho y media o las nueve?" él le preguntó.

Mientras marcaba el número de un tercer sacerdote, la interrumpí preguntándole, "Mamá, ¿no hay una de esas...?" Mi voz se fue apagando otra vez. Ni sabía lo que se llamaba la cosa. Vivíamos en la Estación Naval de Norfolk y no sabía si el lugar en que pensaba se llamaba una iglesia o una capilla. Le pregunté, "¿No hay una de esas cosas al lado de la puerta principal?"

Entendiendo lo que yo quería decir, me miró directo y dijo, "Sí, Donnie. ¡Corre!"

Tiré el libro en el sofá y salí corriendo por la puerta de la casa. Corrí todo el camino a la puerta principal de la base, todavía llevando la ropa del día anterior. Pasé el cuartel y unos grupos de soldados haciendo sus ejercicios de mañana.

Cuando finalmente llegué a la capilla, estaba totalmente sin aliento. Eso apenas era sorpresivo, pues en ese entonces fumaba dos paquetes de cigarrillos al día. Estaba doblado, tragando bocanadas de aire, cuando miré hacia arriba y vi un letrero encima de la puerta de la capilla que decía "Our Lady of Victory" (Nuestra Señora de la Victoria). Pero no podía armarme de valor para entrar. Pensaba, "Esto es suficiente por ahora. No me voy a meter en una iglesia."

Al mismo tiempo pensaba, "No quiero que las muchachas me vean entrando en una iglesia." Eché una mirada a mi izquierda y vi otro letrero que decía, "Oficina del capellán." Decidí probar esa puerta. Con certeza parecía menos intimidante que la primera.

Tan pronto como abrí la puerta de la oficina – antes de descubrir quiénes o qué había adentro – grité, "¡Sacerdote católico!" sonando lentamente ambas palabras. Fue un grito torpe. Simplemente no me relacionaba fácilmente con los demás y no sabía cómo presentarme ni cómo pedir ayuda tampoco. Como resultado, yo era tan sutil como un huracán.

Todas las personas adentro – la mayoría de las cuales vestida en uniformes militares blancos cuidadosamente planchados – dieron vuelta para mirarme fijamente. Incluso algunas personas asomaron la cabeza por las puertas para ver a qué se debía la conmoción. Muchos me dieron una mirada muy familiar; la que preguntó, "¿Qué haces tú aquí? Por favor, no nos robes nada."

No puedo culparlos por sospechar de mí. Considerando mi ropa loca y mi pelo largo y salvaje, tenía la apariencia de alguien que acababa de saltar la cerca para cometer un crimen. Todos también se miraban entre sí como si estuvieran preguntando, "¿Quieres ser la persona que hable con este muchacho?"

Les dije, "Miren, hablo en serio. Necesito ver a un sacerdote católico."

Uno de los hombres con cautela se me acercó y me preguntó, "¿Quién eres?"

Le respondí, "Mi padre es oficial de Marina en alta mar, pero vivo aquí en la base. Necesito hablar con un sacerdote católico ya."

Me acompañó por el pasillo y me presentó a otro hombre en otro uniforme militar blanco y bien planchado. Él me preguntó, "¿En qué puedo servirle?"

Le dije, "Oye, lo único que quiero es ver a un sacerdote católico, hombre."

"Mi nombre es Padre Callahan."

"¿Padre? ¿Qué es eso? ¿Es usted predicador?"

"Pues, sí," contestó, encogiéndose de hombros.

"¿Usted es católico?"

"Sí, soy sacerdote católico. ¿En qué puedo servirle?"

Me decepcionaba que no se parecía a Moisés. Supongo que yo esperaba que un sacerdote católico tuviera barba y bastón. Pero con certeza pensaba que iba a comportarse como uno de esos televangelistas a los cuales había visto en pantalla. Él iba a poner la mano sobre mi cabeza, dejarme boquiabierto y de repente yo estaría libre. Para indicarle lo que yo necesitaba, exclamé, "¡Me caigo y hago lo que sea! ¡Nada más hazlo!"

Completamente asombrado, volvió hacia atrás. Le estaba hablando en voz alta y la gente seguía mirándonos. Me dijo, "Por favor, no hagas un drama. Vamos a mi oficina."

Cuando llegamos a su oficina al fin del pasillo, me fijé en que había dejado abierta la puerta, cosa prudente dado mi comportamiento. Me hizo algunas preguntas pero de pronto lo inundé con la historia de mi vida. Me desahogué con él como en una confesión. Le dije todo sobre mis pecados y problemas, y sobre las cosas horribles que había hecho.

Este pobre sacerdote estaba sentado allí boquiabierto como un personaje de los dibujos animados. Había escuchado las confesiones de los marineros por años, pero no había escuchado nada en comparación con las cosas que compartía este muchacho de casi 20 años. Aquí estaba, contándole todos mis pecados y diciéndole cómo quería a la Virgen María y a su Jesús en mi vida. Parecía estar en un estado de shock. Apenas podía hablar. Creo que lo dejé fuera de sí.

Incapaz de esperar una respuesta, empecé a molestarlo, diciendo, "¿Qué hago? ¿Qué hago? Quiero creer en esto."

Finalmente me dijo, "Mira, tengo algunas cosas que hacer. Necesito ir a celebrar la Misa."

"¿Misa? ¿Qué es eso?" pregunté, no entendiendo a lo que se refería. Pensaba que iba a bailar en el aire o algo así. Eso era lo que "celebrar la Misa" quería decir para mí.

Me preguntó, "¿Viste la capilla, Nuestra Señora de la Victoria?" En breve voy allí para celebrar la Misa. ¿Te gustaría ir también y esperarme? Después, podemos hablar."

"Va," le dije.

"Por favor, siéntate en el fondo," me suplicó antes de salir.

Salí también y fui a la capilla, emocionado por el hecho de que este sacerdote estaba dispuesto a continuar nuestra conversación. Al mismo tiempo, una parte de mí sospechaba que tal vez él llamara a la policía. Después de todo, acababa de confesarle unas cosas bastante horribles.

Al acercarme a la puerta de la capilla me surgió ese mismo mareo que había sentido antes. Simplemente no fue posible que yo entrara en la iglesia. Miré la manija y tenía miedo de tocarla. Sentía que si entraba, la guillotina divina me caería y acabaría con mi vida.

Al mismo tiempo, yo pensaba en lo que llamaría una "teología rústica." Dios era el Tirador Divino porque tenía una escopeta y yo esperaba recibir un buen tiro. Tan pronto como yo entrara en la mira, Él tiraría el gatillo y yo escucharía un disparo que acabaría con todo.

Sabía que yo era un hombre malvado y que no pertenecía en una iglesia. Intentar entrar por la puerta era como entrar en un baño de agua súper caliente. Pues, lo hice pero bien lenta y cautelosamente. Eventualmente pasé por la puerta y me encontré vivo adentro.

Y que casualidad, tan pronto como me encontré adentro, la puerta se cerró de un portazo tras de mí. Y al volumen de un tiro de escopeta.

Había cinco señoras filipinas en la primera fila. Cuando la puerta dio un tiro todas dieron vuelta y me miraron a la vez. Quería arrastrarme al fondo de la capilla porque me veía como un ser extraño con pelo largo y no quería asustar a nadie. Estas señoras probablemente pensaban que iba a robarles el bolso. Yo pensaba que todas iban a saltar de la fila y gritar: "¡La maldad está entre nosotras! ¡Maldad! ¡Maldad!" Pues me senté en el fondo de la iglesia.

Era muy oscuro dentro de la iglesia – la única luz emitía de un puñado de velas encendidas que habían sido colocadas sobre una mesa en el medio de la capilla, cerca de las señoras filipinas.

Una de ellas hablaba rápidamente y con acento fuerte. Conducía a las demás filipinas en lo que estaba diciendo. Lo único que yo escuchaba era una sarta de palabras incomprensibles: "Dios" y no sé qué... "Santa" y no se qué... "Amén."

Mi primer instinto fue ir al sacerdote y decirle que las señoras estaban tramando algo. La señora que conducía decía algo y luego las demás respondían – llamado y respuesta. Es más, la líder parecía ofrecer su propia respuesta a los pensamientos de las demás. Todo me parecía muy pero muy extraño.

De repente la líder se dirigió a mí y empezó a hablarme. Extendió una mano que tenía lo que parecía ser un collar brillante. Me preguntó, "¿Jovencito, te gustaría rezar la próxima década?"

La miré con una cara llena de asombro. "¿Qué?" En mi mente, la palabra "década" sólo quería decir una cosa – 10 años. Le di una mirada que dijo, "Señora, ¿qué demonios está diciendo?"

Aparentemente ella pensaba que podía aclarar las cosas. Levantando el brazo, sacudió el collar y me dijo, "Pero es el Segundo Misterio Doloroso." Yo estaba perplejo. Al ver que no había ninguna respuesta de mi parte, volvió con el grupo a lo que estaba haciendo. Obviamente, entiendo ahora que ellas rezaban el Rosario pero en ese entonces no tenía ni idea. Y esa oración parecía continuar para siempre. Después de un rato, me puse a preguntar si el sacerdote iba a venir. Tal vez mintió sobre lo de celebrar la Misa. Tal vez estaba con la policía en ese momento, compartiéndole todo lo que yo le había dicho.

De repente, las luces en la iglesia se encendieron. El sacerdote entró, vestido con ropa diferente de la de antes. Casi me pareció que llevaba la ropa de un hippie. Tenía puesta una toga larga de varios colores. Hizo muchos gestos, los cuales las señoras filipinas parecían estar imitando. Se levantaron y se sentaron, se levantaron y se sentaron. Extendieron las manos en respuesta a los gestos del sacerdote. Las señoras parecían estar en harmonía las unas con las otras. ¿Cómo sabían levantarse y dar la misma respuesta? Nunca había visto tal cosa. Pensé que tenía que haber algunos hilos de marioneta. ¿O era como la telepatía?

Mientras yo las miraba, todas las señoras se arrodillaron con las manos dobladas tal como los niños que había visto en el libro. Se enfocaron en el sacerdote, así que yo me enfoqué también. Hasta este momento, no había podido escucharlo claramente, pero cuando fue a la mesa en el medio, había un micrófono que me ayudó a escucharlo.

En algún momento, todo se hizo silencioso. Él se inclinó sobre lo que yo pensaba era nada más que una mesa, y tenía un círculo blanco pequeño en las manos. En voz clara, dijo, "Tomad y comed todos de él, porque esto es mi Cuerpo."

Luego levantó el círculo hacia arriba. Eché una mirada a las señoras filipinas. Parecía que hubieran entrado en otro mundo.

El sacerdote siguió levantando el circulito hacia arriba por lo que parecía mucho tiempo. Entonces, de repente – esto es muy difícil de explicar – había una voz de poder total en lo profundo de mi ser que me mandó, "¡Adora!" Perdí los estribos porque no sabía de dónde vino esa voz, y seguramente no era yo mismo. En un instante, algún conocimiento me penetró que el sacerdote tenía a Jesucristo, el Salvador del mundo, en sus manos. Parecía que el tiempo se había parado. Cada fibra de mi ser se fijaba totalmente en lo que veía.

De inmediato supe que esto era la Comunión Sagrada – que esto era el Santísimo Sacramento, y que yo estaba en la presencia de Dios. Entendí que Dios está tan enamorado de la humanidad que viene y se hace presente en la extrema humildad – en lo que parece ser un pedacito de pan. Salvo que ya no es pan. Es un milagro. ¡Es Jesús!

Ah, aún no entendía la teología de todo eso, pero sí sabía que era la verdad.

A continuación, el sacerdote repitió el mismo proceso con el cáliz. Se inclinó sobre el altar y dijo, "Tomad y bebed, todos de él, porque éste es el cáliz de mi Sangre, Sangre de la alianza nueva y eterna, que será derramada por vosotros y por todos los hombres para el perdón de los pecados. Haced esto en conmemoración mía."

Luego elevó el cáliz. Y de nuevo, este poder me penetró por todo el cuerpo y en lo profundo de mi alma me mandó, "¡Adora!" Y lo hice. No sé cómo, pero sabía que lo que veía era el vino transformado en la Sangre de Jesucristo, quién es Dios. Era como si hubiera recibido una inyección de catolicismo introductorio. Me di cuenta en ese momento que tenía que hacerme católico cueste lo que cueste.

Todo adentro estaba tan enfocado. Esta era la respuesta. Esta era la verdad. Me había dado algo, algún conocimiento, y me había conmovido a afirmarlo con toda mi voluntad. Y ahora lo creía.

Luego, el sacerdote salió del altar y las señoras filipinas se levantaron para encontrarse con él. Les presentó a Jesús. Y les dijo, "El Cuerpo de Cristo." Y ellas respondieron, "Amén." Cada señora hizo eso y volvió a su lugar con una cara de amor. Todas tenían las manos dobladas y todas estaban muy conscientes de que acababan de recibir el Dios vivo.

Pensaba, "Me estás tomando el pelo. ¿Quieres decir que

este milagro está pasando? ¿Que Dios viene y convierte un pedazo de pan en Su Cuerpo y el vino en Su Sangre, para que podamos comerlo?"

Me di cuenta de que desde la edad de 10 o 11 años, había puesto muchas cosas diferentes en la lengua buscando la felicidad. Había tomado muchos líquidos diferentes buscando esa transcendencia, algo que era más, algo que me iba a satisfacer para siempre. Aquí estaba la respuesta. ¡Dios! Y había penetrado mi mundo por medio de la Virgen María y ahora me estaba llevando hacía Él e invitándome a tomar parte de su mismo Ser, la comida que trae la vida eterna. Y la bebida que sostiene. Me sentía totalmente abrumado.

Después de que se terminó la Misa, fui a ver al sacerdote en su oficina. De repente, no sólo tenía conocimiento de la Eucaristía y de la Misa sino también de muchas otras cosas del catolicismo. Dios me había dado este regalo y no puedo explicar cómo. Me puse a hablarle al sacerdote de esta experiencia, y otra vez me dio una mirada de shock.

Le pregunté, "¿Es por ser sacerdote que Dios le ha dado el poder de decir esta cosa de la Misa y hacer presente a Jesús? ¿Por el amor de Dios tiene el poder de convertir este pedazo de pan en el Cuerpo de Cristo y este vino en la Sangre de Cristo?"

"Sí," me dijo.

Compartí con él que durante esta Misa, se me había revelado qué era lo que pasaba. Esta era la respuesta, el significado de todo. Este era el significado del tiempo y de todo lo que existe. Yo usé una analogía de Jesús como el sol que da vida a todo lo que conocemos. Pero en un sentido la verdad es que Jesús en la Eucaristía da vida a todo. Y sólo la Eucaristía nos sostiene; es el pan de lo sagrado. Mis emociones de amor volaban con Jesús y con María en ese momento. Le expliqué que sabía que la Iglesia era como un hospital para los enfermos como yo. Jesús era el médico y el medicamento. ¡Y todo era gratis!

El Padre estaba estupefacto. Me preguntó, "¿Cómo es posible que has llegado a entender todo esto en 45 minutos, desde que hablamos antes de la Misa?"

Le respondí, "Padre, eso no es todo. Cuando fui a la iglesia y encontré a las señoras filipinas rezando, pensaba que eso era extraño. ¿Pero usted sabe lo que estaban haciendo?" Asintió con la cabeza y dijo, "Sí, estaban rezando el Rosario." Le dije que quería aprender el Rosario lo más pronto posible.

También le pregunté de los individuos en las ventanas de vidrio de colores. "¿Entonces esas personas se entregaron totalmente a Dios y ahora están con Dios y con la Iglesia en el cielo?"

"Sí, esas personas son santos. Podemos hablar con ellos y rezar a ellos y nos ayudarán."

"¿Entonces, en algún sentido, son mis hermanos mayores?"

"Exactamente."

"Y esas estatuas enfrente de la iglesia. ¿Es una de ésas la Santa Virgen María?"

"Sí."

"Es una estatua hermosa. ¿Quién es el hombre al otro lado?"

"Él es el marido de María, pero no es el padre biológico de Jesús porque el padre de Jesús es Dios."

"¿Y las personas estaban arrodilladas en la Misa porque Él es Dios? Eso tiene todo el sentido porque si estás en la presencia de Dios, debes estar arrodillado."

"Muchacho, me estás asombrando."

"Padre, no sé cómo explicar esto, pero acabo de recibir la verdad por las venas. Ya entiendo todo esto y tiene mucho sentido."

"He estado tratando de impartir esto a los marineros por años, ¿y lo entiendes tú en 45 minutos?"

"Padre, no sé qué decirle."

El sacerdote me dijo que su horario ya estuvo lleno por el resto del día, pero que tenía mucho interés en continuar el diálogo. Me pidió volver el siguiente día. Por supuesto, dije que sí.

Luego me dijo, "Antes de que te vayas, quiero darte algunas cosas."

Fue a la pared y bajó un crucifijo grande. Me pidió llevarlo a casa y colgarlo en mi cuarto.

Fue a otra pared y bajó una pintura de Jesús. Era Jesús con Su corazón. El corazón tenía una llama encima y una cruz y

Jesús señalaba el corazón atravesado. Había un agujero o una herida. Estaba señalando el corazón y, al mismo tiempo, dando la bendición. La otra mano estaba elevada hacía mí.

Finalmente bajó el cuadro de una persona de la pared. No tenía idea de quién era. Era una foto de un viejo vestido en blanco. Yo estaba tan ingenuo que asumí que era una foto del abuelo del sacerdote. Por supuesto, aprendería más tarde que era el Papa Juan Pablo II, un hombre a quien yo llegaría a amar con mucho cariño.

Recibí estos tres artículos en mis brazos, le agradecí al sacerdote, y volví a la iglesia. Cuando entré no había nadie. Pero en algún sentido sentía que sí había alguien allí conmigo. Miré alrededor y anduve hacia el frente. Vi la caja dorada grande con una vela encendida a su lado. De repente me di cuenta: "¡Caray! ¡Pienso que Jesús está allí adentro!"

Podía sentir una presencia allí y me sentía tan feo que me aparté, sabiendo que era sagrado.

Al ir hacia el fondo de la iglesia, vi un cuarto pequeño que tenía un letrero encima que decía "Confesión." Miré adentro y casi empecé a llorar. Sabía exactamente para qué servía este cuarto. Era el cuarto de la misericordia.

Pero todo sucedía tan rápidamente. Antes de salir, di una mirada atrás a la caja dorada y prometí que volvería.

12

DESINTOXICACIÓN DIVINA

CUANDO ENTRÉ CORRIENDO como una tormenta por la puerta de la casa de mis padres, mi mamá todavía estaba allí, tomando su cafecito. No me preguntó cómo salió todo con el sacerdote, aunque se fijó en el crucifijo y los cuadros. Tenía que ser surrealista verme con imágenes de Jesús y del Papa, pues estaba más acostumbrada a verme pasar por la puerta con drogas, bebidas o artículos robados.

Fui directo a mi cuarto e inmediatamente pasé a tirar abajo todo de las paredes – desde mi póster de los Muertos Agradecidos hasta la página desplegable de la Señorita Diciembre. Luego sentí el impulso de llevar las cosas un poco más lejos. Fui a la cocina y saqué una media docena de bolsas de basura. Volví corriendo a mi cuarto y me puse a llenarlas con casi todas mis pertenencias.

Comencé a tirar toda mi música, todas mis revistas pornográficas y todo el equipamiento que tenía para tomar drogas. Todo desde mi música de metal a mi colección de revistas *Playboy* y *Penthouse* a mis pipas de marihuana. Hasta los artículos que de por sí no eran malos fueron a la basura.

A fin de cuentas, llené seis bolsas, cada una de 30 galones (110 litros). Las arrastré a la puerta principal, las amarré y tiré cada una en el jardín del frente. Mi actitud era, "Mundo, si quieres algo de esto, aquí tienes."

Volviendo a mi cuarto, vi a mi mamá observándome. No dijo nada pero sin duda tenía una expresión de maravilla.

No sabía qué hacer después de eso, así que silenciosamente cerré la puerta y colgué el crucifijo, la imagen del Sagrado Corazón de Jesús y el cuadro del Papa. Eso tomó diez minutos. ¿Ahora qué?

Me di cuenta de que no podría volver a hablar con el sacerdote por casi 24 horas. Empecé a preocuparme porque no podía imaginar estar solo por un día entero. Mi vida típicamente se caracterizaba por las distracciones. Ahora estaba solo con mis pensamientos, cosa que me hacía sentir muy incómodo.

De repente me llegó a la mente la idea de rezar – hablar con Dios y con la Virgen María. ¿Sabes qué? Todavía no sabía cómo rezar. Hasta esa experiencia en la iglesia, nunca había ofrecido oración alguna en toda la vida. Ni recuerdo hacer una oración cuando me bautizaron.

Volví al libro *The Queen of Peace* para ver si contenía algunas instrucciones. Desafortunadamente, no había nada similar a un manual de oraciones para principiantes, así que empecé por imitar a los niños en el libro. Al examinar las fotos, vi que los niños tenían algo enfrente de ellos – una mesa con rosarios y fotos – así que saqué el cajón del tocador. Me puse de rodillas, puse los brazos sobre el cajón, y doblé las manos tal como lo hacían en el libro.

"¿Ahora qué? ¿Digo abracadabra? ¿Cómo funciona esto?" me pregunté.

Mientras estaba arrodillado, envuelto en mi deseo de rezar – y de veras lo estaba intentando, gruñendo y concentrándome – mis ojos se fijaron en el retrato del Sagrado Corazón, el cual lo acababa de colgar arriba del tocador. Enfocándome en los ojos de Jesús, en Su gesto y en Su Corazón, empecé a sentir tantas emociones y tanto amor que me rompí en llanto y lloré y lloré y lloré. Hasta esa mañana, no imaginaba que un ser humano pudiera llorar tanto.

De hecho, estaba llorando de manera tan fuerte que apenas podía respirar. Estaba jadeando. Había torrentes de agua saliendo de mis ojos. Al poco tiempo la ropa que llevaba estaba mojadísima.

Seguí de rodillas en esa posición por la mayor parte del día. Y nunca paré de llorar durante todo ese tiempo. Nada más seguí mirando ese gesto de amor y de perdón, sabiendo que era su deseo entrar en mi vida, de amarme, de traerme la paz. Me hizo amarlo tanto.

Pasaron las horas. Estaba totalmente ajeno al hecho de que estaba de rodillas y que debía haber sentido el dolor de estar en esa posición por horas enteras. Pero le abrí mi corazón a Jesús, diciéndole que quería amarlo, que quería obtener el perdón, que quería comenzar de nuevo con la vida y que haría cualquier cosa para poseerla de nuevo. Le dije cuánto me había enamorado de su madre y de lo agradecido que estaba que Él me la daba para ser mi madre. Y estaba agradecido que me la había enviado desde el cielo para que pudiera escuchar su mensaje de perdón – y para que ella pudiera traerme a Jesús.

En algún momento, hasta admití que nunca había entendido bien a Jesús, y que estaba convencido de que no existía.

Después de llorar por muchas horas, me di cuenta de que estaba llorando de otra manera. Lo que me pasaba me gusta llamarlo: desintoxicación divina. Dios no me estaba poniendo una curita. Estaba manifestándose como el Médico divino que me operaba del alma. Al principio era doloroso. Pero después de un rato me di cuenta que me estaba sanando y que me amaba. Me estaba restableciendo. Sentía un alivio enorme.

Después de eso, empecé a llorar lágrimas de alegría. Me sentía casi mareado, como un niño recibiendo cosquillas de su padre. De repente me sentía animado. Tenía la vida en las venas y me sentía diferente. Sentía hormigueo por todo el cuerpo. Estaba tan envuelto en Jesús que me volvía consciente de lo mucho que yo era amado.

Finalmente, en algún momento por la tarde, me levanté. No sabiendo qué hacer de nuevo, decidí acostarme. Lo que me había pasado era tan increíble que nada más quería dormir. El siguiente día me levantaría y se lo diría todo al Padre Callahan.

Al estirarme en el sofá – ni había cama en mi cuarto, sólo un sofá – estaba tan contento. Pero de repente algo debajo de mí y dentro de mí – esto es muy difícil de explicar – me sacó del cuerpo. Realmente me sentía como si hubiera salido de mi proprio cuerpo. Mi cuerpo físico se quedó en el sofá, pero mi alma había salido.

Estaba en una parálisis y también en un estado de shock. No podía mover las manos ni cualquier otra parte del cuerpo. Traté de llamar a mi madre con un grito pero no podía hacer nada de ruido.

Por un instante, pensé que tal vez iba al infierno – como si todo lo que acababa de recibir de repente me hubiera sido quitado; había sido una persona tan mala que no era digno de la misericordia de Dios. Iba a ese lugar de separación eterna de todo lo que había llegado a conocer como lo real, hermoso y bueno. No tenía idea de qué hacer.

Entonces, con cada fibra de mi ser, logré gritar interiormente. Espiritualmente, grité, "¡María!" Fue un grito tan fuerte y penetrante que pareció hacer eco en todo el cosmos. Fue como el grito de un niño llamando a su madre después de caerse y herirse.

Luego de repente estuve agarrado y metido en mi cuerpo con lo que parecía ser la fuerza del universo entero. Fue un empuje tan violento que esperaba que mi madre iba a venir corriendo para ver lo que había pasado. Pero nadie vino porque nadie escuchó sonido alguno.

Después de recuperarme del shock del impacto, un sentimiento de paz me llenó, una paz tangible. Luego escuché una voz, la voz más femenina y pura que jamás había escuchado y que jamás escucharé. Sonó dentro de mí, sonó fuera de mí, fue como el amor líquido derramándose sobre mí. Fue puro amor maternal. Me dijo, "Donnie, estoy tan feliz." Eso fue lo único que escuché, pero sabía quién era. Nadie me llamaba Donnie menos mi madre. Nadie. Sabía que ésta era la voz de María, la Santa Virgen María. Estaba tan contento que me sentía como un niño arrimado al pecho de su madre. Sintiéndome tan amado y tan tranquilo entré en un sueño profundo. No había dormido así desde que era un niño pequeño.

Cuando me desperté el día siguiente, me sentía nuevo, sin uso. De verdad creía que Jesús había escuchado mi grito mediante María y que me había bañado en la misericordia. Había ocurrido una transformación el día anterior. Yo era definitivamente – aunque de manera indescriptible – diferente. Mi luna de miel con Dios había comenzado.

Mientras mi mamá y yo desayunábamos juntos, le dije que iba a visitar al Padre Callahan de nuevo. Aunque yo todavía llevaba mi ropa loca, ella no podía creer el cambio en mí.

Después de salir de la casa fui directo a la oficina del capellán. Tan pronto como lo vi, le dije, "Tengo que hablar con usted sobre lo que me pasó después de salir de aquí ayer." Le dije cómo me había arrodillado y llorado por casi todo el día y cómo me había entregado totalmente a Jesús – cómo estaba dispuesto ahora a hacer cualquier cosa por Él. Le conté mi experiencia de la parálisis de miedo y cómo la paz se había derramado sobre mí. Luego compartí con él cómo había escuchado la voz de María diciéndome, "Donnie, estoy tan feliz," y que creía que existía la misericordia para mí también.

El Padre Callahan se quedó boquiabierto.

Dije, "Padre, sé que esto suena muy extraño, pero no puedo negar que me pasó. Pues mírame. Soy diferente ahora. Sé que mi vida va a cambiar un montón. Me estoy poniendo en pie. Ya no me muero por las cosas de antes." Él no podía negar los cambios externos. Eran evidentes.

Así pues, justo allí y en ese momento empezó mi conversión al catolicismo. Le dije, "Padre, tengo que hacerme católico hoy. No puedo vivir por otra cosa porque es la verdad. Con todo mi corazón creo que la Iglesia Católica tiene la verdad. Quiero estar con Jesús y quiero saber todo lo que se trata de Él."

El Padre Callahan intentó moderar mi entusiasmo, diciéndome, "OK, esto está muy bien, pero convertirse al catolicismo es un proceso."

No sabía eso. Esperaba que fuera una situación en que podía arrodillarme y entonces un sacerdote se inclinaría hacia mí y me diría, "Pum, eres católico." Como el soldado siendo nombrado caballero en la Edad Media. No me di cuenta de que sería un proceso largo.

Pero a pesar de mi larga historia de impaciencia, eso de ningún modo me disuadió. "Vamos. Estoy listo. Sea lo que sea."

De ese día en adelante, empecé casi a vivir en la iglesia. Prácticamente de la noche a la mañana, pasé de tener miedo de pisar una iglesia a sentir que era el único lugar en el que pertenecía.

No tenía empleo en ese tiempo. Así que tan pronto como me levantaba, iba a Nuestra Señora de la Victoria en la base. Desde el momento que se abrían las puertas, yo estaba allí para tomar asiento y observar la Misa – aún totalmente impresionado por lo que estaba viendo. Miraba a las personas recibiendo a Jesús y pensaba que era increíble. "No puedo esperar a que lo haga yo mismo," pensaba.

¿Y el Sacramento de la Reconciliación? Miraba la puerta del confesionario pensando, "Si tan sólo el mundo supiera." Tantas personas en el mundo están destrozados y heridos, y escogen tratar con sus problemas usando la psicoterapia. Les pagan a los psiquiatras con dinero ganado con sudor y ni siquiera reciben el perdón. Yo veía la confesión tan terapéutica como la terapia pero aun mejor. Después de todo, era gratis y ofrecía el perdón de Dios. "Es una ganga," pensé.

Ir a la iglesia diariamente no era el único cambio que yo iba a hacer. También decidí cortarme el pelo. Esa decisión era algo traumática. Hacía años que no me cortaba el pelo. Pues, para mí, perder mi mata larga era como el Sansón perdiendo la fuerza. La peluquera inicialmente se negó a cortarlo. Cuando me senté en su asiento, me dijo, "No, no. No puedo hacerlo." Aunque yo tenía muchas puntas abiertas, mi pelo se veía padre. Eventualmente la convencí de hacerlo, pidiéndole hacerlo rápido, como si estuviera arrancando una venda.

Cuando finalmente me había cortado todo, tomé la decisión de no quedarme con el cabello que había caído al suelo. Era un gesto simbólico de mi parte; sentía que tenía que separarme de todo lo asociado con el yo anterior.

Lo gracioso era que después de eso tenía una experiencia similar al síndrome de miembro fantasma, en que alguien que ha perdido un miembro todavía tiene sensaciones dónde el miembro solía estar. Por meses, seguí con el hábito de echar la cabeza hacia atrás, como si estuviera tratando de quitarme el pelo de los ojos. A pesar de que todo mi cabello no estaba allí, aún sentía como si estuviera.

Unas semanas después de cortarme el pelo obtuve empleo en el Departamento de Recreación de la base. Pasé los días cortando el césped y manteniendo los campos de béisbol de la base, un trabajo bastante solitario que también me permitió meditar y rezar el rosario. Sentía mucho la providencia de Dios.

El único problema era que ya no podía pasar horas diariamente en la iglesia. Sin embargo, periódicamente asistía a la Misa en la Capilla de la Inmaculada Concepción (la segunda de las dos capillas en la base), la cual por casualidad estaba al otro lado de la calle del centro de recreación. Durante la hora de almuerzo prefería asistir a la Misa que comer. Hacía las Estaciones de la Cruz, rezaba con la ayuda de un devocionario y me arrodillaba enfrente de la estatua de Nuestra Señora. Y me encantaba cada minuto.

Mientras tanto, asignaron al Padre Callahan a otro lugar, así que tenía que continuar mi proceso de conversión en la Capilla de la Inmaculada Concepción. El sacerdote allí me sugirió que me familiarizara con el proceso de conversión al Catolicismo Romano llamado RCIA – el Rito de Iniciación Cristiana de Adultos. Empecé a revisar los materiales que me proveyeron pero sentía que lo que leía era demasiado florido. "¡Esto es pesado, hombre!" me quejé. "¿Dónde están las cosas lisas y llanas? Esto no va al grano." Los materiales no trataban con la esencia del catolicismo. Ese curso particular de RCIA no llegaba a las verdades esenciales de la fe.

Al mismo tiempo, empecé a hacer mi propia investigación. Lo que descubrí era algo desalentador. Entendía que yo estaba llamado a ser católico pero esto pasaba durante una época muy difícil para la Iglesia. Parecía que muchas personas tuvieran sus propias ideas acerca de lo que el catolicismo debía ser y hacia donde debía llegar, lo que debía enseñar y no enseñar. Aprendía estos puntos de vista alternativos de libros y de conversaciones con otros practicantes. Muchos de ellos me decepcionaban con lo que yo veía como una carencia de pasión por la fe. Las cosas que algunos decían me hacían preguntar, "¿Son católicos verdaderos? No puedo creer que me digan estas cosas."

A pesar de mi adoctrinamiento reciente, ya entendía que las enseñanzas de la Iglesia eran verdades eternas y nunca iban a cambiar. Sabía que nada iba a cambiar la posición de la Iglesia respecto al aborto, la anticoncepción o la homosexualidad. Pero cuando discutía con los demás que asistían a la iglesia cómo no era aceptable añadir a ni substraer del Evangelio, me miraban como si estuviera loco – pues, como si fuera un muchacho que recientemente se había convertido y ahora trataba de predicarles algo.

Me decían, "Vamos. Vivimos por los sesenta y los setenta y nadie cree en esas cosas hoy en día." También decían, "Creemos en mucho de lo que ellos nos predican pero no creemos en muchas otras cosas que vienen de la Iglesia."

Yo escuchaba esto y pensaba, "¿Están hablando en serio?" Las enseñanzas de la Iglesia están claras. Y con firmeza creía que el catolicismo requería una mentalidad de "todo o nada." No era como ir al buffet en el que tomas un poco de esto y un poco de aquello y rechazas lo que no está delicioso.

A veces la verdad nos duele. Si Dios, el Gran Pescador, nos va a enseñar, primero necesitamos que nos pesque. Y su anzuelo va a picar. Por supuesto nos va a doler. La verdad nos duele cuando somos pecadores y cuando reconocemos que no estamos encomendándonos a la verdad.

Y no me echaba atrás de preocupación porque la verdad de la Iglesia le ofendía a la gente. Yo era bastante agresivo. Pensándolo ahora, era más o menos tan sutil como un toro en una tienda de porcelana. Cuando veía a una pareja en la iglesia con anillos de matrimonio y sin hijos, me les presentaba y les decía, "Es terrible que la gente practica la anticoncepción, ¿no crees? Ustedes dos tienen hijos, ¿verdad?"

Casi inevitablemente, esto les daba bronca. Me echaban una mirada que decía, "¿Mande? ¿Quién eres tú?"

Y luego les preguntaba cara a cara: "¿Practican la anticoncepción?"

En una ocasión, monté una escena y el sacerdote tuvo que separarme de una pareja con quien me había enfrentado.

Al poco tiempo me di cuenta de que estaba entrando en la Iglesia durante un tiempo en el que muchos miembros daban la espalda a sus enseñanzas porque el mensaje es difícil – especialmente en un mundo secularista y materialista en donde es mucho más fácil crear al Jesús propio. La gente no está dispuesta a aceptar la verdad moral objetiva así que se cae en el relativismo moral: "No lo haría yo, pero está bien conmigo si lo haces tú." Un ejemplo más específico sería, "No tendría un aborto, pero está bien si lo tienes."

Dicho simplemente, me daban tristeza las cosas que escuchaba de los llamados católicos. Casi me hacían querer llorar. Empecé a visitar a varias parroquias en áreas diferentes, pensando que tal vez era cierta parroquia que estaba equivocada. Pero en cada lugar veía una falta de reverencia durante la Misa. Escuchaba homilías terribles que faltaban la vitalidad.

Para mí era obvio que el mundo se había desviado porque muchas personas a quienes Dios amaba tanto – las personas de su Iglesia – lo habían abandonado.

Al mismo tiempo (aunque me duele decirlo), muchos de los sacerdotes a los cuales conocía también seguían los caminos del mundo. A veces yo era bastante atrevido al decirles cosas como, "¿Por qué no hace usted su trabajo? Necesita predicar la verdad desde el púlpito." Estaba tan frustrado con escuchar las homilías pobres en lugar de la llamada a la conversión profunda por adherirse a todas las enseñanzas de la Iglesia. ¡Muchas de las homilías que yo escuchaba apestaban!

Tristemente, estaba igualmente preocupado por algunos sacerdotes que parecían estar viviendo la vocación como si fuera una carrera profesional – como un trabajo de oficina – en vez de ofrecer sus vidas por las almas. Conocía a tantos sacerdotes que no traían puesto el collar de clérigo. A menudo se vestían como un laico, pues ¿cómo iban las personas a reconocerlo como sacerdote? Los oficiales de policía, los bomberos, las enfermeras y los médicos todos llevan los uniformes para que la gente sepa a quiénes dirigirse cuando necesita ayuda. Sentía que debía ser lo mismo con los sacerdotes.

Pues, dado todo esto, un día me encontré preguntando, "Dios, ¿en qué me has metido?" Sabía que me había llamado a la Iglesia, que era definitivamente el baluarte de la verdad, pero veía a miembros disfuncionales e incompetentes por todos lados – miembros de la Iglesia promoviendo la ordenación de las mujeres, la homosexualidad, la anticoncepción, etc. Me enfermaba.

Naturalmente, compartí mis preocupaciones con un sacerdote en la Capilla de la Inmaculada Concepción y él reconoció que vivíamos en tiempos muy difíciles. Pero al mismo tiempo, me animó diciéndome que si crees, tienes que perseverar. El hecho de que ellos no están viviendo el mensaje no quiere decir que no debes hacerlo tú. Eso fue un buen consejo, y mi oración principal se convirtió en, "¡Jesús, en Ti confío!"

A fin de cuentas él y yo nos pusimos de acuerdo que íbamos a reunirnos para repasar las doctrinas de la Iglesia. Le dije con pasión, "Esto es lo que quiero. Quiero la carne; quiero la sustancia. Los santos, mis hermanos en el cielo, estaban dispuestos a morir por las verdades de la fe, quiero esas verdades. Ya basta con los talleres de afirmación. ¡Quiero saber la verdad!"

Me apasioné por la verdad y me puse a devorar los libros que me ofrecían la carne y la sustancia que tanto deseaba. Pero más allá de los libros y las palabras, seguía prostrado a los pies de María. Rezaba, "María, te quiero tanto y estoy tan enamorado de Jesús. Estoy tan agradecido por lo que me has dado. Tú eres la Madre de Dios. Conoces a Jesús. Él es Dios y tú eres su madre. Y creo que entre todas las personas tú lo conoces mejor."

"Por favor, cúbreme con tu manto maternal, porque no soy el hombre más inteligente y fácilmente me pueden engañar para que yo crea en o incluso invente a mi propio Jesús. Quiero conocer al Jesús real a que tantos han dado la espalda. Sin ti no voy a conocer al Jesús real."

Mezclado con mis oraciones había un sentido de gratitud y humildad. Yo bien sabía qué tipo de persona había sido cuando María me había encontrado y llevado a los pies de su Hijo, Jesús. En alguna ocasión aun le dije, "Madre, me has llamado a esto y sé que es por causa de ti que conozco al Jesús real. Y estoy totalmente dispuesto a encomendarme la vida y ser víctima con Él porque ya debo estar muerto. No merezco vivir pero sé que la plenitud de la verdad se me ha revelado. Entonces lo acepto y voy a seguir con mi conversión al catolicismo."

Durante todo este tiempo, mi papá permanecía en el mar en un portaaviones. Mi mamá le escribió, diciéndole, "No vas a creer el cambio que le ha pasado a Donnie." Lejísimos de los Estados Unidos, mi papá asumió la actitud de, "Si no lo veo no lo creo."

Fiel a mi intención, el día que volvió del mar, yo estaba allí en el muelle para saludarlo. Lo abracé y le dije, "Papá, te amo….Mírame. Estoy rezando el rosario. Voy a la iglesia. Voy a ser confirmado y voy a ser católico."

Al poco tiempo, el día en que cumplí 20 años, el 29 de junio de 1992, los Calloway se sentaron para cenar. Yo estaba sentado al otro lado de la mesa con mi padre, mi madre y mi hermano Matthew. Mientras cortábamos el pastel que mi mamá había preparado, ella me preguntó qué quería para mi cumpleaños.

Mi respuesta fue inequívoca: "Lo único que quiero es tu perdón por todo lo que he hecho mal," comencé. "De veras lo siento por todo lo que he hecho – por todas las maneras y todas las veces que te hice daño. Necesito tu perdón."

"Por supuesto que te perdono. Por supuesto que te perdonamos," replicó mi mamá sin titubeos. Mamá me dijo que siempre había visto lo bueno de mí, aun cuando había sido malo hasta la médula. Y ella sabía que eventualmente las cosas se iban a arreglar. Conocía el poder de Dios y sabía que los milagros como éstos podían suceder.

Desde ese día en adelante éramos una familia católica. Ahora nos conocíamos bien. Ya no ocultábamos las cosas y tampoco había conversaciones superficiales. Ahora la relación era más profunda; yo podía rezar con mi familia. Y cuando rezas con alguien, estás afirmándole algo – que no eres Dios. Al arrodillarte y rezar demuestras lo débil que eres y lo mucho que necesitas la ayuda de Dios. Hacerlo como familia es muy poderoso. Como resultado de mi conversión, ahora tengo un amor por mis padres y mi hermano que no habría sido posible sin la oración.

Más tarde ese verano, finalmente fui confirmado en la Capilla de la Inmaculada Concepción. Mi familia entera estaba allí. Lloré un montón. Mi madre lloró. Hasta la congregación lloró cuando mi papa me miró y me dijo, "Bienvenido a casa, hijo."

Tenía razón en varios niveles. Por primera vez en mi vida, de verdad estaba en casa.

13

CANDIDATO PARA LA DIVINA MISERICORDIA

ESTOY SEGURO DE QUE SORPRENDÍ a muchas personas durante mi período de conversión – especialmente a todos mis amigos. No sorprende que mis cuates adictos a las drogas y al alcohol no sabían cómo reaccionar ante el nuevo yo. Como era predecible empezaron a alejarse de inmediato. Uno por uno, dejaron de llamarme. La reacción de estos llamados amigos me abrió los ojos. Me di cuenta que si quitas las drogas y las bebidas que nos unían, yo no tenía ni una relación auténtica con estas personas que había llamado mis amigos.

Pero mis amigos antiguos no eran los únicos que veían mi comportamiento como raro. Durante mi sanación espiritual llevaba casi todo al máximo. En esos primeros días después de mi conversión, me la pasaba rezando todo el tiempo en la iglesia. Iba ante el tabernáculo y me quedaba prostrado en el suelo frente a Jesús. La gente me miraba hacia abajo y asumía que me había desmayado, sobrecogido por la intensidad de mi experiencia de oración.

Mis modos radicales aun llegaban a mi dieta. O ayunaba o no comía nada más que el pan y el agua por tres o cuatro días seguidos para ir más profundo. Después de enterarme de las Estaciones de la Cruz, empecé a rezarlas rigurosamente – cinco o seis veces al día. Nadie me había dicho que se rezan una vez al día.

Aunque algunos pensaban que se me iba la mano con las oraciones, las señoras filipinas a las que había encontrado en mi primera visita a Nuestra Señora de la Victoria apreciaban mi dedicación y me animaban a seguir adelante. De pronto nos hicimos buenos amigos. A menudo me decían, "Es muy bueno ver a un joven que cree como tú." Durante todo esto, el Padre Callahan insistía en seguir mi progreso porque tenía miedo de que yo fuera un poco intenso.

Lo que mis amigos, el Padre Callahan y estas señoras no sabían era que yo pasaba mucho tiempo en Nuestra Señora de la Victoria rezando para saber cómo podría mejor servir a Dios. Me quedaba arrodillado por horas pidiéndole revelar lo que esperaba de mí. Durante este tiempo en que estaba tratando de discernir todo esto, una de las mujeres filipinas se me acercó. Me sugirió que emprendiera el camino hacia el sacerdocio. Ella me sorprendió mucho. Yo todavía no era católico, ¿y esta mujer veía el sacerdocio en mi futuro?

A continuación ella me dio varios libros. Uno se trataba del sacerdocio y otro contenía postales con las direcciones ya incluidas de una selección diversa de comunidades religiosas. Uno podía enviar los postales para pedir información de las comunidades. Compré un montón de estampillas y envié casi cada postal en el libro. En efecto, un puñado de comunidades me contestó por escrito.

El director de vocaciones de una de las comunidades me llamó a casa. Fue una conversación irreal. Le dije que tenía 20 años y que estaba muy entusiasmado con la fe – que amaba a Jesús y María y quería servir al Señor. Al escuchar esto, él se animó mucho también. Casi podía escucharlo al otro extremo de la línea pensando, "Híjole, este tipo me parece un buen candidato. Es el hijo de un oficial militar, viajero y pasa mucho tiempo en la iglesia."

"Dime más," me pidió. Procedí a decirle cómo había llegado a estar sin hogar, encarcelado, metido en dos programas de rehabilitación, por no mencionar que había tomado casi cada droga imaginable. Además agregué, "Ah, y no soy católico todavía."

En ese momento me interrumpió: "Rezaré por ti, mi hijo." Y me colgó. ¿Fue retribución por esa vez en que yo le había colgado a un sacerdote? Su reacción me desalentó y me confundió mucho. Por un lado, mis amigas filipinas seguían insistiendo que era mi destino ser sacerdote. Por otro lado, la respuesta de este director de vocaciones me sugirió que tal vez no fuera posible dado un pasado tan oscuro como el mío.

Entonces, después de recibir muchas respuestas similares, quedé confundido. No sabía a quién dirigirme. Mi madre veía todo el correo que recibía y periódicamente me preguntaba cómo iban las cosas. Pero parecía dudar en hacerme sugerencias. Tal vez sentía que ahora yo estaba en las manos de Dios. O tal vez todavía estaba en un shock por el hecho de que yo tenía interés en el sacerdocio y la vida religiosa. La idea de hacer los votos de castidad, pobreza y obediencia y de vivir en una comunidad debe haber sido asombrosa.

Mientras tanto, yo no tenía mucha paciencia. Y era tan entusiasta que habría estado feliz ir de puerta en puerta con una mochila, un crucifijo, una biblia y un rosario, hablando con la gente de Jesús y María.

Por fin, acudí a María para guiarme. Le pedí a Nuestra Señora, "Por favor guíame en esto porque no sé qué hacer. Estoy tan enamorado de ti porque me has mostrado a Jesús pero no puedo servirle sin ti. Todo tiene que llegar a mí por ti para sostenerme en el buen camino. Así que voy a responder a las comunidades que tienen tu nombre en su título."

Naturalmente había muchas órdenes religiosas con María en su título. Y después de responder a todas de ellas, recibí más información de docenas de comunidades diferentes.

Seguía confundido, así que de nuevo le rogué a Nuestra Señora, pidiéndole, "Guíame a la comunidad que debo visitar."

Tratando de reducir el número de opciones, le dije a María que seguiría por sólo considerar las comunidades que usaban su nombre dos veces en su título.

Mientras repasaba mi lista, llegué a una comunidad llamada los Marianos de la Inmaculada Concepción de la Santísima Virgen María. "Caramba, ésta hace referencia a María tres veces," pensé. "Ésta debe ser la comunidad en que ella quiere que me enfoque." María no sólo había respondido a mi oración, sino que en efecto me subió la apuesta.

No tardé mucho en llamar a los Marianos y de inmediato tuve un buen presentimiento. Hablé con el director de vocaciones, el Padre Larry Dunn, MIC. Cariñoso y simpático, estaba abierto a visitarme en la casa de mis padres en Norfolk, Virginia. El Padre Dunn había servido en la Marina cuando era joven y le emocionaba que yo viviera en una base naval y que mi padre fuera oficial naval.

Cuando hablamos de mi conversión reciente, su respuesta fue mucho más positiva que los sacerdotes anteriores. "Dios está haciendo cosas increíbles a través de María en estos días," me dijo. "Vamos a ver qué pasa."

Unas semanas después, el Padre Dunn nos visitó. Mi mamá preparó una cena italiana grande. Todo lo que ella hizo y todo lo que dijo me hizo lucir. Radiante por todo el tiempo que el padre estuvo en nuestra presencia, la cara de mi mamá reflejó la felicidad y también el alivio por todo lo que estaba pasando.

Después, el Padre Dunn me invitó a pasar un fin de semana con los Marianos en Washington, D.C. Sería el siguiente paso para averiguar si nos llevaríamos bien. Al subir el autobús Greyhound para Washington, D.C., no tenía idea de qué esperar pero sí tenía muchas esperanzas.

Después de llegar a la residencia de los Marianos, todo me hizo sentir muy bien. La casa era tranquila y estaba llena de la presencia de María. Me sentía en casa. Los Marianos promueven el mensaje auténtico de la Divina Misericordia. Eso también me llevaba bien. Si alguien había recibido el perdón de Dios, era yo. Tenía un asiento en primera fila. Me sentía como el candidato principal para la Divina Misericordia.

Llegué a saber que la devoción y el mensaje de la Divina Misericordia era uno de los regalos más grandes que Dios había dado a la Iglesia en nuestro tiempo. Me enamoré de este mensaje y de la gran secretaria de la misericordia de Dios, Santa Faustina Kowalska. El corazón de este mensaje y devoción es la espiritualidad de la confianza. Como muchos saben, al pie de la imagen que representa a Jesús como la Divina Misericordia está la inscripción "¡Jesús, en Ti confío! Era precisamente esa espiritualidad de confianza que había recibido en mi vida y quería compartirla con los demás.

Pues, al descubrir que los Marianos estaban en la línea del frente en cuanto al deber de difundir este mensaje, yo quería ser parte de eso también. De hecho, el Papa Juan Pablo II les dijo a los Marianos en 1993 que debían ser apóstoles de la Divina Misericordia bajo el manto maternal de María. ¿Qué más podía pedir que ser un sacerdote de la Divina Misericordia? ¡Caramba!

Pero lo que me emocionaba también era que los Marianos eran fieles a la Iglesia. Claramente adoraban la Eucaristía, amaban al Papa y seguían las enseñanzas de la Iglesia. Aparte había jóvenes aquí en la casa ardiendo con entusiasmo por

María. Hablaban de las apariciones marianas. Hablaban de todas las cosas que eran bien importantes para mí y que me habían atraído a Cristo y a la Iglesia.

Cuando la visita estaba por terminar, estaba tan emocionado de todo lo que había visto y escuchado que le dije al Padre Dunn que quería quedarme. No necesitaba volver a Virginia; ofrecí enviar mis cosas a Washington, D.C. El Padre Dunn apreció mi entusiasmo y rió entre dientes pero dijo, "Hay un poco más involucrado con este proceso. ¿Por qué no vas a casa y rezas? Entonces, si decides solicitar para entrar en nuestra comunidad, yo te mando la solicitud y comenzaremos el proceso."

Cuando volví a casa, empecé a rezar. Tenía una sensación de vacío interior, el cual me indicaba que Dios me estaba llamando a estar con los Marianos. Quería llevar el nombre de María y éste era el camino para mí.

Mientras tanto, los Marianos eran honestos y abiertos conmigo respecto a la posibilidad de ser aceptado. "Tu pasado es pesado," dijo el superior de la casa mariana de Washington, "pero si Dios te está llamando a nuestra comunidad, no queremos estorbar. Queremos estar abiertos a la voluntad de Dios."

Sin embargo, aprendí que el proceso de aplicación no era el único obstáculo que tenía que sobrepasar. Llegar a ser sacerdote típicamente es un proceso largo y sería aún más largo para mí. Normalmente toma aproximadamente seis años, pero en mi caso yo tendría una formación de más o menos una década. Eso se debía al hecho de que no sólo faltaba una licenciatura, sino también un diploma.

Sólo tenía 20 años, así que en ese tiempo una década quería decir la mitad de mi vida. Pero aun con ese compromiso sobrecogedor, sentía que no tenía nada que perder. En mi mente pensaba que ya debía haber muerto. Ahora recibía una segunda oportunidad.

"No te desanimes pensando en el período de tiempo," me aconsejó el superior de la casa en Washington. "Recuerda siempre que el vino que se añeja con el tiempo es mejor." Si eso fuera el caso, yo sería un vino muy fino porque el viaje al sacerdocio me aseguraría que envejeciera por un rato.

Presenté mi solicitud formalmente a los Marianos al principio del 1993. Luego vino un proceso de aplicación que resultó ser difícil. Dada mi historia, recordar, repasar y explicar mi pasado era más delicado que para la mayoría de los otros candidatos. Como cualquier otro candidato, tuve que llenar un formulario que abarcaba los antecedentes familiares y la educación. También tuve que proveer mi certificado de confirmación, mi certificado de bautismo y todos mis certificados de notas de la escuela preparatoria. Además tuve que entregar siete cartas de recomendación y someterme a un examen psicológico de varias horas – uno que involucraba muchísimas preguntas de manchas de tinta. Finalmente, tuve que escribir un ensayo autobiográfico y someterme a un examen médico.

Después de hacer todo eso, lo único que podía hacer era esperar una respuesta del superior provincial y sus cuatro consejeros provinciales. La paciencia todavía no era una de mis virtudes, pues esperar una respuesta era angustioso.

Cuando Padre Dunn me llamó y me informó que había sido aceptado al postulantado – el primer año de formación – me sentí extasiado. Mi mamá también estuvo igualmente alegre. Para entonces hacía menos de un año que era católico. Sin embargo, los Marianos decidieron aceptarme y darme la oportunidad. Era increíble que estuviera por comenzar esto y, en algún sentido, vivir como los cristianos en la Iglesia temprana. Todo iba a tratarse de Jesús y María y esforzarse por salvar las almas. Milagro tras milagro pasaba en mi vida y todo lo que esperaba se hacía realidad.

14

CAMPAMENTO DE ENTRENAMIENTO ESPIRITUAL

ENTRAR EN EL POSTULANTADO A FINALES del verano de 1993 fue un tiempo amargo para mí. Aunque parecía que todos mis sueños se hacían realidad, separarme de mi hermano Matthew era bien difícil. Acababa de cumplir 10 años y había una parte de mí que quería quedarse y mirarlo crecer. Hasta ese punto en mi vida, había sido una desgracia de hermano mayor y sinceramente quería reponer el tiempo perdido. Por primera vez quería ser un buen ejemplo para él.

Despedirme de él fue aun más difícil de lo que esperaba. Al abordar el avión para Washington, D.C., me eché a llorar. No podía aceptar que viviríamos tan lejos, al menos por el futuro predecible. Pero yo sabía que estaba llamado al sacerdocio así que Dios en su amor por Matthew y por mí nos bendeciría y nos ayudaría. Creía que Dios sacaría algo bueno de nuestra separación.

Al llegar en Washington me mudé a la residencia mariana con los otros dos nuevos postulantes. Pero antes de comenzar oficialmente el postulantado tuve la oportunidad de dar un rodeo espiritual. En 1993, el Papa Juan Pablo II iba a venir a la Jornada Mundial de la Juventud en Denver, Colorado. Gracias a los Marianos yo podía asistir. Por supuesto, no dejé pasar la oportunidad.

En ese tiempo los Marianos tenían una parroquia en Greensboro, North Carolina. Fuimos allí en carro y luego tomamos un autobús todo el camino a Denver – 1.600 millas y 35 horas en el camino.

La experiencia entera fue una alegría tremenda. No podía creerlo. Sólo un año después de mi conversión iba a estar en la presencia del Papa. Cuando entró volando en el estadio Mile High de Denver en un helicóptero, yo temblaba con tanta emoción y mi corazón palpitaba fuera del pecho. Éste era mi padre espiritual. Además me emocionaba que por primera vez había encontrado a otros católicos jóvenes con una pasión similar por la fe. Después, estaba ansioso por volver a Washington para empezar el viaje al sacerdocio.

Pero lo que descubrí era que el postulantado se sentía como empezar de nuevo – especialmente en cuanto a la educación. Habiendo visto la vida fraterna mariana, la universidad comunitaria local era bien diferente. Los únicos créditos académicos que tenía eran del GED, el cual es un certificado que es básicamente el equivalente de un diploma. Pero aun así, sabía muy poco de matemática, historia y ciencias. Por lo tanto, tuve que asistir a una universidad comunitaria por un año y pagar con mi propio dinero. El costo se sumó a 4.000 dólares pero gracias a mi trabajo en el centro de recreación había ahorrado lo suficiente.

Durante el postulantado viví con los Marianos, estudiando el Catecismo de la Iglesia Católica y asistiendo a la Misa diariamente. Pero inevitablemente tuve que pasar muchas horas en la escuela. Y tal como en la preparatoria, mi experiencia en la universidad comunitaria fue en gran parte miserable.

Para empezar tuve dificultades con los requisitos académicos. Aun antes de que pudiera tomar clases para ganar créditos, tuve que tomar algunos cursos básicos de inglés y matemática. Aprender fracciones y otros conceptos matemáticos me costó mucho. Recuerdo muchas instancias en las que entraba en el gimnasio sólo para descargar mi ira sobre un saco de arena disponible.

A pesar de que estaba muy frustrado seguía consciente de que estos requisitos básicos eran necesarios para alcanzar mi objetivo. Me esforzaba por enfocarme en los temas de matemática e historia aunque moría de ganas de leer filosofía y teología. Otra vez estaba aprendiendo de la forma más dura que la paciencia es una virtud.

Aun más inquietante que los temas que estudiaba era el ambiente de la universidad comunitaria. Me encontraba con profesores y estudiantes extraños que me hacían preguntar qué estaba haciendo aquí en ese lugar. Muchos de los profesores recomendaban lo que yo veía como el comportamiento inmoral y blasfemo. Cabe decir que todo eso me motivó a acabar con los requisitos básicos lo más pronto posible.

Después de mi año de postulantado, entré en el noviciado – un tipo de campamento de entrenamiento espiritual durante el cual básicamente vives como monje por un año. Durante el noviciado los novicios están bajo la orientación de un maestro, un sacerdote de quién totalmente dependes. Tienes que seguir un horario muy estricto desde el amanecer hasta el toque de queda – uno que establece cuándo estudias, rezas, comes y trabajas.

Mi maestro de novicios era el mero mero. Había sido misionero. Acostumbrado a cazar y vivir sin agua corriente ni tubería interior, no tenía problema en inculcarnos la disciplina.

Cuando conocí al Padre Gerry, esperaba que él quedara impresionado por cuánto yo también llevaba las cosas al extremo. Llegué al Santuario Nacional de la Divina Misericordia en Stockbridge, Massachusetts (un pueblo en la parte oeste del estado) para pasar un año con no mucho más que una mochila pequeña. Naturalmente, al conocer al Padre Gerry, pensaba que iba a estar satisfecho con mi actitud minimalista.

"Estoy listo. Lo único que tengo es mi mochila," le dije al presentarme. No le afectó nada.

"Te voy a poner a prueba," me respondió.

"¿Qué?" Me puse un poco nervioso al pensar de su promesa de evaluar hasta dónde iba a llegar mi ánimo, mi coraje y mi energía. Me preguntaba si iba a intentar romperme y después fortalecerme – tal como en las fuerzas armadas.

De pronto aprendí que yo no tenía porqué estar nervioso. Al contrario, llegué a descubrir que me gustaba el noviciado. Muchos hombres lo encuentran opresivo y esperan ansiosamente a que termine, pero a mí me encantaba la estructura y la disciplina. Rápidamente me acostumbré a la rutina y aprendí a apreciar la disciplina que requería. Pues la necesitaba también.

Nuestro horario era más o menos el siguiente: cada día nos levantábamos temprano y desayunábamos con el Padre Gerry. A pesar de que nos sentábamos juntos en la misma mesa, a nadie le permitía hablar. Eso se debía a lo que se llamaba la regla del Gran Silencio, que significaba que desde las nueve de la noche anterior hasta el fin del desayuno el próximo día teníamos que guardar silencio. Al principio era difícil callarme la boca por 12 horas continuas. Pero después de acostumbrarme al silencio, llegó a ser casi natural. Y créeme, es más poderoso cuando vives con tanto silencio cada día por un año entero.

Desde las nueve de la mañana hasta el mediodía asistíamos a unas clases en las que el Padre Gerry nos enseñaba la oración, los votos y la historia de los Marianos. Leíamos las encíclicas y todo tipo de materias religiosas. Después del almuerzo todos trabajábamos en varias cosas, normalmente la labor manual como rastrillar las hojas o pintar. Día tras día, ésa era la rutina.

El Padre Gerry nos vigilaba mucho. No nos permitía mirar la televisión ni usar la computadora. El Internet, si hubiera estado disponible en ese tiempo, habría estado prohibido. En nuestros cuartos sólo podíamos tener dos libros, un crucifijo, una estatuilla de María y nuestra ropa. Respecto a la higiene personal, nos limitaba la cantidad de agua que podíamos usar – una indicación clara del entrenamiento misionero del Padre Gerry – y nos permitía sólo una toalla limpia a la semana.

En el principio tenía algunas dificultades de acostumbrarme a la rutina porque era muy impaciente. Tan pronto como terminábamos de desayunar quería saber el plan para el día. Le preguntaba, "¿Qué vamos a hacer hoy?" El Padre Gerry se negaba a decirme porque quería que entregara mi voluntad. Al principio me agitaba mucho pero después de un rato empecé a darme cuenta que ser obediente traía la paz. Si crees que Dios está actuando por medio de tu maestro de novicios eso te hace la vida más fácil porque no tienes que preocuparte por nada. Te libera. Pero tomó tiempo adquirir esa perspectiva.

Otra dificultad que tenía era acostumbrarme a las restricciones de comida. El Padre Gerry nos permitía comer tres veces al día. Apenas nos permitía comer algo ligero fuera de eso. Lo único que podíamos comer era un pedazo de fruta a eso de las tres de la tarde. Créeme, siempre recogía ese pedazo de fruta.

El Padre Gerry también siempre vigilaba el tamaño de nuestras porciones. En la cena teníamos la tendencia de ir amontonando la comida en el plato porque sabíamos que no íbamos a comer durante las próximas 12 horas. Pero el Padre Gerry prevenía eso. A menudo me obligaba a quitar la comida de mi plato. Aunque me quejaba de eso por un tiempo, el enfoque del Padre Gerry hizo mucho para mí. Su régimen acabó con mis hábitos de comer y perdí 30 libras (13.6 kilos) ese año.

La lección más importante que aprendí durante el noviciado fue la moderación. Entré con una pasión indomable. Insistía en un enfoque de todo o nada.

Al llegar en Stockbridge, le dije al Padre Gerry que quería dormir tres o cuatro horas cada noche para que pudiera pasar la mayor cantidad de tiempo rezando. "Los santos no dormían ocho horas cada noche," le dije. El Padre Gerry opinó que mis intenciones eran nobles pero que yo no era un ángel. "Si Dios te llama a ser un santo, eso está bien. Pero por ahora quiero que duermas ocho horas en la noche," me dijo.

Era lo mismo con manejar. Siempre que subíamos al carro, yo quería manejar lo más rápido que podía sin que nos detuviera la policía. El Padre Gerry me decía, "No vayas a más de 55 millas por hora (89 km)." Y él miraba fijamente el velocímetro. Me enloquecía. Pero después de un rato, llegué a entender la lección que él trataba de enseñarme: la moderación en todas las cosas.

Y como eso no fuera suficiente para mi lado impaciente, el Padre Gerry también se ocupaba de mi tendencia a dejar las cosas para más tarde y a ser ocioso. Yo no entendía la importancia de la atención al detalle y a menudo dejaba un trabajo medio hecho. Para mí era muy difícil entender que una de las cosas mejores que uno puede hacer en la vida espiritual es ser fiel a las cosas pequeñas, incluso algo tan sencillo como rastrillar las hojas.

Vale mencionar que las propiedades de los Marianos en Stockbridge, situadas en las montañas hermosas Berkshire, tienen centenares de árboles. En muchas tardes el Padre Gerry me mandaba a rastrillar las hojas de acres y acres de tierra. Rompía muchos rastrillos – a veces a causa de la frustración – antes de darme cuenta que rastrillar las hojas puede ser una forma perfectamente válida de amar y servir a Dios. A veces me pregunto si todo ese trabajo de rastrillar era retribución por todos los árboles que había talado en la tierra de mi padre en West Virginia.

Después de terminar el año de noviciado, llegué a entender cuánto me había acostumbrado al silencio y a la rutina. El día después, fui a un centro comercial para comprar ropa nueva. Sentía como si hubiera entrado en un país extranjero. Había tantas sensaciones desconocidas: demasiadas cosas que escuchar, ver y oler. Bombardearon mis sentidos y no podía aguantar más. Casi sentía que me violaban espiritualmente y de repente quería volver al noviciado.

La experiencia entera del noviciado me impactó tanto que por un tiempo quería nada más que ser nombrado el maestro de novicios. De hecho, les pedí a mis superiores que me entrenaran para ese servicio. Pensaba que debía infundir a los hombres en formación el mismo tipo de espíritu y de disciplina que yo había recibido. Incluso consideraba la posibilidad de llevar las cosas un poco más allá y servir de misionero como el Padre Gerry.

Para poner a prueba esta esperanza, tomé un viaje a Alaska en mayo del 2000. Por un mes me quedé en dos pueblos allí – Stebbins y St. Michael. Eran pueblos en el mar de Bering, ambos aproximadamente 500 millas (800 km) de la calle pavimentada más cercana. Había 10 o 15 millas entre los dos pueblos y la única manera de viajar entre ellos era manejar un cuatriciclo con una escopeta sobre mi espalda para protegerme contra los osos y otros animales salvajes.

Aunque me encantaba el sentimiento de estar en el medio de la nada y apreciaba la sencillez del estilo de vida esquimal, resultó ser demasiado para un "hombre continental" como yo. Para empezar, no había agua corriente ni tubería interior. Tampoco comí mucho porque la dieta de la gente indígena yupik por la mayoría consistía en el pescado. Tampoco dormí mucho porque mi alojamiento estaba infestado de todo tipo de bichos. La higiene de los habitantes era atroz. Muchos tenían la hepatitis A porque usaban una cubeta de cinco galones como retrete colectivo.

Sin embargo la parte más angustiosa de la experiencia fue un encuentro muy difícil con el suicidio, el cual ocurre frecuentemente entre los esquimales de Alaska. Casi al final de mi estancia una muchacha se voló la cabeza con una escopeta. Llegué a la escena cinco minutos después del incidente y vi su cabeza salpicada en la pared. "No estoy preparado para vivir tan lejos de la civilización," me dije. Salí disparado para la ciudad de Fairbanks.

Afortunadamente, Nuestra Señora estuvo de acuerdo que yo no estaba llamado a ser un misionero en Alaska. Al rezar más sobre mi futuro, ella me aclaró que debía prepararme para una misión diferente. A continuación se me reveló que estaba llamado a ser parte de la nueva evangelización. Mi misión sería reavivar el amor por Jesús y María en los corazones del pueblo de Dios. Sería un mensaje de esperanza y un testimonio de la misericordia.

15

RUMBO AL SACERDOCIO

DESPUÉS DEL NOVICIADO, hice mis votos temporales de pobreza, castidad y obediencia en el Santuario Nacional de la Divina Misericordia en Stockbridge, Massachusetts. Hacer mis votos – el 15 de agosto de 1995 – fue una experiencia increíble. Fue algo irónica también porque por la mayor parte de mi vida la última cosa que quería ser era pobre, casto y obediente. Pero allí estaba – con mis padres y mi hermano Matthew presentes – entregándome a Dios y a Su Iglesia. Más que nada quería entrar en un pacto de amor con Dios y vivir radicalmente.

Poco después de hacer mis primeros votos me mudé a Washington, D.C., en donde tomé otro año de cursos en una universidad comunitaria. Luego me matriculé en una universidad católica local para terminar mi licenciatura. Después de soportar otro año difícil en la universidad comunitaria me encantaba la oportunidad de finalmente estudiar en una institución católica de enseñanza superior. Pero resultó un arma de doble filo.

El departamento de filosofía de esta universidad católica era excepcionalmente bueno y me gustaba estudiar la filosofía. Pero las clases de religión me decepcionaron porque a mi parecer eran demasiado liberales. Después de acabar con una clase particularmente ofensiva – una clase que ahora me gusta llamar la Introducción a la Herejía – quemé el cuaderno. Lo único que quedaba era la parte encuadernada en espiral. ¡Y esa clase la enseñó una monja!

Mientras tanto, resistir las tentaciones de la carne también era un gran desafío. Había muchas mujeres jóvenes atractivas andando por el campus y como todavía yo no llevaba la vestimenta clerical, muchas me coqueteaban. Algunas seguían haciéndolo después de enterarse de que me preparaba para el sacerdocio. Aunque no lo creas, algunas me perseguían con más agresividad que nunca. Tal vez me veían como un gran desafío. O tal vez mi dedicación al sueño del sacerdocio me hacía un buen candidato como esposo en caso de que dejara atrás la vida religiosa.

Nunca sucumbí a la tentación pero no era fácil. Tal como había perseverado en las clases requeridas de la universidad comunitaria, perseveraba en mis esfuerzos para ser sacerdote. Como medida de seguridad para alejarme de las muchachas guapas, me dejé crecer una barba larga que hizo que yo no mereciera una segunda mirada. Quería hacer todo lo posible para que ninguna tentación de la carne me desviara. Tampoco me detendrían los desafíos académicos. Para entonces tenía certeza que estaba llamado al sacerdocio.

Por la Divina Providencia, sólo un año después de estar en esta universidad, mi superior provincial me pidió ser parte de un grupo de cuatro hombres encargado con comenzar una nueva casa mariana en Steubenville, Ohio – una ciudad de casi 20.000 personas en la ribera del río Ohio y una hora al oeste de Pittsburgh. No dejé pasar la oportunidad porque también podía matricularme en la Universidad Franciscana de Steubenville. Los profesores de esta universidad católica toman un juramento de fidelidad al Papa y al magisterio de la Iglesia, y el celo por la fe en el campus es espectacular. Había estado tan ansioso por estudiar en un ambiente académico católico lleno de pasión y por lo tanto fue una gran bendición mudarme a Steubenville.

La Universidad Franciscana es un lugar especial y eso se debe mucho al liderazgo del Padre Michael Scanlan, TOR. Yo había asistido a unas conferencias de verano en la Universidad Franciscana en las que él había hablado. Me inspiró mucho y aprendí de la gran diferencia que un hombre puede hacer en el mundo.

Otro nombre bien reconocido de la Universidad Franciscana es el Profesor Scott Hahn, a quien considero uno de los mejores profesores que jamás he tenido. Durante mis dos años en esa universidad tomé cada clase que él ofrecía. Yo esperaba fuera de la oficina de admisiones por horas para garantizar un lugar en sus clases.

Creo que es imposible adecuadamente explicar lo poderosas que eran las clases de Hahn y lo mucho que me han influido. Algunos han dicho que asistir una clase suya es como tratar de beber a sorbos de una toma de agua. Su estilo de enseñanza es dinámico y poderoso. ¡Te hace querer amar a Dios con pasión! Ni intentaba tomar apuntes en sus clases. Ponía mi pluma en la mesa, me recostaba y disfrutaba de la bondad de un hombre ardiendo tanto con el amor por Dios.

Después de graduarme de la Universidad Franciscana en 1999 con una doble licenciatura en filosofía y teología le escribí una nota al Profesor Hahn y la pasé bajo la puerta de su oficina. Decía: "Profesor Hahn, no puedo expresarle cuánto usted ha hecho por mí. Me ha ayudado tanto a entender lo mucho que Dios es mi Padre y que yo soy su hijo, y cómo esta relación es un pacto filial. ¡Nunca sabrá lo mucho que me ha ayudado a enamorarme con Dios!"

Al terminar mis estudios en la Universidad Franciscana, ya había avanzado mucho. Este antiguo fracaso académico ahora tenía una licenciatura de una de las mejores universidades católicas del mundo – un desarrollo apreciado por nadie más que mi mamá, papá y hermano, los cuales estaban presentes en la ceremonia de graduación. A todos se nos llenaron los ojos de lágrimas cuando nos juntamos después de recibir mi diploma. En algún sentido era difícil para todos – incluso para mí – comprender que en realidad había recibido una licenciatura. Pero a pesar de lo mucho que había avanzado me quedaba mucho todavía para llegar a ser sacerdote.

El próximo paso era volver a Washington, D.C. para asistir al seminario de la Casa Dominicana de Estudios en donde me metí en otro programa académico – un programa que típicamente dura cuatro años. De acuerdo con mi mentalidad a toda velocidad, me encargué de tomar seis o siete clases cada semestre. Eso incluía clases de griego y latín, temas que nunca había imaginado estudiar. En sólo tres años, me gradué *magna cum laude* con una Maestría en Divinidad (M Div.) y una licenciatura eclesiástica STB. El STB es un bachillerato en sagrada teología concedido por las instituciones pontificias, las cuales son reconocidas por el Vaticano. Entretanto, seguía renovando mis votos cada año, pues hay que renovar los votos temporales cada año por un mínimo de tres años. Finalmente, después de hacer los votos por cinco años, presenté una petición para hacer mis votos finales de pobreza, castidad y obediencia. Después de ser aceptado, hice mis votos perpetuos el 24 de marzo de 2000 en el Santuario Nacional en Stockbridge. Ahora yo era miembro permanente de la comunidad mariana.

Aun antes de graduarme de la Casa Dominicana de Estudios había tomado la decisión de continuar mis estudios académicos. Debido a mi amor intenso por la Santa Virgen María quería conocer todos los detalles sobre ella que pudiera. Había estudiado bajo el Profesor Mark Miravalle durante mis años en la Universidad Franciscana y su amor por Nuestra Señora me había inspirado mucho. Después de la Universidad Franciscana, había estado haciendo mi propia investigación acerca de María en el seminario, pero ahora quería una licenciatura especializada en los estudios marianos. En ese tiempo ni sabía que existiera una institución ofreciendo tal licenciatura. Pero al poco tiempo descubrí que había un lugar en Roma llamado el Marianum. Aunque por circunstancias no pude ir a Roma para estudiar, me alegré mucho a descubrir que el Marianum tenía una sucursal en Dayton, Ohio. Se llama el Instituto Internacional de Investigación Mariana.

Con el permiso de mis superiores solicité al Instituto Internacional de Investigación Mariana para obtener un STL en la Mariología. Un STL es una licenciatura de posgrado de estudios rigurosos que también requiere una tesis de maestría. Sería un proyecto de tres veranos más un año para escribir la tesis. Como era el caso con la Universidad Franciscana y la Casa Dominicana de Estudios, me enfoqué totalmente en los estudios.

Por supuesto, era fácil estar absorto en todas las cosas que tenía que ver con María en un lugar como el instituto, el que ofrece la colección más grande de materias impresas acerca de la Santa Virgen en todo el mundo. Tuve la oportunidad de tomar clases con los autores destacados de la Mariología como el

Padre Luigi Gambero. También tuve conversaciones largas con el Padre Eamon Carroll, un teólogo reconocido a nivel mundial y un profesor de la Mariología, el cual – lo digo con tristeza – falleció en noviembre de 2008 a la edad de 87. También tomé la última clase que dio el Padre René Laurentin en el instituto. Para los que no están familiarizados con él, el Padre Laurentin ha sido uno de los mariólogos más destacados de los últimos 50 años.

Durante los tres veranos que pasé estudiando en Dayton, mi amor por María creció más y más. Hasta aprendí a cantar – en latín – a Nuestra Señora. Pero con el requisito de 20 créditos por semestre de seis semanas – y 60 créditos en total – la cantidad de trabajo académico fue pesada. Iba a clase seis horas al día y pasaba a eso de seis horas más en la biblioteca – leyendo, investigando y escribiendo hasta la una de la mañana. En una noche típica dormía sólo cuatro o cinco horas.

En retrospectiva, puedo ver que los rigores del programa le pasaron la factura a mi cuerpo. Durante mi primer semestre en Dayton desarrollé una piedra en el riñón, una de las enfermedades más dolorosas que jamás he soportado. Pero ni siquiera un cálculo renal me disuadió de estudiar día y noche para aprender tanto como pudiera sobre Nuestra Señora.

Naturalmente, al fin del programa tuve que escribir y defender mi tesis antes de recibir la licenciatura. Mi tesis se enfocó en Santa Faustina Kowalska (1905-1938), la secretaria de la Divina Misericordia quien escribió en el *Diario de Santa María Faustina Kowalska: La Divina Misericordia en mi alma* todos los mensajes de este atributo más grande de Dios, los cuales Jesús y María querían que el mundo conociera. Para los que no lo saben, Santa Faustina era muy mariana y escogí enfocar mi investigación en el elemento mariano de la espiritualidad de ella. Entre otras cosas mi tesis discutía su entendimiento de la virginidad, la maternidad, la mediación y la Inmaculada Concepción de María. También examinaba la relación personal con María y el tipo de imágenes que usaba al escribir de Nuestra Señora.

Pasé más de un año escribiendo mi tesis. En su forma final medía más de 200 páginas y contenía más de 700 notas a pie de página en latín, francés, polaco, italiano y español. Cuando aprobaron la versión escrita tuve que defenderla por una hora delante de tres sacerdotes. Y todos eran – y son – doctores en el campo de la Mariología. Cabe decir que estuve un poco nervioso.

Después de ocuparme de la tesis por un año con certeza sentía que sabía bien el tema pero el panel era lo que llamaría "intelectualmente gigantesco." Tenía confianza en contestar a las preguntas acerca de mi tesis, incluso los aspectos devocionales de la cultura polaca. Pero no me sentía tan a gusto colocar todo en su contexto histórico. Sin embargo, a fin de cuentas tenía que haberme defendido bien porque me concedieron el STL *summa cum laude.*

Mi STL ha sido una bendición tan práctica como espiritual. Desde la perspectiva práctica, hoy en día escribo los libros sobre la Mariología y tengo cierta credibilidad intelectual para apoyar mis palabras. En el 2008 Marian Press (la prensa oficial de los Marianos) publicó una versión condensada de mi tesis en un libro en inglés titulado *Purest of All Lilies: The Virgin Mary in the Spirituality of St. Faustina* (*La Más Pura de las Azucenas: La Virgen María en la Espiritualidad de Santa Faustina*).

Tener un STL también me ha beneficiado en mi propia vida espiritual. Después de todo, si quieres amar a alguien tienes que llegar a conocerla. Y por llegar a aprender todo sobre María – todos sus títulos y sus papeles y quién es como persona – me he enamorado de ella aun más y quiero hablarle a todo el mundo de ella.

A principios de mi estudio para obtener un STL, tomé otro paso importante en mi evolución hacia el sacerdocio. En septiembre de 2002 fui ordenado diácono en la Basílica del Santuario Nacional de la Inmaculada Concepción en

Washington, D.C. Eso fue un momento muy decisivo para mí porque después de muchos años de estudio finalmente tuve la oportunidad de predicar. Ser ordenado diácono también me permitió presidir los bautismos, los casamientos y los funerales. Así que empecé a hacer eso mismo en los fines de semana en una parroquia en Maryland al mismo tiempo que terminaba mis estudios del seminario. Es más, con mucha alegría me permitieron llevar el collar romano y una sotana – esa toga negra larga y distinta que los diáconos y los sacerdotes llevan.

Mientras tanto, en el seminario seguía tomando algunas clases que me enseñaba cómo cumplir con los deberes de un sacerdote – ofrecer la Misa, predicar las homilías, escuchar las confesiones y cosas por el estilo. Esas clases son bien necesarias porque cuando los seminaristas están aprendiendo a ofrecer la Misa cometen muchos errores. Y no sólo nos pedían evaluar a nuestros compañeros sino que también grababan todas nuestras "Misas de prueba" para poder después evaluar nuestro desempeño. En las primeras instancias que me miraba ofreciendo la Misa casi tenía que apartar la vista de la pantalla. "¡Caramba! ¿Me veo así?" grité.

Las clases que nos enseñaban a predicar las homilías también eran muy interesantes. No tenía problema en hablar enfrente de mis compañeros de clase. El desafío para mí – como para los otros seminaristas – era aprender a comunicarme de un modo abierto y simpático pero también con autoridad. Inicialmente era un suplicio mirar las grabaciones de mis homilías. Al principio pensaba que yo era dinámico pero para mi sorpresa descubrí que me parecía a un robot.

Para mejorar comencé a estudiar los videos del teólogo americano famoso Fulton Sheen (1895-1979). Eran por la mayor parte viejos episodios de su programa de televisión *Life is Worth Living* (*Vivir vale la pena*) (1951-1957) y el *Bishop Sheen Program* (*Programa del Obispo Sheen*) (1961-1968). Ambos programas se grabaron con público en la sala. Mirar a Sheen, un maestro de hablar en público, me ayudó mucho para aprender a predicar y a utilizar hábilmente el tono y los gestos corporales.

Hasta el día de hoy casi nunca predico una homilía en la cual dependo de un guión. En mi mente es de suma importancia que un sacerdote conmueva por hablar con el corazón. Desde el seminario podrías decir que ya tenía una actitud definida hacia las homilías. En vez de escribir mis ideas me enfocaba en conocer mejor lo que Jesús y María querían que yo le dijera a la gente.

Después de seis meses sirviendo como diácono en Maryland, me sentía más que preparado para ser ordenado sacerdote. Por lo general un seminarista sirve como diácono por un mínimo de seis meses antes de ser elevado al sacerdocio.

Al final pasé nueve meses como diácono antes de ser ordenado el 31 de mayo de 2003. Fue un día inolvidable a pesar de que los detalles ahora me vienen entre nubes. Recuerdo sentir la incredulidad que después de una aventura de 10 años, finalmente había llegado el momento de la ordenación al sacerdocio católico. "Que pudieran verme ahora mis antiguos amigos," seguí pensando. Todas las personas de mi pasado que pensaban que yo sería un vago para siempre y que no llegaría a ser nada – yo esperaba que me pudieran ver mientras el obispo me ponía las manos sobre la cabeza y me ordenaba al sacerdocio. Mientras lo hacía, recuerdo a Nuestra Señora de Guadalupe en su vestimenta mirándome fijamente. María estaba conmigo.

Después de la ceremonia estaba en casi un estado de shock porque sabía que yo había cambiado. Ahora llegaría a ser conocido como "el Padre Calloway." Ahora tenía el poder de decirles, "Te absuelvo," a los pecadores en el confesionario. Ahora tenía el poder concedido por Dios de transformar el pan en el Cuerpo de Cristo. De repente, estaba muy consciente de que había llegado al punto de no mirar atrás.

Por supuesto, no era que tenía la intención de mirar atrás. Al contrario, apenas podía contenerme de ir hacia adelante a toda máquina. Tal vez no fue sorpresivo que en la recepción después de la ordenación empecé a predicar. De hecho, una persona allí me describió como "el trueno embotellado." Yo había esperado por más de una década para predicar y simplemente no podía esperar subir el púlpito. "Abran paso, aquí vengo," bien describe cómo sentía después de que me ordenaron.

Mi primer destino como sacerdote fue servir como el rector adjunto del Santuario Nacional de la Divina Misericordia en Stockbridge. Fue una experiencia tremenda dar el consejo espiritual, ofrecer la Misa, escuchar las confesiones y predicar sobre la Divina Misericordia y Nuestra Señora. Ese primer año yo fui una máquina de predicar. De acuerdo a lo que había prometido, prediqué la verdad, la cual hacía a muchos de los peregrinos en Stockbridge felices. También ofendí a muchos entre la gente liberal de Nueva Inglaterra. Hoy en día sigo sin miedo de ofender a la gente. He aprendido a comunicar el mensaje con gran amor y misericordia pero al mismo tiempo no disolverlo. La verdad es la verdad y llamo al pan pan y al vino, vino.

Aún en los primeros días de mi sacerdocio estaba consciente que no todos quieren escuchar la verdad. Así pues, cuando hablo enfrente de las audiencias grandes y diversas, no cabe duda que hay gente que no aprecia una posición fijada respecto al aborto, la anticoncepción y la homosexualidad. Algunas personas se han levantado para gritarme en medio de mis homilías enfrente de la congregación entera.

En una ocasión memorable, una mujer de cincuenta y tantos años se me acercó corriendo después de la Misa e intentó darme un puñetazo en la cara. Recuerdo que mi homilía ese día se trató de la basura de la Nueva Era como los horóscopos, el reiki y los tableros de ouija. Aparentemente esta mujer tenía a un hijo que se interesaba mucho en tales cosas. Después de sacudir los brazos frenéticamente en mi dirección me gritó, "¡El Jesús que conozco es el Jesús que acepta a los demás! ¡Es tolerante y tiene la mente abierta!"

Con calma respondí, "Entonces usted no conoce al verdadero Jesús. Ése no es Jesús. Ése es el que usted ha creado en su mente para tratar con sus experiencias en la vida."

Afortunadamente, un par de feligreses asustados por su arrebato de cólera se interpuso entre nosotros e impidió que continuara el ataque. Una vez que averiguaron la naturaleza de su queja, me defendieron. Muy claramente le dijeron a esta mujer muy enojada que no sabía de lo que hablaba y que el mundo necesita más sacerdotes que dicen la verdad. Necesitamos a sacerdotes, le dijeron, que no dudan en colocar el gancho de la verdad en el alma, aun si no es exactamente lo que una persona quiere escuchar. Por supuesto los feligreses poniéndose de mi parte no la aplacaron para nada. Salió furiosa.

Los incidentes como éste no me han disuadido de predicar la verdad. Para nada. Recuerdo una vez en la que fui a predicar a una escuela preparatoria católica en el Caribe. Cuando llegué, vi una valla bien grande en las propiedades de la escuela promoviendo el uso de los condones. El eslogan del anuncio decía, "El embarazo: tu decisión."

Cuando lo vi, me volví hacia las personas que me habían invitado y les pregunté, "Ésta es una escuela católica, ¿verdad?" Cuando dijeron sí, exigí ver al director. Ellos perdieron la cabeza, pensando que yo iba a regañarle al estilo San Juan el Bautista – y eso fue lo que pasó.

En pocas palabras, me enfrenté cara a cara con el director y luego él me dijo que me largara de la isla. Yo estaba programado para hablar en algunas de las clases ese día como sacerdote visitante pero nunca tuve la oportunidad. Pero a fin de cuentas el director se arrepintió. En unas semanas quitó el anuncio y fue al obispo para pedirle disculpas. Coincidencia o no, falleció menos de un año después.

Tristemente son los sacerdotes que a menudo se ofenden más cuando predico. No la mayoría de los sacerdotes, por supuesto, sólo los que se sienten amenazados cuando yo les exhorto salir de su zona de comodidad, los que piensan de su sacerdocio en términos de carrera en vez de llamada.

En mi opinión, todos los sacerdotes necesitan luchar por alcanzar la santidad y necesitan tener una vida de oración por encima de la media. Sobre todo necesitan tener a – sin excepción – la Virgen María en su vida. Cuando un sacerdote tiene a una mujer en su vida – Nuestra Señora – no sólo impacta su vida emocional y afectiva, sino también la manera en la cual se relaciona con los demás. Le ayuda a ser un caballero – tierno pero también masculino. Luego cuando surge la necesidad de luchar por algo él va a rechazar a los lobos porque sabe que tiene una belleza que es digna de defender.

Creo que un sacerdote que no tiene a la Virgen María en la vida está jugando con fuego porque es capaz de hacerles daño a las almas. ¿Por qué? Porque es probable que entienda equivocadamente a la Iglesia porque María es la que nos enseña amar a Jesús y a su Iglesia, el cual significa una obediencia cariñosa a las enseñanzas del Vicario de Cristo, el Papa. Un sacerdote que no ama a María tristemente entendería a la Iglesia solamente como una institución y empezaría a sostener que muchas de las enseñanzas morales de la Iglesia puedan cambiar y que deban cambiar. Es sólo cuando entiende a la Iglesia como una madre cariñosa con el papel de alimentar y enseñar y amonestar a sus hijos que podrá comunicarles ese regalo a los demás mediante su amor expiatorio y su obediencia. Ninguna alma llega a ser santa sin María, especialmente el alma de un sacerdote.

En cuanto a mi propio sacerdocio, hacía sólo 10 meses que era ordenado cuando mi superior provincial inesperadamente me pidió entrar en su despacho. Me dijo, "Te tengo una propuesta. Necesito cubrir un puesto – está en otro estado. ¿Estarías dispuesto a cubrirlo?"

No sabiendo adónde iba con esto, le respondí, "¿Cuál es el puesto?"

Me preguntó, "Estarías dispuesto a mudarte a Ohio para ser el superior de nuestra Casa Mariana de Estudios en Steubenville?"

Mi primera reacción interna fue, "¡Pues obvio!" no tanto porque quería ser el superior de la casa sino porque me encantaba Steubenville. Es más, mis padres y mi hermano Matthew vivían a tres horas de allí. Me parecía la situación perfecta.

Resultó que mi experiencia en Steubenville superó mis expectativas. No sólo me iba bien como superior de la casa sino que también me nombraron el co-director de vocaciones – el encargado de reclutar a los candidatos para nuestra comunidad. Me encanta este papel y espero continuar haciéndolo en el futuro. Quiero levantar a un ejército de sacerdotes buenos y santos para Jesús y María.

¿Qué conlleva el papel de director de vocaciones? En parte involucra la coordinación de los retiros en la Casa Mariana en Steubenville para los jóvenes interesados en visitarnos. Durante los fines de semana les platico de lo que significa ser sacerdote, lo que no significa ser sacerdote y todas las cosas que son necesarias para llegar a ser sacerdote. Les digo que tienen que amar a la Iglesia y aceptar todas sus enseñanzas. Les hablo de las realidades prácticas de hacer los votos de pobreza, castidad y obediencia. Y les hablo también de los Marianos en particular – todos nuestros ministerios, en dónde vivimos y en lo que consiste nuestra misión en el mundo.

Luego, si un individuo tiene interés en solicitar para entrar en nuestra comunidad le ayudo con el proceso de aplicación – los antecedentes académicos, los certificados de nacimiento y de bautismo y un ensayo autobiográfico, entre otras cosas. Una vez que se recopila toda la información preparo y le hago una presentación al superior provincial. Si él dice "sí" y aceptamos el candidato, lo paso al director de postulantes de los Marianos.

Como director de vocaciones he encontrado que la inmensa mayoría de los candidatos con la que hablo ha pasado por mucho en la vida. Ellos crecieron con el catolicismo pero lo abandonaron porque no lo entendían o porque se volvieron muy tibios o tal vez muertos en la fe. Muchos asistían a las universidades católicas en un momento u otro, pero perdieron la fe después de tomar una clase ofrecida por la Hermana Justicia Social y después de pasar todo el tiempo reventando la noche y andando detrás de las chicas.

Pero en algún momento pasaron por una conversión. Eso lo veo fantástico. Estos hombres llegan apasionados por Dios y con un enfoque fresco. Están hartos de las cosas del mundo. A veces la gente los ve como parte de la generación

JPII porque muchos discernieron su vocación durante el pontificado del Papa Juan Pablo II. Aunque yo no sabía nada de JPII antes de mi conversión, durante mis 10 años estudiando para el sacerdocio lo veía como el modelo del sacerdote. Y así lo ven también los tipos que entran en nuestra comunidad hoy en día. Quieren exactamente las mismas cosas que él promovió – el amor por la Santa Virgen María, el deseo de proclamar la Divina Misericordia, la devoción a la Eucaristía y la fidelidad a la Iglesia. Quieren llevar el collar de clérigo en público porque quieren que los demás sepan que aquí están para ellos. Lo que los conmueven son la verdad y la misericordia.

Al mismo tiempo es importante reconocer que para estos individuos no es necesariamente fácil hacer la transición a la vida religiosa. Hace 80 años los jóvenes emprendieron el camino al sacerdocio a una temprana edad y la vida religiosa era todo lo que conocían. Hoy en día los candidatos tienden a ser mayores – a menudo tienen entre 25 y 35 años. En muchos casos han tenido una carrera profesional y han sido dueños de carros y casas. Han sido parte de una cultura que adopta el individualismo radical y el consumismo. Dejar atrás todo eso – cuando lo han tenido por tanto tiempo y es lo único que han conocido – requiere cierta cantidad de reeducación. Lo más importante para los candidatos ya no son ellos mismos, sino la comunidad. Puede ser bien difícil adaptarse.

Aunque la creencia general es que la prohibición contra el casamiento para la mayoría de los candidatos le disuade a seguir adelante, mi propia experiencia no la corrobora. De hecho, no he encontrado a un solo hombre que está discerniendo el sacerdocio que está en contra del celibato. La lucha principal que he visto es el morir a uno mismo que es necesario cuando estás saliendo de una cultura en la que puedas hacer lo que quieras, cuando quieras y con quien sea. Hacer la transición de eso a ser obediente a un superior puede ser penoso.

De lejos la vida religiosa probablemente parece algo romántica. Pero al entrar en ella te das cuenta que tienes que deshacerte de los apegos. Y me refiero a los apegos de los que ni te habías dado cuenta. Como resultado, algunos hombres entran y rápidamente se dan cuenta que no pueden hacerlo.

Mientras tanto, otra idea equivocada tiene que ver con el llamado crisis de vocaciones. De vez en cuando escuchas o lees algo en los medios masivos proclamando que hay una grave escasez de sacerdotes jóvenes. Tampoco creo eso. En mi mente eso es como decir que no hay peces en el mar. Puede ser que el número de sacerdotes jóvenes se ha reducido, pero como director de vocaciones es mi deber salir al mundo y ser pescador de hombres. No les estoy diciendo que el sacerdocio es una carrera o un trabajo. Es una llamada y si quieres morir por el amor de tu Dios y por el bien de las almas, responderás a esa llamada.

¿Y sabes qué? Los Marianos con certeza no tienen una crisis de vocaciones. En el puñado de años que he sido el director de vocaciones, hemos atraído a más de 20 hombres que actualmente están en varias fases del proceso de formación. La respuesta que hemos visto es fenomenal. Como resultado, ¡el futuro de nuestra comunidad parece excelente! Una nueva generación de sacerdotes de la Divina Misericordia está a la vista.

Para el beneficio de los que tal vez tienen interés en discernir una llamada al sacerdocio, voy a describir brevemente lo que involucra el proceso de formación mariana. Esencialmente es el mismo que tenía yo – aunque los hombres que ya tienen una licenciatura de la universidad van por un camino menos largo. El proceso básicamente es el siguiente:

Una vez aceptado por nuestro superior provincial, un hombre comienza el postulantado, que típicamente dura un año y tiene lugar en Ohio. Durante este tiempo el postulante vive con los Marianos en nuestra casa en Steubenville y tiene la experiencia de la vida comunitaria. Al mismo tiempo toma clases en la Universidad Franciscana, estudiando filosofía y otros cursos en preparación para la teología.

Después se entra en el noviciado por un año más. Allí se aprende la historia de la espiritualidad y la oración, los votos y el carisma o la misión de nuestra comunidad. Como mencioné antes, se puede referir al noviciado como el campamento de entrenamiento espiritual. A los novicios les asignan los proyectos laborales durante el día – muchos son trabajos solitarios – así que es un tiempo muy introspectivo. Un hombre de veras llega a conocerse bien en sus fortalezas y debilidades. El noviciado esencialmente sienta las bases para vivir el resto de la vida espiritual en una comunidad religiosa.

Tras el noviciado un candidato hace los votos temporales de pobreza, castidad y obediencia, las cuales se renuevan por un mínimo de tres años antes de hacer los votos permanentes. Durante este tiempo el candidato sigue con los estudios en el seminario (el cual regularmente dura cuatro años). Luego es ordenado diácono y obtiene experiencia en una parroquia trabajando con la gente. Finalmente, después de servir como diácono por seis meses o un año es ordenado sacerdote y recibe su primera misión pastoral. Un nuevo sacerdote Mariano suele servir en Stockbridge o en una de nuestras parroquias en la región norte central de los Estados Unidos. Pero los que desean continuar con sus estudios y obtener un doctorado pueden ir a Roma o Polonia. Y para los que quieren ser misioneros tenemos varios destinos, incluyendo una nueva misión en las Filipinas.

A fin de cuentas siempre estamos buscando algunos hombres buenos.

16

PREDICADOR ITINERANTE

COMO MENCIONÉ ANTES, hubo un breve intervalo en el que creí que estaba llamado a servir a los Marianos como maestro de novicios. Para cuando terminé el año de noviciado me había convencido a mí mismo de que tenía buenas cualidades para ese papel – una buena mezcla de disciplina y pasión – para conducir a los nuevos miembros de nuestra comunidad por el campamento. Quería infundir en los novicios el tipo de carácter y disciplina que el Padre Gerry había infundido en mí a lo largo del año que pasamos juntos en Stockbridge. Hasta me dejé crecer una barba muy larga y asumí la apariencia distintiva de un monje para promover la imagen que quería proyectar – ésa de un guerrero espiritual fuerte y disciplinado.

Pero mientras rezaba por mi futuro empecé a cuestionar si Jesús y María querían que fuera un maestro de novicios. Nuestra Señora en particular me hablaba interiormente y me decía que mi misión no conllevaría ese aspecto de formar a los hombres. Como mi Señora y Reina, ella sabe que tengo un tipo de espiritualidad similar a los caballeros antiguos que quieren ganar las batallas por ella y ejercen la caballerosidad en defensa de todo lo bueno, lo verdadero y lo hermoso. Así que fue María la que me indicó que yo debía compartir con los demás lo que Dios – mediante ella – había hecho por mí y también lo que Dios quería hacer por ellos. Es decir, estaba siendo llamado a compartir la historia de mi conversión lograda por María y la Divina Misericordia. Poco a poco dejaba el deseo de ser maestro de novicios y veía que debía hacer dos cosas: viajar por el mundo y compartir mi historia de conversión como apóstol de la Divina Misericordia.

Al principio me preguntaba como sería posible llegar a una audiencia mundial. Recordarás que mi primera misión como sacerdote fue servir como el rector adjunto del Santuario Nacional de la Divina Misericordia en Stockbridge. Allí mis responsabilidades diarias no me permitían viajar mucho. Sin embargo, durante los primeros 12 meses de mi sacerdocio, tuve la oportunidad de ir en peregrinación a los santuarios marianos europeos. En ese viaje conocí a un hombre en el aeropuerto de Frankfurt que iba a Medjugorje. Se presentó y preguntó por mí y lo que hacía.

Pues, terminé contándole la historia de mi conversión. La encontró absolutamente increíble y dijo que la gente necesitaba escucharla. ¡Y quiso la divina providencia que me ofreció grabarla y difundirla!

En pocas palabras, el video que producimos se propagó por el mundo. Como resultado, la gente a través de los Estados Unidos – y a poco tiempo, el mundo – empezó a invitarme a compartir mi historia en persona. Al principio aceptaba pocas invitaciones debido a mis responsabilidades en el Santuario Nacional. Pero con el paso del tiempo podía aceptar más y más ofertas – tal como Nuestra Señora lo planificó. Hoy en día uno de los aspectos mayores de mi ministerio es hablar con la gente sobre Jesús y María.

Y las conferencias siguen aumentando. Podría agregar que las propuestas subieron muchísimo cuando el presidente de una popular compañía de comunicaciones católica ofreció grabar y comercializar mi historia de conversión. Como resultado, actualmente recibo entre tres y cinco ofertas cada semana. ¡Simplemente me asombran las gracias que Jesús y María me han derramado en la vida!

Pensándolo ahora, lo encuentro difícil creer que antes soñaba con ser un maestro de novicios, pues la verdad es que ese estilo de vida no va con mi existencia nómada histórica. Con certeza si hubiera servido como maestro de novicios no habría tenido semejante número de oportunidades para viajar y predicar. Para nada. Y en la actualidad estoy tan contento de servir como predicador itinerante y reclutar a los hombres al sacerdocio que no puedo imaginarme haciendo otra cosa.

Servir como predicador itinerante apenas es un nuevo fenómeno. San Pablo lo hizo. Estaba en cierto lugar por un rato. Luego sembraba la semilla a lo largo y ancho avivando el fuego. Parece haber más y más sacerdotes sirviendo de esta manera hoy en día – y con gran efectividad, podría agregar. Creo que esto se debe a la gran necesidad de una nueva evangelización del pueblo de Dios. Claro que existe la necesidad de la actividad misionera en los países del Tercer Mundo. Pero también hay tantos católicos actuales con poca formación que necesitan la evangelización.

Como lo veo yo, una parte de mi misión es proveer a las personas las verdades del Evangelio para convencerles de la existencia del bien y del mal. Luego busco darles una gran dosis de la Divina Misericordia. Cuando doy una presentación, les hablo de quiénes son realmente Jesús y María para recordarles porqué son tan dignos de ser amados. Les hablo del pecado. Luego les hablo del amor de Dios y les pido que se enamoren de Dios, de la Santísima Virgen María y de la Iglesia. También les pido con insistencia que vayan a la confesión. Después de todo, es gratis y siempre está disponible. Para los que ya están enamorados de Jesús y María, les ruego ir más profundo.

De alguna manera me veo como un predicador tipo Fuerzas Especiales. Estoy siempre de aquí para allá, listo para llevar a cabo una redada para tratar con una crisis espiritual y luego retirarme y dejar a la audiencia en el cuido del pastor local.

De cierto modo, entonces, estoy imitando al Padre Juan Pablo II en mi ministerio. Él fue el Papa más viajero de la historia – en parte porque se aprovechó de la rapidez y del alcance del transporte moderno. Hoy en día uno puede viajar al otro lado del mundo en cuestión de horas y yo me encuentro allí frecuentemente. No es que tenga problema con eso. Al contrario, me encanta viajar, ver nuevos lugares y conocer a la gente. También me gusta aprender de la gente a quien conozco en el ejercicio de mi misión de compartir las verdades del catolicismo.

Durante mis viajes he estado en la presencia de algunas de las personas más excepcionales del mundo. Antes de su muerte en el 2005, estuve en la presencia del Papa Juan Pablo II en varias ocasiones. La primera vez ocurrió en 1993 en la Jornada Mundial de la Juventud en Denver. La segunda vez fue en 1997 en Roma cuando Juan Pablo II se reunió con un grupo de jóvenes religiosos entre los cuales estaba yo. Lo vi por tercera vez en Polonia en 1999 cuando nuestros dos mártires Marianos

(Beato Jorge Kaszyra, 1904-1943, y Beato Antonio Leszczewicz, 1890-1943) fueron beatificados en Varsovia y Juan Pablo II bendijo nuestro Santuario Mariano de Nuestra Señora de Lichen, el cual es el santuario más grande y el segundo más visitado de Polonia. En esa ocasión estaba a seis pies de Juan Pablo II – y con un sentimiento de gran sobrecogimiento. No tuve la oportunidad de darle la mano ni de tocarlo pero simplemente estar en su presencia fue un sueño hecho realidad.

Fue también una gran bendición conocer a la Madre Teresa de Calcuta y estar con ella en tres ocasiones mientras visitaba a Washington, D.C. En una ocasión tuve la oportunidad de abrazarla y tenerla agarrada de mano mientras hablaba a una muchedumbre de sacerdotes y monjas. Eso fue increíble porque sabía que estaba tocando a una santa. Ahora ella es Beata Madre Teresa y sólo es cuestión de tiempo antes de que sea canonizada.

Aunque no te lo creas, también he conocido a algunos famosos, incluyendo a la estrella Eduardo Verástegui. Es un católico devoto y también bien conocido por usar su posición notable para promover la fe. Se me acercó en una conferencia en California, me dijo que había mirado mi video de conversión y me dio las gracias por haberlo hecho. Pues, como no me mantengo al corriente respecto a los famosos, en ese momento no me di cuenta de quién era. Tan pronto como se marchó mis amigos me dijeron que acababa de ser felicitado por Eduardo Verástegui. "¡Eduardo Verástegui! ¿No sabes quien es?" me gritaron. No tenía idea pero cuando vi la película *Bella* estaba muy agradecido por haberlo conocido.

Al mismo tiempo, mis compromisos para las conferencias me han dado la oportunidad de visitar algunos de los lugares más increíbles. Primero que todo, jamás he visto un lugar más hermoso que la Isla Sur de Nueva Zelandia. Esa isla me recordaba mucho a la película *The Lord of the Rings* (*El Señor de los Anillos*). Era un ambiente muy antiguo. Todo el tiempo que estaba allí pensaba que un pterodáctilo me iba a bajar en picada.

También me he enamorado de las Hébridas Exteriores y las tierras altas de Escocia, las cuales visité durante un viaje a las Islas Británicas con mi madre hace unos años. Hay algo muy majestuoso y medieval de Escocia que me atrae mucho.

Por último tengo que mencionar las islas del Caribe. Mis viajes al Gran Caimán han sido inolvidables, en particular snorkelear entre las barracudas y las tortugas marinas gigantes. Cuando estaba allí también aventuraba en Stingray City, una serie de bancos de arena poco profundos en el North Sound del Gran Caimán en donde yo nadaba con las manta rayas.

Por supuesto, la alegría que siento cuando predico a las grandes audiencias de almas es mucho más inspiradora que cualquiera de las maravillas naturales que he visto. A veces me tengo que pellizcar para asegurarme de que no estoy soñando. Por ejemplo, una vez tuve la oportunidad de hablar en una conferencia católica en Notre Dame en South Bend, Indiana. Hace diez años a nadie se le ocurriría que yo les contara mi historia de conversión a miles de personas en un estadio en la Universidad de Notre Dame. Y allí estaba yo, predicando a una enorme muchedumbre con muchas filas de católicos extendiéndose hacia arriba alrededor de mí. Gracias a la configuración de los asientos podía conectarme con la audiencia y alimentarme de su energía de una manera que simplemente no es posible en una iglesia parroquiana. Aún recuerdo con detalle el momento en el que levanté una vieja foto mía con el pelo muy largo. Los organizadores proyectaron esa imagen en las pantallas altísimas del estadio y la muchedumbre reaccionó con un gran clamor. ¡La audiencia era tan receptiva, tan emocional y tan fuerte que tuve que predicar a lo apostólico ese día!

En caso de que te estés preguntando qué tipo de temas cubro cuando predico en una conferencia católica u otro evento, suelo empezar con partes de la historia de mi conversión y de mi entrada en la Iglesia. Esto siempre parece resonar con la gente, no importa la ocasión. Luego hablo de algunos de los cambios por los que el mundo y la Iglesia han pasado en los últimos 40 o 50 años. Explico porqué tantos católicos ahora están practicando lo que muchos llaman "el catolicismo de cafetería" – eso quiere decir aceptar ciertos principios del catolicismo e ignorar o rechazar otros. Después entro en lo que llamo los temas "duros" y predico la verdad procediendo de la Iglesia que es Una, Santa, Católica y Apostólica.

Encuentro que la mayoría de las personas aprecia mi estilo brusco y directo. Casi como si estuvieran esperando un sacerdote de capa y espada. He escuchado a los muchachos hablando de mis pláticas en términos de batalla, por ejemplo, "¡El Padre Calloway presenta el sacerdocio como si un sacerdote es el guerrero y alguien está atacando a su novia!" Tal vez esa descripción de lo que hago es bastante militarista pero tiene cierto grado de verdad.

Al pensarlo el sacerdote tal vez es como el personaje *Braveheart* – el guerrero famoso escocés que busca defender a su gente del enemigo. Si eres hombre y alguien le está golpeando a tu novia y simplemente te cruzas de brazos, eres un fracaso. Y ésa es lo que la Iglesia es para el sacerdote – una novia. Un sacerdote tiene que estar dispuesto a luchar por el honor de la Iglesia y defenderla con las armas espirituales. Claro que defiendo a la Iglesia con el amor, la misericordia y la compasión pero también establezco los límites.

A veces la gente me pregunta si me canso de contar la historia de mi conversión. La respuesta es, "Para nada." Me encanta contarla porque me permite alabar a Jesús y María de nuevo por todo lo que han hecho por mí. Sí, a veces después de dar mi testimonio por tres o cuatro noches seguidas siento que fui yo quien escribió esa vieja canción de Bob Seger, *Turn the Page* (*Pasa la página*):

> Here I am, on the road again
> (Aquí estoy, otra vez en el camino)
> There I am, up on the stage
> (Ahí estoy, sobre el escenario)
> Here I go, playing the star again
> (Aquí voy yo, jugando a ser la estrella otra vez)
> There I go, turn the page
> (Ahí voy, pasa la página)

Me imagino en un autobús de gira, viajando de ciudad en ciudad, repitiendo la misma rutina día tras día. Así pues, como cualquier otra persona, después de un rato necesito relajarme y recargar las pilas.

Como mencioné antes, las necesidades espirituales de los católicos son tan grandes en estos días que los eventos juveniles, los talleres, las prisiones y los centros de rehabilitación me han bombardeado con invitaciones. Y la lista sigue y sigue. Me encanta ir a todos esos lugares. A veces es un desafío mantener todo en equilibrio pero de alguna manera sale bien.

Hace poco tiempo hablé en la Conferencia Nacional Católica sobre el Alcoholismo en San Diego, en donde compartí lo que a veces llamo mi "experiencia con la desintoxicación divina." Hice hincapié en cómo la oración, la humildad, el arrepentimiento y las devociones juegan un gran papel en dejar atrás el abuso de drogas y de alcohol. También he visitado a varios centros de rehabilitación para drogadictos – típicamente para platicar con ellos en grupos pequeños – y me gustaría pensar que mis experiencias les dan la esperanza.

Pero tengo que admitir que hablar a los individuos luchando con la adicción no es la cosa más fácil para mí. Hasta el día de hoy, cuando escucho las palabras "grupo pequeño" me surgen recuerdos súbitos de las sesiones de consejería en grupo de mi juventud y me pongo nervioso. Pero estoy dispuesto a hablar con estas almas porque sé que vale la pena. Además, cuando yo soy el que está conduciendo estos grupos pequeños, seguro que la sesión no se degenera en cantar las canciones sensibleras y tostar los malvaviscos, si sabes a lo que me refiero.

Entretanto, en estos días he recibido más y más invitaciones de las conferencias para hombres. Creo que eso se debe a los muchos hombres afectados por esta época pornográfica en la que vivimos. Significa mucho para ellos cuando uno de los suyos no sólo ha luchado con estas cosas sino que sigue estando en la brecha, aconsejándoles de cómo combatir la maldad de la lujuria.

La experiencia de hablar en estas conferencias me ha beneficiado muchísimo. Aunque algunas personas creen que estoy fuera del alcance de las tentaciones, me llaman con tanta fuerza como a cualquier otro hombre, en particular las tentaciones de la carne. Así que me molesta un poco cuando alguien se me acerca después de una plática mía y me dice, "Sólo quiero tocarte" mientras me da una mirada que dice que soy incapaz de hacer algo mal. Las personas también me han dicho, "Usted es tan santo. Ya no sufre de la tentación. Usted es un santo."

No, les digo, ora por mí porque estoy tentado, también – y tal vez más ahora que nunca. Seamos realistas. Estamos todos viviendo en una cultura muy sexual y visual que nos satura los sentidos, los pensamientos y la memoria. La mayoría de las personas no puede pasar el día sin estar expuesta al contenido sexual, ya sea mediante los anuncios, la música, las películas o las revistas. Y el Internet ha empeorado las cosas aun más porque las imágenes sexuales explícitas ahora no sólo son gratis sino también accesibles con un clic del ratón.

Pero lo consolador de una conferencia para hombres es que el participante rápidamente se da cuenta que no está solo. Créeme, lo peor para un hombre es luchar con la tentación en aislamiento y sin tener que responder ante nadie por sus actos. Es mucho más fácil vencer tus problemas rodeado por hermanos que pueden ponerse en tu lugar y darte apoyo.

Finalmente, otro lugar que me gustaría mencionar es la prisión. En los últimos años he hablado en un puñado de prisiones en varias partes del mundo y nunca es una experiencia cómoda. No es por el tipo de audiencia sino por todos los arreglos necesarios. Es más, pasar por los guardias de prisiones suele ser un proceso largo, penoso e invasivo. Para dar una plática de una hora en una prisión, he encontrado que necesito reservar al menos tres horas para pasar por los controles de seguridad.

Y aunque no lo creas, a veces los guardias me lo ponen difícil simplemente porque soy sacerdote. Parece que muchos han llegado a ser tan cínicos que asumen que cada prisionero es mentiroso, ladrón, manipulador o matón. Nunca parecen estar dispuestos a darles el beneficio de la duda ni la oportunidad de cambiar. Una vez un guardia me regañó. Mirando mi collar de clérigo, me dijo con voz condescendiente, "¿Piensas que estos tipos van a cambiar porque eres sacerdote? En un momento dicen, 'Gloria a Dios.' Y el próximo te dan una cuchillada."

Lo único que pude decir fue, "Tal vez tienes razón. Pero tengo que seguir esperando. Porque he pasado por algunas de sus experiencias y mi vida ha cambiado. Y sé que no soy el único. Y por tu modo de pensar eres más prisionero que ellos." Este guardia particular no quería escucharlo. Al contrario, me hizo más difícil el control de seguridad a propósito. A veces los guardias son tan insensibles que siento que una visita de mi parte es más un ministerio para ellos que para los prisioneros.

Sin embargo, algunas de mis experiencias más destacadas han sucedido en las prisiones. En un viaje prediqué en una cárcel de máxima seguridad en el Caribe. Era una fortaleza frente al mar con vista espectacular. Tuve que manejar por una calle estrecha con recodos para llegar al complejo, el cual estaba rodeado por alambre de púas y torres de vigilancia. La prisión era sucia y apestosa y el calor era sofocante pero el ambiente era un paraíso, pues dado que no estabas encerrado adentro.

En este día particular, les hablé a 200 criminales por dos horas. A decir verdad era bastante intimidante. Al mirar a la audiencia vi a hombres que habían sido encarcelados por los crímenes variando desde el homicidio y el secuestro al tráfico de drogas y la violación – hombres con las cicatrices en los rostros y las almas. Con certeza era más espantoso que hablar en una parroquia o una conferencia para jóvenes. Sí, había guardias armados listos para defenderme en un instante pero muchos de estos prisioneros cumplían cadena perpetua y no tenían casi nada que perder si decidían asaltarme.

Sin embargo, tan pronto como empecé a hablar me relajé porque mis palabras parecían resonar con ellos. En esta ocasión hice hincapié en mis luchas anteriores con el abuso de drogas y usé ciertos términos de jerga para demostrarles que hasta cierto punto podía identificarme con ellos y con los desafíos que habían enfrentado en sus vidas. Entré en detalles gráficos que no serían aceptables para la audiencia de una parroquia. Incluso les mostré mi tatuaje de los Muertos Agradecidos, el cual parecía fascinarles y agregar cierta autenticidad a mis palabras. Creo que mi viaje desde la oscuridad total al sacerdocio les dio la esperanza.

Pienso que mi plática les afectó porque tan pronto como terminé de hablar un prisionero colombiano con pelo muy largo se me acercó. Me habló muy rápido – en español – y las lágrimas manaron de sus ojos. Entiendo algo de español pero no podía comprender lo que me decía porque hablaba rapidísimo. Afortunadamente, uno de los visitantes acompañándome interpretó sus palabras. Me dijo, "Le está diciendo gracias por su plática y que está muy agradecido." Luego hizo una pausa antes de agregar, "Y dice que su español es excelente."

Por supuesto, durante la plática no había hablado en español sino en inglés. Pero de alguna manera este individuo me había escuchado en español.

Cuando la persona interpretando le dijo que yo no hablaba el español, el prisionero perdió los estribos. Mirando a los cielos dijo, "¿Dios mío, me permitiste escucharlo en español?" Este prisionero, quien había asesinado a varias personas como traficante de cocaína y ahora cumplía una cadena perpetua, se puso a llorar hasta quedar sin lágrimas. Me contó que había crecido con el catolicismo pero le había dado la espalda a la Iglesia desde hace mucho tiempo. Pero había empezado a identificarse con mi historia cuando durante la plática había mostrado la foto con mi pelo largo.

En cierto sentido la reacción de este prisionero colombiano es similar a las de otros prisioneros. Después de hablar en una parroquia o conferencia para hombres, los que atienden suelen ponerse de pie y aplauden. Y por supuesto eso es maravilloso. Luego siempre hay algunos que se me acercan y me dan las gracias o me cuentan algo de su propia historia. Pero después de una plática en una cárcel es normal que al menos uno de estos criminales musculosos tatuados me dé un abrazo muy fuerte. Me da miedo pero también es buena onda.

Estos hombres a menudo están llenos de remordimiento por lo que han hecho. Me dicen cosas como, "Padre, estoy aquí porque tuve una mala noche. Estaba borracho en un bar y me metí en una pelea y maté a un hombre con un palo de billar. Me llevó la rabia y una cosa llevó a la otra y estoy aquí por los próximos 25 años." Estos cuentos siempre me paran y me hacen pensar, "Podría haber sido yo."

Otra cosa que hace una visita a la cárcel diferente (en comparación a una parroquia o conferencia) es el mensaje que les doy. Les invito a los presos a sacar lo mejor de su situación, aunque sea muy difícil. Ni tengo que aclarar que la vida en la cárcel – especialmente una de máxima seguridad – no es un camino de rosas. Pero la cárcel tampoco es un lugar muy poco acogedor para una persona interesada en tener una vida religiosa. Es muy posible tener una experiencia de conversión por dentro.

Déjame explicar. A menudo les digo a los prisioneros que si tienen interés en tener una experiencia de conversión dentro de la cárcel, eso puede suceder al escoger vivir como un monje. Después de todo, los monjes viven en lugares que básicamente están encerrados; aun se refieren a sus habitaciones como celdas. Así que si un prisionero puede adoptar esa perspectiva, puede pasar por una conversión que lo hace mejor persona. Esto explica porqué les pido con insistencia que hagan más que simplemente levantar pesas y compartir cuentos de guerra. Es muy posible transformarse y crecer en la santidad en un lugar que la mayoría ve como profano. Un prisionero puede crecer espiritualmente sólo si se deja cambiar para mejor. Y muchos prisioneros han tomado a pecho este consejo.

En realidad el ambiente de una prisión puede ayudar a descubrir a Dios porque los encarcelados no pueden hacer lo suyo. La esencia de ser monje es morir a sí mismo y cumplir con la voluntad de Dios mediante los superiores. Entonces si un hombre puede convertir esa idea en algo religioso, puede empezar a vivir una rutina de disciplina que posiblemente lo conduciría a ser un santo. No sería fácil pero la prisión ciertamente es conducente a la existencia monástica.

Los desafíos más grandes serían exhibir la paciencia y ser misericordioso porque el prisionero probablemente no va a recibir mucha misericordia de los guardias. Si el lenguaje de un prisionero cambia y llega a rezar con frecuencia, los guardias probablemente lo van a empezar a psicoanalizar. Y es probable que los otros prisioneros se burlen de él. Quizás hasta lo van a aislar. Entonces ese prisionero buscando vivir una existencia religiosa tendría que estar dispuesto a cargar una cruz. Y en un espacio reducido de más. Afuera un hombre puede volver a casa pero en la cárcel el escape físico y emocional obviamente no es posible. Soportar el encarcelamiento y el enojo que trae también serían desafíos significativos.

De vez en cuando la gente me pregunta si hay un lugar en donde me gustaría platicar pero todavía no he tenido la oportunidad. La respuesta es sí. Me encantaría la oportunidad de hablar en un seminario. En mi mente, no habría nada más emocionante que dirigirme a un grupo de hombres preparándose para el sacerdocio – animarlos e implorarlos a ser santos fervientes y fieles.

Por supuesto, muchos seminaristas han asistido a mis pláticas con los años. Parecen responder de manera diferente que los laicos. Pienso que es porque saben que van a llevar un collar de clérigo en el futuro y que algún día la gente los va a estar escuchando.

Si algún día tuviera la oportunidad de dirigirme a un grupo de seminaristas, sé exactamente lo que les diría. Reconocería la importancia de los aspectos académicos de su viaje pero también señalaría que el seminario es un tiempo para crecer en la santidad. Los seminarios deberían ser fábricas de santos. Es la hora de luchar por ser un hombre santo – de integrar las dimensiones papales, eucarísticas y marianas en la espiritualidad. ¿Mi consejo final? "Lleva tu collar de clérigo y deja que la gente te vea rezando," les diría.

Como el seminario, todavía hay muchos lugares a los que me gustaría visitar para dar el mensaje de Dios. Una prioridad es Ruanda, un destino bastante realizable porque allí había una aparición de la Virgen María la cual fue aprobada por el Vaticano (en Kibeho). Hay una Casa Mariana allí también. Además, me encantaría extender mi ministerio a Samoa Americana, el cual es un territorio no incorporado de Estados Unidos.

Como puedes haber notado, ni Ruanda ni Samoa Americana figura entre los lugares los cuales aterroricé durante mi juventud. Sucede que ya he vuelto a predicar en casi cada lugar en el que pasé mi "vida anterior," con una excepción notable: el Japón.

Siempre que vuelvo a uno de estos lugares – las ciudades como Virginia Beach o San Diego, por ejemplo – me gusta considerarlo como destino en un tipo de "Gira de Reparación." Como si yo estuviera volviendo para compensar al darles esperanza a los demás y ayudarles a encontrar la misericordia de Dios. Además, contar mis experiencias en estos lugares les ayuda a las personas a identificarse conmigo.

Por ejemplo, cuando volví a Hawaii por primera vez para contar la historia de mi conversión en Honolulu, mis primeras palabras fueron, "Es fantástico estar de vuelta en Hawaii. La última vez estaba en grilletes y cadenas, escoltado por la policía militar en el Aeropuerto Internacional de Honolulu." Todos se quedaron boquiabiertos porque todavía no sabían mi historia. Pero después de escuchar mi testimonio se identificaron con ella y conmigo.

Una cosa similar ocurrió cuando volví a New Orleans por primera vez. Mi frase de inicio: "La última vez que estaba en New Orleans, me detuvieron por robar una caja de cervezas de un mercado y me echaron en la cárcel. Pasé una noche de terror en una celda con cinco de los tipos más grandes y amenazadores que jamás hubieras visto." De inmediato, la audiencia empezó a identificarse conmigo porque de cierto modo Dios había permitido que New Orleans fuera parte de la historia. He tenido experiencias similares en Virginia Beach, San Diego, Los Ángeles y otros lugares. Es increíble que tantas personas relacionen mi historia con algo de sus vidas, aun las que vienen de diferentes culturas. Mi historia es bien multicultural de modo que casi todos pueden identificarse con ella de alguna manera u otra.

Para mí, puede ser un poco terapéutico volver a ciertos lugares. Por mucho tiempo, no tenía nada más que malos recuerdos de New Orleans, pues sólo pensar en volver me daba pánico. Pero cuando finalmente me preparé para volver, llegué a conocer a un grupo maravilloso de católicos de allí y ellos me hicieron sentir muy bienvenido. Fue otro ejemplo más de la misericordia de Dios y cómo dar un paso con confianza puede traer los milagros y darle nueva vida a una persona.

Me surgían sentimientos similares al pensar en San Diego, pues cuando volví después de mi conversión, sentía cierta angustia porque allí mismo la rebelión de mi juventud había comenzado. Ahora es mi ciudad favorita del país. Si pudiera vivir en cualquier lugar en los Estados Unidos, escogería San Diego. Por algo la llaman "la mejor ciudad de América."

Pero el único lugar en donde aún no he podido hablar desde mi conversión es el Japón. En varias ocasiones he pasado por el Aeropuerto Internacional Narita en Tokio en camino a Guam o las Filipinas. Pero todavía no he tenido la oportunidad de hablar en el Japón.

Naturalmente he hecho un drama de mis varias paradas en el Japón, diciéndoles a todos que finalmente iba a volver al Japón. La mayoría asumía que yo iba allá para predicar. Se preguntaba si yo tenía miedo de meterme en problemas con las autoridades. Trataba de asegurarles, diciendo, "Ahora tengo un nuevo pasaporte. No es que soy buscado por la policía ni nada por el estilo."

Incluso mi mamá me dijo, "Qué genial que después de todo lo que ha pasado ahora vas a volver, aunque sea de paso." Ella esperaba que yo tuviera tiempo para salir fuera del aeropuerto e ir de compras y visitar lugares de interés.

No salí fuera de la terminal. Pero eso no hizo mi primera parada en el Japón después de mi conversión menos dramática. Al despegar del aeropuerto LAX, me surgieron muchas emociones. El recuerdo de mi primer vuelo a Tokio, lo de imaginar que mudarme al Japón era nada más que una pesadilla y al despertarme iba a estar en la playa en San Diego, listo para seguir viviendo el sueño californiano. Tan pronto como salí del avión y entré en la terminal para tomar mi vuelo de conexión, tuve un momento profundo de "¡Caramba, estoy de vuelta!" Todo lo que veía y olía y escuchaba era exactamente como lo había recordado, en particular la vista de todas las cosas de neón.

Hay que entender que el Japón – aun el aeropuerto en Tokio – tiene un ambiente muy distinto. Primero, los empleados del aeropuerto están impecablemente vestidos y andan trabajando como si fueran robots. Además el aeropuerto huele fuertemente a la comida japonesa la cual me encanta hasta el día de hoy. Las vistas y los olores me inspiraron a comprar un tazón de arroz con carne de vaca, una botella de cerveza japonesa y un dulce japonés similar a un palito de pan cubierto de chocolate. Podría haber comprado la sepia seca – el calamar – una delicia japonesa que yo solía devorar como los americanos tienden a devorar las barras de chocolate. Pero actualmente el calamar lo encuentro repugnante; su olor asqueroso me hace querer vomitar.

Aunque parecía que el Japón no había cambiado para nada durante todos los años en los que había estado ausente, estaba consciente de que yo mismo sí había cambiado. Sentado en una sala de embarque tomando esa cerveza japonesa, me acordé que en los días antiguos nunca habría podido tomar sólo una. Pero ahora mi conversión era tan real que podría tomar una y marcharme sin problemas. En otra ocasión al levantarme para tomar mi vuelo para Guam, dejé atrás una botella medio llena.

Supongo que sólo es cuestión de tiempo antes de que yo vuelva al Japón para predicar. De hecho, recibí una invitación por correo de un lugar cerca de Akita en dónde sucedió otra aparición mariana aprobada por el Vaticano. Pero el sobre tenía tanto daño que no podía descifrar la dirección del remitente.

Con certeza, un viaje extendido al Japón sería la culminación de mi llamada Gira de Reparación porque es el único lugar de daño histórico adonde no he podido volver y predicar el Evangelio. Hice las paces en más o menos cada otro lugar: California, Pennsylvania, Virginia, West Virginia y Louisiana. Pero una presentación en el Japón sería una bendición especial porque estaría tan agradecido por poder compensar por haber dañado a tantas personas allá.

Sin embargo, tengo que admitir que yo sería un manojo de nervios. Por supuesto llevaría un collar de clérigo en el vuelo y al pasar por la aduana el viaje sería marcado por mi resurrección en algún sentido. Y sea cual sea el programa, probablemente intentaría volver a mis viejos territorios. En particular me gustaría visitar a la base militar en donde vivía, el cual sería un desafío. Pero ahora siendo sacerdote creo que podría ponerme en contacto con el capellán militar, explicarle mi situación y obtener un permiso de un día. Sin duda me gustaría rezar en los varios lugares en los cuales hacía cosas locas. También me gustaría bendecir a los dependientes militares americanos que ahora viven en la base – y rezar para que no terminen haciendo cosas estúpidas como yo.

Finalmente, hay otra cosa que me gustaría hacer en el Japón que lo hace un destino más atractivo que nunca. Muchas personas no saben esto pero el Japón ha llegado a ser un lugar popular para el surf, en parte porque sus mejores playas por mucho tiempo han permanecido bien intactas. Esto se debe a la barrera del idioma y a su relativa inaccesibilidad a los americanos y los australianos que componen la mayor parte de la comunidad mundial de surfistas.

Pero hay otra razón. En los noventa, los surfistas empezaron a ir a Miyazaki (en la isla de Kyushu) para visitar la piscina de olas más grande en el mundo en el Ocean Dome del Hotel Sheraton Seagaia. El Ocean Dome abrió en 1993 y su piscina medía 300 metros por 100 metros, tenía una temperatura de 78 grados (25.5°C) y con la ayuda de las máquinas hacía surgir olas perfectas de 10 pies (3 metros) cada dos minutos. También había un techo retráctil y un volcán que escupía fuego artificial. Desafortunadamente, en 1997 el Ocean Dome cerró. Aunque algunos surfistas se quejaron de las reglas estrictas de seguridad y otros se quejaron del fondo de cemento, la razón más probable fue la carencia de visitantes, y por lo tanto, los ingresos. (Por alguna razón, los promotores inmobiliarios escogieron gastar millones de dólares construyendo la mejor piscina de olas en el mundo a la vista de una playa hermosísima).

Sin embargo, en su historia breve el Ocean Dome atrajo su parte de surfistas extranjeros que también se aprovecharon de los lugares óptimos para el surf en el lado oriental de la isla. Hoy en día, tal vez no puedo visitar al Ocean Dome pero puedo imaginarme tomando un viaje a alguna playa japonesa genial, encerando mi tabla y deslizándome sobre las olas del Océano Pacífico tal como antes; pero esta vez, lo haría como sacerdote. Eso haría al Japón la última parada perfecta en mi Gira de Reparación.

17

SACERDOTE
SURFISTA

LA PRIMERA VEZ QUE VOLVÍ A SUBIR a una tabla de surf después de mi conversión, ¡apesté un montón! Era el 2005 y no habiendo hecho surf de manera consistente por más de 15 años, yo no era mejor que un novato. Tampoco estaba en buen estado físico. Hay una gran diferencia entre hacer surf cuando tienes 15 años y eres tan flexible como un mono y cuando tienes 32 años y has pasado la mayoría de tu vida adulta detrás de un escritorio.

Cuando fui ordenado al sacerdocio, automáticamente asumía que nunca volvería a hacer surf. Era un sacrificio y yo estaba dispuesto a aceptarlo. Esperaba vivir en lugares sin salida al mar en donde los Marianos tienen casas en los Estados Unidos – lugares como Stockbridge, Massachusetts y Steubenville, Ohio – ¡no exactamente unos paraísos de olas! En ese entonces no me imaginaba tener la oportunidad de viajar – y hacer surf – como hoy.

Tal vez no era sorprendente que la inspiración de volver al surf me vino durante un viaje a San Diego para visitar a un buen amigo a quien había conocido en la Universidad Franciscana. Irónicamente no me llegó la idea mientras estaba en la playa misma, sino después de mirar a los surfistas profesionales como Kelly Slater, Rob Machado y Karina Petroni (una surfista profesional pro-vida, por cierto) en unos programas de televisión como *Fins* (*Aletas*) del canal FUEL TV. Me hizo pensar en lo que tendría que hacer para poder volver al surf. Necesitaba algo para ayudarme a ponerme en forma después de años de estudios, recurriendo a la pasión por el surf que había sentido en mi juventud. Es más, como ahora viajaba por todo el mundo, sería posible hacer surf en algunos lugares increíbles.

Los primeros pasos me parecían obvios – obtener una tabla larga de surf usada y un traje de neopreno, el cual era absolutamente necesario en San Diego, pues el agua californiana es fría por más o menos ocho meses al año. Cuando tenía 15 años, montaba una tabla corta tipo "thruster" (de casi 6 pies o 1.8 metros de medida y tres quillas). Ahora teniendo 32 años, tenía que aprender una nueva técnica usando un tablón de 9 pies (2.75 metros). ¡Eso apestaba! Los tablones son divertidos pero yo tenía buenos recuerdos de manejar las tablas cortas y de maniobrar por toda la cara abierta de la ola, así que manejar un tablón se sentía muy restrictivo. Sin embargo, para empezar tenía que hacerlo.

Pues, durante la primera sesión de reorientarme al surf, ¡me agoté por completo! El surf requiere que estés en muy buen estado físico y no lo estaba. En parte el problema era que la casa de mi amigo estaba en San Ysidro (en la frontera con Tijuana) y la playa más cercana para los surfistas era Imperial Beach. Y los que hacen surf en Imperial Beach saben que tiene olas grandes y poderosas – por no mencionar aguas muy contaminadas. Suponía que podía empezar donde me había quedado… Pero hombre, ¡qué equivocado estaba!

Había olvidado lo mucho que tenía que bracear antes de montar la tabla. Y como no estaba en buen estado físico, sólo podía quedarme en el agua por 30 minutos antes de cansarme por completo. Me da vergüenza admitirlo ahora pero me faltaba tanto aire que tuve que descansar en la orilla por un rato antes de intentar de nuevo. Pero no debía haberme sorprendido. En los primeros años después de ser ordenado, no hacía ningún esfuerzo por mantenerme en el tipo de estado físico necesario para pasar un rato entre las olas. Y ahora pagaba el precio – física y emocionalmente – por mi descuido. De repente me di cuenta que si pensaba hacer surf en serio, primero tendría que ponerme en forma. Tenía las habilidades para hacer surf – es cómo andar en bicicleta, nunca se te olvida – pero necesitaba la resistencia.

Tan pronto como volví a Steubenville, me puse a mirar videos de surf y leer las revistas de surf, todo para motivarme a hacer ejercicio. También empecé a andar en patineta (por primera vez desde hace mucho tiempo). Después compré un Ripstik. Es similar a una patineta pero tiene sólo dos ruedas – una enfrente (bajo la 'nariz') y una atrás (bajo la 'cola') – y una tablita de forma irregular. También diferente de una patineta, te propulsas por torcerte las caderas de un lado a otro y giras por inclinarte al lado del talón o al lado de los dedos de pie. De esta manera es comparable al surf y sustituye bien cuando estás lejos de la playa.

Finalmente, aparte de todo eso, también conseguí un Indo Board, el cual consiste en una tabla oval sobre un rodillo cilíndrico. Requiere que utilices tu sentido de equilibrio para mantenerte vertical y para maniobrar la tabla y el rodillo de manera controlada. Por imitar la experiencia de hacer surf en un Indo Board no sólo fortaleces las piernas y la zona muscular central, sino que también ayuda a mejorar la postura, el equilibrio y la coordinación.

Entre la patineta, el Ripstik, el Indo Board, el ejercicio diario y mejor alimentación, no tardé mucho en ponerme en un estado físico respetable. Así pues, para cuando mi programa finalmente me permitió hacer surf, me alegra decir que estaba listo para cortar las olas de nuevo. Y por supuesto, eso significaba que podía montar las tablas cortas que son ideales para cortar y girar.

Hoy en día me veo como un surfista medio. En los últimos cinco años he tenido la oportunidad de hacer surf por todo el mundo. Además de los lugares pre-conversión (Virginia, California, el Japón), como sacerdote ahora he sido bendecido con la experiencia de hacer surf en Oregon, Hawaii, Guam, Gran Caimán, Argentina, Australia, Nueva Zelandia, México y Costa Rica. Y quién sabe, tal vez en el futuro podré predicar y hacer surf en Portugal, Indonesia, Samoa Americana, Perú o las Filipinas. ¡Ora por olas!

Gracias a Dios, el surf me ha permitido tomar un descanso cuando necesito escapar de mi calendario tan apretado. También ha sido una buena manera de hacer nuevos amigos, pues estar entre las olas es un buen lugar para hablar con gente bien interesante. En una mañana hermosa en San Diego, estaba braceando más allá de las olas grandes cuando me encontré con un tipo cercano. Mientras esperábamos la próxima serie de olas, casualmente me preguntó a qué me dedicaba. Cuando le dije, "Soy sacerdote católico," sus ojos saltaron y exclamó, "¡No manches! No sabía que los sacerdotes hacían surf." Nos hicimos amigos y ahora cuando voy a San Diego nos reunimos. Hacemos surf en Imperial Beach, Coronado, Lower Trestles, Ocean Beach y Del Mar.

Sin embargo, vale mencionar que un deporte extremo como el surf no es para las personas reacias al riesgo. Cualquier persona que ha hecho surf tarde o temprano se enfrentará con situaciones que darán un resultado no deseado. Podría ser una falta de protocolo (por ejemplo cuando otro surfista te corta el paso y te hace caer), meterse en una corriente de resaca, recibir un golpe de tabla en la cara o hasta encontrarse con un tiburón.

En mi caso la mayoría de las heridas se debe a las condiciones locales y el terreno submarino. Hawaii, por ejemplo, es un lugar bien intimidante en donde hacer surf. Hay mucho arrecife en aguas poco profundas y olas fuertes, así que no hay margen para error. Se puede deslizar sobre olas de 6 pies (1.8 metros) de altura en aguas de 3 pies (0.9 metros) de profundidad. Pues si te caes te chocas contra el arrecife. Eso mismo me pasó en Oahu. Salí al mar sobre una tabla rentada (¡son una basura!). A poco me caí y ambos pies toparon con el coral. Tuve que arrastrarme a la playa. Luego, al volver a mi hotel remojé mis pies en vinagre para tratar los múltiples cortes y laceraciones – una lesión que los surfistas a veces llaman "reef rash" (arañazo de arrecife).

Pero Hawaii es un juego de niños comparado con Guam, el cual es un lugar muy intimidante para los surfistas. El arrecife de allá está en aguas de tan poca profundidad que yo ni podía extender los brazos hacia abajo para bracear. En ese día particular, recuerdo ir a la playa casi mareado de felicidad por haber podido pedir prestada una tabla de surf de uno de los feligreses locales. Esperaba tener una experiencia muy gratificante pero acabé volviendo a la casa de mi anfitrión con pocos buenos intentos.

Sin embargo, en términos de daño físico mis experiencias en Hawaii y Guam para nada están al mismo nivel que la agonía por la que pasé en el Coronado Beach de San Diego después de pisar cierta criatura submarina. No hacía nada fuera de lo común, pues andaba en el agua hacia las olas con la tabla. Luego, de repente sentí algo agudo pinchándome en el pie. "Esto no puede ser bueno," me dije.

De inmediato volví a la orilla y observé que algún tipo de aguijón sobresalía en mi pie. Instintivamente lo quité, dejando una pequeña herida de pinchazo. Al principio pensaba que eso fue todo. La herida no era nada que me detendría de hacer surf hasta saciarme.

No podría haber estado más equivocado. En 15 o 20 minutos, tenía un dolor insoportable y me hice bolita allí mismo en la arena. Un salvavidas me vio desde su torre de vigilancia y se acercó. Sin preguntarme nada, me miró y me dijo que había sido picado por una pastinaca. Una pastinaca redonda, para ser exacto. Me informó que el único tratamiento eficaz era sumergir mi pie en agua muy caliente por algunas horas.

"¿Cómo demonios sabe lo que me pasó?" pensé. Aparentemente ser picado por una pastinaca es muy común en Coronado. Además me dijo que él mismo había sido picado en siete ocasiones. Obviamente podía comprender mi situación apremiante.

Me recomendó con insistencia que tomara acción inmediata para minimizar la molestia. "A menos que pongas el pie en agua muy caliente, vas a estar sufriendo mucho por las próximas tres a cinco horas," me dijo.

El salvavidas fue profético. Me arrastré a mi carro. Luego, todavía llevando mi traje de neopreno, manejé a la casa de mi amigo en San Ysidro en donde guardaba mis tablas de surf, retorciéndome de dolor todo el tiempo. Allí, al sumergir mi pie en agua caliente, ¡alivio al instante! Pero cuando intentaba sacar mi pie del agua, de inmediato volvió el dolor, tan intenso como antes. En algún momento, tuve que quitar el pie del agua para ir al baño sólo para tener que volver a poco tiempo porque el dolor era muy intenso.

En todo, esa pastinaca me enseñó una severa lección. Actualmente siempre me aseguro de hacer lo que se llama el "stingray shuffle" ("el arrastre de pastinaca"). Esto involucra arrastrar los pies por el suelo marino al entrar más profundo en el agua. Al levantar la arena, avisas que estás pasando y las pastinacas tienen tiempo para quitarse de en medio. Como cualquier persona puede ser que me vea un poco tonto haciendo eso pero ahora lo hago cada vez.

Aunque pisar una pastinaca fue muy doloroso, la experiencia más espantosa que he tenido fue hacer surf por primera vez entre tiburones leopardo. Aunque no presentan riesgo – al menos a los seres humanos – hacer surf entre docenas de tiburones de seis pies (1.8 metros) puede ser más que un poco asombroso. Imagínate deslizando sobre la cresta de una ola. Luego, al mirar abajo lo único que ves son tiburones negros y plateados, largos y esbeltos. "Ellos no te van a molestar; sólo comen peces y pulpos," me dicen todos. Pues, eso no significa que no escojas el momento oportuno para bajar de la tabla. Si no, vas a caer sobre uno de ellos.

La primera vez que hice surf con tiburones leopardo, estaba solo en el mar durante la madrugada. Estar en el agua en la mañana temprano cuando no hay nadie alrededor siempre trae un poco de miedo. Pero enloquecí por completo cuando de repente una sombra de seis pies vino pasando debajo de mí – y otra y otra más. Pensaba que estaba rodeado por carnívoros listos para el desayuno. Braceé a la orilla lo más rápido posible y un local que acababa de llegar me dijo que eran inofensivos y no tenía porqué preocuparme.

La otra cosa que me da miedo es hacer surf en aguas oscuras. Al menos en las aguas claras es posible ver un tiburón – o un delfín o una foca. Pero cuando estás en unas aguas de 10 pies de profundidad y no puedes ver lo que está debajo de ti – ni puedes ver tus propios pies – eso te da puro miedo. Afortunadamente, en la mayoría de los lugares en los que he hecho surf las aguas han sido claras. Pero cuando son oscuras es particularmente desconcertante. Aún si es nada más que una foca nadando cerca (y eso ha sucedido muchísimas veces) es muy sorprendente porque no sabes que es una foca hasta que casi esté nadando a tu lado.

Habiendo dicho todo eso, creo que ninguna criatura del mar podría detenerme a hacer surf. Seguro que, en lugares como Australia, me pone nervioso la posibilidad de encontrarme con grandes tiburones blancos, medusas, serpientes taipán y demás organismos peligrosos. Pero aun así no me detendría a entrar braceando en mi tabla.

Es que para mí casi no hay emoción superior a montar una ola, especialmente temprano por la mañana cuando el mar se ve como el vidrio. No hay nada similar a subir una ola de 6 a 8 pies. Me posiciono con el pie izquierdo atrás, el cual es el contrario de la postura normal. Por eso en las playas de San Diego como Del Mar e Imperial Beach puedo volar sobre las olas de izquierda todo el día.

También me encanta hacer surf a la madrugada porque no hay muchos otros surfistas. Hay que ser un fanático de surf para levantarse a las cinco y media de la mañana y entrar en aguas de 53 grados (12°C). Pero a mí me encanta. Además, aunque parece extraño hacer surf en una llovizna es algo muy místico. El mar susurra con el sonido de las gotas cayendo sobre el agua. Se intensifican las sensaciones. En esos momentos es maravilloso estar vivo.

El surf también da muchos beneficios que van más allá de la alegría de montar las olas. Como puedes imaginar, el horario de trabajo de 7 días a la semana no es muy bueno para la salud, pues no hay mucho tiempo para la actividad física regular. Hoy en día, hacer surf me ha ayudado estar físicamente sano, no tanto por el surf mismo, sino porque siempre hago tiempo para hacer ejercicio con anticipación del próximo viaje de surf. Quiero tener la resistencia como para quedarme en el agua por cuatro o cinco horas cuando la oportunidad se presenta.

Tal vez más importante, pienso que el surf tiene una dimensión espiritual. Me gusta decir que Jesús fue surfista porque anduvo sobre las aguas. Y cuando hago surf siempre siento que algo casi sobrenatural está pasando. De echo, Santa Faustina en su Diario habla con frecuencia del "océano de la misericordia de Dios." Pues, en mi caso, hago surf sobre esas aguas, disfrutando de la bondad de Dios, de su amor y misericordia.

Piénsalo. Cuando estás haciendo surf no estás siguiendo tu propia voluntad. Nada más estás participando en algo que existía antes de ti y que sigue existiendo con o sin tu presencia. Y lo único que puedes hacer es montar las olas; no puedes manipularlas ni controlarlas. Te dejas llevar por las aguas, aunque cuánto más sabes manejar la tabla, más te animas. En mi opinión no hay deporte que ofrece tal sentimiento de alegría. Cuando hago surf, me vuelvo tan lleno de júbilo que a veces encuentro difícil salir del mar. Como que pudiera quedarme entre las olas para siempre.

Por supuesto, no soy el único que ha observado que hacer surf puede ser una experiencia casi mística. Recientemente acabé de leer un libro titulado *I Surf, Therefore I Am: A Philosophy of Surf* (*Hago Surf, Luego Existo: Una Filosofía del Surf*) del filósofo y teólogo católico Peter Kreeft. En el libro ofrece razones por las cuales el surf es uno de las mejores cosas que puedes hacer en la tierra – y tendría que estar de acuerdo con él. Fuera de Dios, el surf es la cosa más agradable que hago y espero hacer surf en Dios por toda la eternidad, en el océano de su misericordia.

18

CONVERSIÓN
EN CURSO

POCO TIEMPO DESPUÉS DE QUE MIS PADRES se convirtieron al catolicismo, mi madre empezó a rezar por mí. Día y noche rezaba para que su hijo primogénito incorregible cambiara su manera de ser, adoptara la fe católica, y comenzara a vivir una vida santa. Tenía que ser una mujer muy fuerte porque, por un plazo muy largo, parecía que rezaba en vano. Las semanas se convirtieron en meses y los meses en años, y todavía no llegaba indicación alguna de que habría un cambio. Yo no sólo seguía comportándome como un sinvergüenza licencioso, sino que rechazaba abiertamente el catolicismo, burlándome de las oraciones "tontas" que mi familia rezaba antes de comer y desechando el pedido de mi madre de acompañar a la familia a la iglesia el domingo.

Pero la fe de mi madre era inquebrantable. Gracias a su propia experiencia de conversión ella entendía bien el poder y la misericordia de Dios. Y sabía que el cambio era posible según el horario de Dios. Así que seguía rezando por mí diariamente, llegando incluso a colocar estampas de oración en mi cuarto o en mi ropa. A menudo llegaba a casa muy tarde borracho después de una noche de reventón. Luego, al caerme en la cama, sentía algo similar a un billete debajo de mi almohada. Lo sacaba y era una estampa de oración de San Miguel Arcángel. O metía la mano en el bolsillo pero en vez de sacar una moneda era algo similar a una moneda que decía: "María, concebida sin pecado, ruega por nosotros."

Aunque ni sabía lo que eran las estampas de oración en ese tiempo, mi reacción era previsible.

"Me da igual."

Pero mi madre llegó a ser mi héroe espiritual. Seguía colocando estas cositas para tratar de cambiar mi vida. Hoy le gusta decir que siempre veía lo bueno en mí, incluso cuando era malo hasta los huesos. Pero ella estaba convencida que con el tiempo las cosas saldrían bien.

Como ya sabes, las cosas han salido bien, mejor de lo que mi familia podría haber imaginado. Mi madre se siente como la mujer más feliz en la faz de la tierra. No sólo sigue muy enamorada de su esposo – mi padre – sino que está muy orgullosa de mí. Constantemente me afirma y me dice lo mucho que me ama.

Pues, mucha de la tranquilidad de espíritu de mi madre ha venido como resultado de mi entrada en el sacerdocio con los Marianos. Cuando me hice parte de la comunidad mariana, se alegró muchísimo porque vio en mí un cambio tan real. Después nos sentíamos muy cercanos. Y desde ese tiempo hemos podido hablar de cualquier cosa.

También recuerdo el momento en el que nuestra relación cambió. Ocurrió cuando empezamos a rezar juntos. Es tan increíble sentarte con tu mamá para rezar el rosario. Y me siento igual hoy en día. Me da un sentido de paz tan fuerte rezar con ella y además siento mucha felicidad por finalmente darle paz a mi madre. Le digo que la amo y me da gusto que ella ya no tiene que estar inquieta por mis acciones.

Me hace muy feliz saber que el corazón de mi madre está en paz. Y jamás tendrá que preocuparse por mí por un solo instante. Y quiero darle esa paz.

Por eso mi mensaje es uno de esperanza para las madres que tienen un corazón roto. Quiero que sepan que siempre hay esperanza que Dios pueda cambiar las cosas. Puede ser que el cambio no venga de inmediato, pero si perseveras y amas como lo hizo mi madre, las cosas pueden y sí llegan a cambiar para mejor. Después de todo, las lágrimas de una madre tienen un poder especial ante Dios. Y si perseveras, la alegría que sentirás cuando ayudas a dar luz espiritual a un hijo o hija será incomprensible – tal como la alegría de mi madre.

Por ahora, probablemente te estás preguntando porqué no he escrito mucho sobre mi padrastro. Sinceramente, no lo veo como mi padrastro. Él es un padre real para mí y lo amo mucho. No lo he mencionado muchas veces hasta ahora porque merece un reconocimiento especial aquí. Como puedes imaginar, la gente familiarizada con mi historia me habla sobre él de la misma manera que me hablan sobre mi mamá. Es típico que me digan algo similar a: "Tu padre tendrá que ser un buen hombre por haberte adoptado, por haber soportado todos tus daños, por haber pagado todas las cuentas."

Esa gente tiene toda la razón. Mi papá es un hombre muy bueno y siempre enfatizo que es un esposo fantástico que sigue muy enamorado de mi madre. Y hoy sigue siendo muy comprometido con la Iglesia. De hecho, ambos padres hacen mucho por su iglesia.

En cuanto a mi hermano Matthew, cuando me hice parte de los Marianos, luché contra sentimientos de culpa por haberlo dejado, lamentando que él ya no tendría un hermano mayor con quien jugar y crecer. Dejar a Matthew fue una de las cosas más difíciles que he hecho en toda la vida. Oré a Dios diciendo, "Señor, sé que me estás llamando al sacerdocio pero estoy dejando a Matthew y me duele tanto. Cuídalo porque no voy a poder."

Matthew simplemente es todo para mí. Es difícil describir porque es así. Pero una de las analogías que uso es que Jesús es mi hermano y me ama tanto que estaba dispuesto a morir por mí. En esa separación, estaba dispuesto a darlo todo para que ahora yo pudiera estar con Él por toda la eternidad. Así veo mi amor por mi hermano. Haría cualquier cosa por él y lo amo tanto que ofrecería mi vida por él. Y en algún sentido, lo estoy haciendo.

Una cosa final que siento obligado a compartir es que mi experiencia de conversión aún está en curso. Tal como necesitaba las oraciones de mi madre para encontrar mi fe, necesito tus oraciones mientras paso por mi purificación actual.

Le recuerdo a la gente esto porque a menudo cuando estoy contando mi historia, tengo la impresión de que las personas creen que ya he llegado. "¡Eres santo! ¡Eres tan santo!" Creo que una mentalidad protestante de "¡Estás salvo!" ha entrado en el entendimiento católico de la conversión. Esto explica porqué algunas personas interpretan mi experiencia de conversión como un evento de una vez.

Pero la experiencia que tuve en 1992 fue meramente una experiencia inicial, una sola entre muchas. Y las experiencias de conversión que he tenido – y que sigo teniendo – de alguna manera son más increíbles que la inicial. ¿Por qué? Porque he tenido que cooperar con la gracia de Dios y aprender a morir a mis intereses egoístas. Cuando pasé por mi conversión inicial, fue casi como una luna de miel. Dios me atrajo y me llevó a la cámara nupcial. Pero después llegó el día en el que la luna de miel se acabó. La relación llegó a ser más similar a un matrimonio diario entre Dios y mi alma. Hoy en día es una decisión continua para convertirme de nuevo y someterme al proceso de aprender a amar cómo Dios nos ama a nosotros.

Es especialmente importante que los jóvenes entiendan la naturaleza de mi experiencia de conversión. Muchos jóvenes me han dicho – y tengo que admirar su franqueza – cosas como, "Padre Calloway, no voy a cambiar. Quiero tener las experiencias que tenía usted durante su juventud. Después tendré una experiencia de conversión y todo va a estar bien. Como ahora todo está bien con usted, Padre."

Siempre les digo, "No, no entiendes. No debes jugar con el fuego así." En algún sentido, entiendo porqué los jóvenes piensan de esa manera. Yo probablemente habría dicho la misma cosa a su edad. Pero su mentalidad presume que la conversión es un evento de una sola vez cuando en realidad es viva y siempre está en curso.

Les pregunto y les digo a los jóvenes que sienten que tal vez han llegado a un punto decisivo en sus vidas lo siguiente: ¿Por qué estás en este mundo? ¿Cuál es tu propósito en la vida? ¿Crees que la vida es más que mantener tu existencia cotidiana? Si escuchas, tu corazón te dirá que tiene que haber más porque añoras en tu ser. Te pido aprender a rezar y dejarte llevar por la experiencia de la conversión.

Además, si has tenido un pasado lleno de cosas malvadas y sientes que nunca será posible tener una experiencia de conversión (o, como yo, llegar a ser sacerdote) – soy prueba viviente de que Dios puede llevar a cabo las cosas más sorprendentes. Y por seguro no soy el único. He conocido a muchísimas personas las cuales están pasando por una conversión y ellos vienen de todos los ámbitos de la vida. Tal vez sus vidas pecaminosas no eran tan locas ni sórdidas como la mía – pero han salido del mismo vertedero cultural que yo.

¿Y sabes qué? El hecho de que han pasado por estas experiencias es bueno para los demás. Es beneficioso en términos de sus interacciones con la gente a quien conocen. Por ejemplo, conozco a muchos sacerdotes jóvenes (por no mencionar los seminaristas Marianos en formación actualmente) los cuales han pasado muchos años en el mundo y ahora saben comunicarle a ese mismo mundo el mensaje del Evangelio que necesita escuchar con urgencia.

Quiero ser un santo – como un tiburón quiere la carne, lo quiero muchísimo – pero todavía no he llegado. Como mencioné antes, cuando la conversión me llegó, Dios me golpeó con un ladrillazo divino. Y me lo dio bien duro.

Pero el proceso de hacerse santo no es un camino de rosas en el que sólo hueles a incienso y escuchas a angelitos cantando. Sí, Dios te lleva por la luna de miel por un tiempo pero a continuación quita la miel porque quiere que la persona coopere con todas las cosas las cuales va a permitir entrar en su camino.

Hay un axioma monástico antiguo que dice, "Las maneras en que un hombre peca son las maneras por las que un hombre será purificado." Entonces, ¿estoy tentado hoy en día? Sí. No soy un ángel. ¿Lucho contra mis debilidades? Sí, lucho. Pero Dios lo permite porque en medio de las tentaciones y las luchas, tengo que escoger a amarlo cada día.

Así pues, a veces es un poco exagerado cuando la gente insiste en que soy santo o cuando pide permiso para tocarme. Por supuesto, algunas culturas tienen maneras diferentes de mostrar respeto hacia el clero. Por ejemplo, cuando los filipinos se encuentran con un sacerdote, se arrodillan y reciben su mano en la frente. Pero yo me refiero a algo diferente. Es que algunas personas se me acercan y me preguntan, "¿Podemos tocarlo, Padre?"

Siempre sacudo mi cabeza y pienso, "Santo cielo. No soy Dios."

Al mismo tiempo, entiendo que todos quieren un héroe. Quiero uno también. Y entiendo que desde su perspectiva lo que me ha pasado es increíble. Claro, no me molesta en el sentido que algunas personas necesitan ver y tener la experiencia de algo poderoso. Si la historia de mi conversión hace eso para ellos, muy bien. Pero siempre me aseguro de recordar a la gente que no soy ninguna reliquia. No me han canonizado para nada. En realidad me queda un largo camino por recorrer. Muy, muy largo.

Entonces les ruego de nuevo que oren por mí. Quiero ser santo pero es una batalla espiritual. Y prometo orar por todos los que leen este libro. Sé muy bien que los que se esfuerzan por la santidad – como era el caso con las vidas de los santos históricos – se enfrentan con grandes tentaciones y luchas. Eso es porque Dios es un Padre que no quiere que seamos cubiertos de gracia como si para empezar fuéramos nada más que un montón de estiércol. ¡Al contrario! Quiere transformarnos desde adentro para que lleguemos a ser sus hijos por imitar a Cristo, quien vivió un amor de sacrificio hasta la muerte. Quiere que le digamos, "Te voy a obedecer porque te quiero hasta el punto de dar mi vida. ¡Jesús, en Ti confío!"

Nacimos en este mundo para conseguir la santidad. A veces no lo hago bien y doy gracias a Dios por la confesión. Admito que dependo mucho de la confesión. Y estoy seguro que si escucharas mis confesiones, sin duda estarías rezando por mí.

Pero ¿sabes qué? Me alegro de que todavía esté metido en el proceso de hacerme santo, luchando por la santidad y siendo purificado. Demuestra que Dios me ama y me estima de manera que quiere que me entregue y que pase por este fuego de purificación. Y sé que sólo el fuego me puede purificar.

Entonces de ningún modo la historia termina aquí. Sigue. Y necesito tus oraciones para ayudarme a seguir siendo fiel hasta el fin. Recuerda que no soy el Mesías ni tampoco un ángel. Sólo estoy aquí para llevar a la gente a Dios. Necesito a Dios tanto como cualquier otra persona.

¡Que todos sigamos adelante *Sin Mirar Atrás*!

Realmente creo en el fondo de mi corazón y de mi alma que nuestro Jesús, la Divina Misericordia, y nuestra Inmaculada Madre María han y seguirán iluminando los caminos por los que vas presentando a Jesús al mundo.

Al enseñar e inspirar a todas las personas con los verdaderos dones y los sacramentos de nuestra fe, nos renuevas y nos recuerdas que estamos todos llamados a ser discípulos de misericordia los unos con los otros.

Que la Santísima Trinidad te inspire a seguir adelante con humildad y con mayor confianza en la Divina Providencia de nuestro Señor.

Los Marianos de la Inmaculada Concepción, quienes son hombres fervorosos, están dando de verdad el testimonio de la Divina Misericordia de Jesús.

Nuestra Señora dio su "sí" incondicional, enseñándonos a no vacilar en ofrecer nuestro amor, a ser completamente fieles, y a siempre confiar en Jesús.

Qué impresionante ir a tu página web, Padre Donnie, y saber que podemos ayudarte a difundir la Buena Nueva para ayudar a salvar almas para Jesucristo, el Camino, la Verdad y la Vida.

¡Adoro al niño que llegó a ser un hombre ordenado por la misericordia y por la gracia para hacer la voluntad de Dios!

Vamos todos a orar el Rosario por nuestros sacerdotes y por nuestros religiosos.

Sigue mandándome fotos; adoro las del surf. ¡Qué buena onda!

Amor y Paz,
Mamá

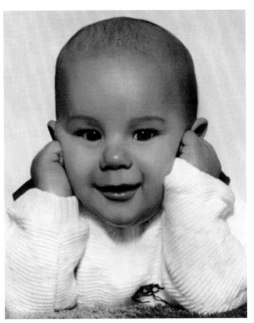

Donnie pequeñito.

Mis días de inocencia.

La vida temprana en
West Virginia con Mamá.

Mamá, mi primo Matt Bianco, y yo.

Madre e hijo inseparables.

Cumpleaños de 1982.

Foto escolar desde Virginia Beach cuando las cosas empezaron a ir mal.

Mi hermano Matt y yo en nuestra casa en San Diego.

Los primeros días en el Japón.

Fuera de nuestra casa
en Atsugi, Japón.

Con mi papá
después de salir
del primer centro
de rehabilitación
que asistí en
Pennsylvania.

Contemplando
las olas en
Virginia Beach.

Los años "Cabezamuerta"
(foto de Brian Beshears).

Dinero de Navidad
para un alma oscura.

Una foto después de la conversión. El Santuario Nacional de la
Divina Misericordia, Stockbridge, Massachusetts.

De vacaciones del seminario visitando a mi mamá.

Mi primer viaje a Roma. Septiembre de 1997.

El viaje a casa para la graduación de mi hermano.

La ordenación sacerdotal en el Santuario Nacional de la Divina Misericordia en Stockbridge, Massachusetts. 31 de mayo, 2003.

¡El júbilo del día de ordenación!

El amor entre una madre y su hijo.

Mi madre hermosa.

Mamá y Papá durante
la Navidad.

En la casa de mi mejor
amigo en San Ysidro,
California. Tijuana está
en el fondo.

Una nueva tabla de surf.
¡Listo para vencer!

Sunset Cliffs,
California.

Las olas frías de California.

Haciendo surf en Del Mar, California.

Presentando el Domingo de la Misericordia con el Padre Joe Roesch, MIC. Había aproximadamente dieciocho mil personas presentes en el Santuario Nacional de la Divina Misericordia en Stockbridge, Massachusetts. 19 de abril, 2009.

Promoviendo la Divina misericordia desde 1941

Marian Press, el apostolado editorial de los Padres Marianos de la Inmaculada Concepción de la S.V.M., ha publicado y distribuido millones de libros religiosos, revistas y folletos que enseñan, alientan y edifican a cátolicos en todo el mundo. Nuestras publicaciones promueven y apoyan el ministerio y la espiritualidad de los Marianos. Fieles al Santo Padre y a las enseñanzas de la Iglesia Católica, los Marianos cumplen con su misión especial de:

- Fomentar la devoción a María, la Inmaculada Concepción.
- Promover el mensaje y devoción de la Divina Misericordia.
- Ofrecer asistencia a los moribundos y enfermos, especialmente las víctimas de guerra y enfermedades.
- Promover el conocimiento cristiano, la administración de parroquias y santuarios, y la realización de misiones.

Con sede en Stockbridge, Massachusetts, Marian Press se conoce como la casa editorial del *Diario de Santa María Faustina Kowalska*. Los Marianos son las principales autoridades en el mensaje de la Divina Misericordia.

Al nivel mundial, los ministerios Marianos incluyen también las misiones en los países en desarrollo donde las necesidades espirituales y materiales son enormes.

Para obtener más información sobre los Marianos y su espiritualidad, publicaciones y ministerios, visite www.marianos.net o www.ladivinamisericordia.org, la cual se dedica exclusivamente a la Divina Misericordia.

A continuación se muestra el Santuario Nacional de la Divina Misericordia y su residencia en Stockbridge, Massachusetts. El Santuario, construido en la década de 1950 y declarado un Santuario Nacional por la Conferencia Nacional de Obispos Católicos en 1996, es un destino para miles de peregrinos cada año.

© MARIE ROMAGNANO

Para ver nuestra selección de libros, DVDs, CDs y demás artículos sobre la Divina Misericordia y la Virgen María, visite www.marianos.net o www.ladivinamisericordia.org o llame al 1-800-462-7426, Ext.3 para recibir un catálogo.

LIBROS POR EL PADRE DONALD EN INGLÉS

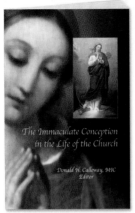

THE IMMACULATE CONCEPTION IN THE LIFE OF THE CHURCH

Esta colección de ensayos proviene de un simposio sobre la Inmaculada Concepción para el 150 aniversario de la proclamación del dogma. Tapa blanda. 198 páginas.

ICLC 9781932773934

THE VIRGIN MARY AND THEOLOGY OF THE BODY

En estos ensayos, prominentes expertos examinan cómo la *Teología del Cuerpo* (*Theology of the Body*) del Papa Juan Pablo II se aplica a la Santísima Virgen María. Editado por Donald H. Calloway, MIC. Tapa blanda. 285 páginas.

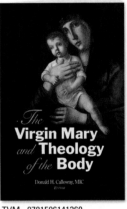

TVM 9781596141360

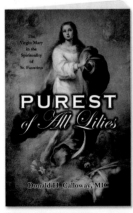

POAL 9781596141957

PUREST OF ALL LILIES: THE VIRGIN MARY IN THE SPIRITUALITY OF ST. FAUSTINA

Este fue el primer libro escrito completamente por el Padre Donald. "Es básicamente mi tesis de licenciatura sobre Sta. Faustina y la Virgen María pero fue editada para una audiencia general," dijo el Padre. Este libro explora la estrecha relación de Sta. Faustina con la Madre de Dios, así como fue escrito en el *Diario* de la Santa. El Padre Donald habla sobre las importantes lecciones que la Santísima Madre le enseñó a Sta. Faustina sobre el sufrimiento, la pureza de corazón y la humildad. También incluye un análisis de los poemas de Sta. Faustina, en los que comúnmente usa metáforas de flores para referirse a María.

Para ordenar, llame al 1-800-462-7426, ext. 3

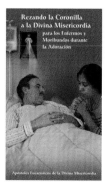

LOS SACERDOTES DEL MAÑANA

¿Qué es lo que usted espera de un futuro sacerdote?

- ☑ Fervor a proclamar el Evangelio
- ☑ Fidelidad al Papa y a las enseñanzas de la Iglesia
- ☑ Amor por María Inmaculada
- ☑ Amor por la Santa Eucaristía
- ☑ Interés por las Almas del Purgatorio
- ☑ Dedicación a llevar la misericordia de Dios a todas las almas necesitadas

Los Padres Marianos han experimentado
un aumento de vocaciones sacerdotales,
particularmente en su provincia de EE.UU.

**Necesitamos de su generosa ayuda para educar
correctamente a nuestros futuros sacerdotes**

1-800-671-2020
www.marianos.net/seminaristas